# 东卫经典
# 刑辩案例

CRIMINAL
DEFENSE
Cases

顾永忠 郝春莉 主 编
张世国 毛洪涛 副主编

法律出版社
LAW PRESS·CHINA
北京

**图书在版编目（CIP）数据**

东卫经典刑辩案例 / 顾永忠，郝春莉主编；张世国，毛洪涛副主编. -- 北京：法律出版社，2024. -- ISBN 978 - 7 - 5197 - 9282 - 4

Ⅰ. D925.215.05

中国国家版本馆 CIP 数据核字第 2024JH0018 号

**东卫经典刑辩案例**
**DONGWEI JINGDIAN XINGBIAN ANLI**

顾永忠　郝春莉　主编
张世国　毛洪涛　副主编

策划编辑 周　洁
责任编辑 周　洁
装帧设计 李　瞻

**出版发行** 法律出版社
**编辑统筹** 司法实务出版分社
**责任校对** 王语童　李景美
**责任印制** 吕亚莉
**经　　销** 新华书店

**开本** 710 毫米 × 1000 毫米　1/16
**印张** 23.5　**字数** 306 千
**版本** 2024 年 12 月第 1 版
**印次** 2024 年 12 月第 1 次印刷
**印刷** 北京中科印刷有限公司

地址：北京市丰台区莲花池西里 7 号（100073）
网址：www.lawpress.com.cn
投稿邮箱：info@lawpress.com.cn
举报盗版邮箱：jbwq@lawpress.com.cn
销售电话：010 - 83938349
客服电话：010 - 83938350
咨询电话：010 - 63939796



**书号**：ISBN 978 - 7 - 5197 - 9282 - 4
**定价**：92.00 元

凡购买本社图书，如有印装错误，我社负责退换。电话：010 - 83938349

# 序

刑事辩护制度是刑事诉讼制度的重要组成部分，也是《刑事诉讼法》历次修改所关注的重点，经过几十年的发展，我国刑事诉讼制度的立法理念和司法理念发生了实质性变化，国家把“尊重和保障人权”确立为宪法原则，《刑事诉讼法》对此也予以了明确规定。我国刑事辩护制度经过不断发展演进，辩护律师参与刑事诉讼活动的深度和广度不断扩展，辩护权利行使亦得到相应保障。可以预见，即将第四次修改的《刑事诉讼法》，将会赋予刑辩律师更深层次的参与刑事诉讼全过程的使命，权利保障亦将更加完善。与此同时，刑辩律师在法治进程的作用越大，提升专业技能也愈显重要。

刑事辩护是法律王冠上最闪亮的一颗明珠，也是法律行业中最为复杂技能的集中体现。刑事辩护不仅是法律适用的过程，亦是理论基础和专业技能在实务中的应用和发挥。新时代的刑事辩护工作的终极目标是，以更加高质量的专业化发展促进司法公正，推进人权司法保障。这不仅需要当代刑事辩护律师努力迈向更理性的专业法律人时代，也需要不断地通过自主学习来实现专业能力与技能层次的不断提升。

北京市东卫律师事务所（以下简称东卫所）自2002年成立以来，一直把刑事辩护作为主要的业务领域，承办了很多大案和名案，如黄光裕案、丁羽心（丁书苗）案、央视大火案、张中生案等。二十多年来，东卫所秉承“学院派”基因，恪守“专业、敬业、规范、守纪”的“学院派”内涵，在郝春莉、张世国等律师的带领下，把东卫的刑辩律师团队打造成一家风清气正的“学院派”专业团队。郝春莉主任从中国人民大学辞职后创办东卫所，先后代理一大批具有广泛社会影响的案件，同时在北京律协、全国律协、中国刑事诉讼法学研究会等担任职务，为东卫所的刑辩水平提升起到了非常重要的引领作用。

集大成者，金声而玉振之也。东卫所在承袭“学院派”精益求精的专业服务精神和执业操守的同时，也不自觉秉持“学院派”低调务实的风格。此次欣然看到东卫所将近年来体现一线律师刑事辩护理念和策略精华的案例编辑出版，这不仅是东卫所专业能力和技能层次的展示，也为刑辩从业者提供了丰富的实践指导，有利于提升整体刑事辩护水平和法治水平。

本书系东卫一线律师从事刑事辩护工作的经历与经验总结，通过问题归纳、要点整理、对策建议、理论凝练等方式，展现了刑事辩护律师视野下辩护权实施方式、路径以及期待。本书不仅反映了律师高超的刑事辩护能力，也反映出注重高质量发展下的专业培养意识与建设能力。

本书注重知行合一。本书精选案例将理论的“知”和实践的“行”完美结合，向我们展示了犯罪理论中的各个要素、辩护形式和内容，由宏观到微观，由纵向到横向，从静态到动态，是律师办理刑事案件的思路总结。年轻律师通过揣摩研习其中的思维方法、论证逻辑以及诉讼策略，可以构建出一套严谨有序的知识体系，完成一轮从思维方法到实战技能的系统提升。

本书问题意识浓厚。本书注重问题挖掘和论证分析，在争议焦点的把握上犀利精准，直击案件的核心要害，为厘清辩护思路奠定了基础。学习领会争议焦点的总结和归纳，培养锻炼焦点总结的提炼能力是刑辩律师的必修课。

本书篇章结构逻辑严密、层层深入。篇章内部基本采用“基本案情”“案件焦点”“办案思路与辩护意见”“案件启示”的体例结构进行精细化剖析与解读，凸显这部著作的专业性与知识性。从熟练掌握证据调查、案情分析、辩点确认以及辩护意见正确表达等辩护技能，确保辩护工作实质化、规范化、精细化。“办案思路”内容丰富、翔实有据，极具参考价值。

本书是融合理论与实践价值于一体的作品，将辩护律师执业过程的所思、所想、所悟逐一展现，呈现出高超的辩护技巧和深厚的法理基础。阅读本书，法律实务工作者能获得丰富的实践指导，对刑辩业务感兴趣的法科学生或其他读者亦可从中受益。故此，欣然命笔写就此文，是以为序。

樊崇义

2024 年 6 月于北京

# 目　录

## 无罪篇

原 XHJ 房地产集团董事长黄某 2 合同诈骗无罪案 ………… 郝春莉　张世国 / 3
孙某某单位行贿无罪案 ………………………………… 郝春莉　刘　洋 / 12
全国首例尘肺病医生失职不起诉案 ……………………………… 张世国 / 19
李某骗取贷款无罪案 …………………………………… 张世国　贾朝阳 / 26
贺某诈骗、强迫交易无罪案 …………………………… 毛洪涛　李金龙 / 32
刘某某非法经营无罪撤诉案 …………………………… 毛洪涛　李金龙 / 39
李某某诈骗不起诉案 …………………………………… 毛洪涛　王　君 / 47
刘某某共同受贿无罪案 ………………………………………… 秦根才 / 54
宗某某敲诈勒索无罪案 ………………………………… 陈孟君　张　晗 / 62
孙某某职务侵占、挪用资金不起诉案 ………………… 陈孟君　张　晗 / 70
康某危险驾驶不起诉案 ………………………………………… 陈　斌 / 78
刘某行贿不起诉案 ……………………………………………… 陈　斌 / 83
宋某侵犯公民个人信息不起诉案 ……………………………… 陈　斌 / 87
王某诈骗不起诉案 ……………………………………………… 陈　斌 / 91
门某职务侵占不起诉案 ………………………………………… 梁延昊 / 96
王某某虚开增值税专用发票无罪案 ……………………… 黄　山　司　楠 / 103
海南某公司骗取贷款无罪撤诉案 ………………………… 黄　山　司　楠 / 112
C 公司互联网售彩非法经营撤销案 ……………………………… 贾朝阳 / 117
林某危险驾驶无罪撤诉案 ………………………………… 裴　垠　张　峰 / 128
王甲受贿无罪案 ………………………………………………… 刘　洋 / 132
温某某危害珍贵、濒危野生动物无罪及国家赔偿案 ……………… 杨　舒 / 138

## 轻罪篇

邹某某贩毒申诉、再审改判及国家赔偿案 …………………… 顾永忠　黄　山 / 145
李某贪污罪成功改判案 …………………………………………… 郝春莉　刘　洋 / 152
蹇某某故意伤害防卫过当案 ………………………………………………… 毛洪涛 / 158
齐某某、刘某某涉黑“摘帽”案 ………………………………… 毛洪涛　王　君 / 164
太原警察执行公务致人死亡案 ……………………………………………… 柴冠宏 / 170
杨某涉黑、涉恶犯罪“摘帽”案 …………………………………………… 贾朝阳 / 184
龚某行贿二审改判案 …………………………………………………… 秦根才 / 193
吴某某掩饰、隐瞒犯罪所得案 ……………………………………………… 张　军 / 203
张某某被指控诈骗改判非法经营案 ………………………………………… 张　毅 / 211

## 从轻量刑篇

原吕梁市副市长张某生受贿死刑改判案 …………………… 顾永忠　张世国 / 221
刘某某组织、领导传销活动行刑交叉改判案 ………………………………… 张世国 / 227
蒋某贪污、受贿、挪用公款三罪改判案 …………………… 毛洪涛　李金龙 / 232
楼某某涉恶犯罪从轻判处案 ………………………………… 毛洪涛　张佳伟 / 240
“中国股市第一大案” ………………………………………………………… 柴冠宏 / 249
何某抢劫、杀人死刑改判案 …………………………………………………… 柴冠宏 / 263
李某合同诈骗案 …………………………………………………… 戴　福　王　萌 / 270
阿某跨国走私毒品未遂案 ………………………………………… 黄　山　司　楠 / 283
刘某骗取贷款缓刑案 ………………………………………………… 解瑞松　王　莹 / 287
肖某非法吸收公众存款刑民交叉案 ………………………………… 陈孟君　张　晗 / 293
涉疫非法经营免刑案 ……………………………… 柴冠宏　张　峰　裴　垠 / 299
侵财犯罪中“非法占有”与“非法占有目的”的司法认定
——对张某某等人职务侵占案的思考 …………………………………… 戴　福 / 304

## 其　他

"徐某系列案"之×上市公司高管操纵证券市场案 …………… 张世国 / 319
黄某诈骗案 ………………………………………………… 梁延昊 / 326
马某非法经营案 ……………………………………………… 梁延昊 / 334
某运销公司非法占用农用地案 ………………………………… 梁延昊 / 342
徐某没收违法所得案 ………………………………………… 梁延昊 / 350
A 公司非法占用农用地案 ……………………………… 陈孟君　张　晗 / 355

# 无 罪 篇

# 原 XHJ 房地产集团董事长黄某 2 合同诈骗无罪案

郝春莉　张世国

## 一、基本案情

2008 年 11 月，三度登上胡润百富榜首富的原 GM 集团董事长黄某 1 涉嫌经济犯罪被北京市公安机关采取刑事措施，震惊全国。与此同时，其哥哥原 XHJ 房地产集团董事长黄某 2 也被警方监视居住，2009 年 5 月，黄某 2 以涉嫌合同诈骗罪被批准逮捕。

作为民营企业家的代表性人物，黄某 1 和黄某 2 的案件引起了国内各界的广泛关注。尽管黄某 2 平时低调，但因其在商业领域的传奇经历，一时成为媒体报道的焦点。

2010 年 7 月，北京市人民检察院第二分院以黄某 2 涉嫌合同诈骗、内幕交易、单位行贿等罪向北京市第二中级人法院提起公诉。其中，检察院指控其涉嫌合同诈骗的主要事实是：

1. 黄某 2 作为被告单位 XHJ 总公司的法定代表人，为解决公司开发房地产项目的建设资金，于 1996 年 5 月至 1997 年 9 月，指使该公司副总经理杨某用已被吊销营业执照的北京市 HJ 电器的名义，虚构急需采购进口家用电器以满足市场需求的贷款理由，先后骗取某商业银行北京分行流动资金贷款人民币 2.09 亿元。

2. 黄某 2 作为被告单位 XHJ 总公司的法定代表人，为解决公司开发房地产项目的建设资金，与该公司副总经理于某、杨某预谋后，先后于1996年9月至1997年12月，使用变造的北京某物业发展有限公司营业执照，冒用北京某物业发展有限公司的名义，先后骗取某商业银行北京分行流动资金贷款150万美元（折合人民币12,472,350元）、流动资金贷款共计人民币1.5亿元。另于1997年3月至4月，虚构北京某物业发展有限公司购买房屋的事实，使用虚假购房合同和首付款收据，先后骗取商业银行北京分行楼宇按揭外汇贷款共计877.551万美元（折合人民币72,906,038元）。

XHJ总公司获取上述贷款后，虽有归还能力却未按期归还本金及部分利息。商业银行北京分行为降低贷款风险，先后于1999年、2002年两次将部分涉案贷款重组至XHJ总公司名下。重组后，XHJ总公司虽有归还能力仍未按期履行还贷义务。2004年6月，商业银行北京分行将上述贷款处置划转至中国某资产管理公司北京办事处。经资产管理公司继续催收，XHJ总公司以资金紧张为由，仍不履行归还义务。2005年4月，资产管理公司将上述贷款（不包括877.551万美元）公开招标转让，黄某2指令其控制的关联公司ZDXR投资管理有限公司以低于债务总额的价格投标并中标，企图直接逃废债务人民币1.4亿元，因被发现系关联交易而被禁止交割。案发后，XHJ总公司将贷款本金全部归还。

东卫律师事务所接受黄某2的委托，指派郝春莉律师、张世国律师为黄某2进行辩护。

## 二、案件焦点

被告人黄某2在上述公司贷款的签订和履行中是否构成起诉书所指控的合同诈骗罪?

## 三、办案思路与辩护意见

根据《刑法》的规定，合同诈骗罪，是指以非法占有为目的，在签订、履行合同过程中，采取虚构事实或者隐瞒真相等欺骗手段，骗取对方当事人的财物，数额较大的行为。认定是否构成合同诈骗罪的关键在于考察行为人是否具有非法占有的目的。如果不具有非法占有的目的，无论行为人采用何种欺诈的方法或者手段，都不可能构成合同诈骗罪。但主观方面的认定必须通过客观行为和证据予以证实。贷款主体（银行）是较为特殊的市场主体，对外发放贷款有严格的审核规定和内部程序，必须符合效益性、安全性、流动性的要求，必须符合法律法规和《贷款通则》等中国人民银行的规定，如果借款人在贷款之时，虽然申请贷款资料有瑕疵，但提供了合法有效的充分担保，一般不认为贷款有风险，因此也不构成诈骗犯罪。因此，辩护律师主要从贷款主体提供的担保是否合法、有效和抵押物是否充足入手展开辩护，重点梳理了贷款后进行两次贷款重组和增加抵押措施的事实，并根据卷宗中的抵押物登记表，申请法院向北京房管局调取了关键证据——房屋抵押他项权证书（该证据在侦查阶段公安机关未调取到）。同时，辩护人对贷款剥离到资产管理公司以及挂牌转让债权对本案的影响进行了针对性辩护。

辩护过程历经曲折，但经过辩护人仔细梳理，整个事实慢慢清晰，证明黄某2不具有非法占有的目的，辩护人确定了无罪辩护的思路：

1. 根据案卷材料显示，黄某2在贷款之时或者之后，申请贷款的公司资料有部分瑕疵，但都提供了合法、有效、充分的担保，在贷款重组后更是增加了抵押担保，抵押物价值充足，且基本上能够正常还息。

第一，关于起诉书的第一起事实（共计2.09亿元贷款），共分为6笔贷款。这6笔贷款最初由XHJ总公司和北京GM电器公司提供了连带责任担保。2002年3月，经商业银行总行批准，商业银行北京分行与XHJ总公司、北京XHJ房地产开发有限公司（后更名为北京XHJ房地产集团有限公司）就12笔美元和人民币贷款的重组方案达成一致，签订了200201RL021号借款合同及相关补充协议、保证合同和抵押合同。原北京HJ电器公司、北京某物业发展有限公司、MXD公司等12笔人民币和美元贷款全部由XHJ总公司承接。借款期限为5年，共计人民币4.27亿元。XHJ总公司以北京XHJ国际大厦B座面积25,139.99平方米（评估价值49,617万元）的房地产、

XHJ 国际大厦面积 10, 173. 4 平方米（评估价值 197, 014, 123 元）的房地产提供抵押担保，抵押物总的评估价值合计 69, 320 万元，抵押率为 61. 6%，以上抵押均办理了抵押登记，商业银行的报告显示，贷款重组后，贷款的评定转入正常。

根据银行对账单及 XHJ 总公司财务账可查出，2002 年 3 月 29 日至 2004 年 6 月 31 日，按照合同约定每季度支付一次贷款利息，共归还贷款及利息 24 笔，归还贷款及利息总金额为 97, 705, 999. 69 元。资产管理公司的整体处置方案显示，在接受转让的债权前，商业银行分 12 次代收 XHJ 总公司、物业公司偿还的利息 1116. 61 万元。

第二，关于起诉书所指控的第二起事实（共计 1. 5 亿元，150 万美元），根据卷宗材料，贷款之时黄某 2 及 XHJ 总公司对物业公司有实际的所有权；法定代表人的名称被变造、董事会协议虚假，但这些并不影响贷款合同的效力，贷款时该公司的公章是真实的；以上贷款均由 XHJ 总公司提供了充足的信用担保。1999 年 2 月，以上贷款转至 XHJ 总公司名下，以 XHJ 总公司物业足额抵押，并办理了抵押登记。2002 年 3 月，以上贷款被 200201RL021 号借款合同项下的重组贷款所取代。

第三，关于起诉书所指控的第三起事实（877. 551 万美元），根据卷宗材料，该 10 笔楼宇按揭（抵押）外汇贷款在贷款时均办理了预售抵押登记，北京市房管局出具了登记证明，XHJ 总公司提供不可撤销的担保函。此后该部分贷款也部分得到了偿还，直至 1998 年后由于购汇政策限制未能继续还款。至 2003 年 12 月 31 日上述贷款本金余额为 694. 724 万美元。直至 2004 年 6 月，商业银行将上述贷款划转给资产管理公司。2008 年 1 月，该 10 笔美元贷款与 200201RL021 号借款合同项下的贷款与物业公司、XHJ 总公司的贷款一并进行了债务重组。

根据银行对账单及 XHJ 公司 2000 年 8 月至今所使用的账套中可查出，2000 年 9 月 10 日至 2004 年 6 月 31 日，XHJ 总公司共支付贷款利息 33 笔，支付贷款利息金额为 1, 245, 916. 20 美元。

第四，XHJ 总公司所出现的个别不能正常还息的情况也是因客观原因所致，而非非法占有目的的支配使然。

XHJ 总公司也曾出现个别的不能正常还息的情况，但这种情况的出现主要在于公司经营等客观原因，如公司投入资金过大，而自有资金却未能及时到位，企业经营资金周转出现困难等。这些都是公司生产经营中经常出现的问题。由于所贷款资金大都被用于 XHJ 总公司的投资和经营，没有挥霍和隐匿，出现暂时还款困难，在性质上属于一般的民事行为，按照合同也只是民事违约行为，而非合同诈骗行为，况且贷款合同尚未到期，抵押物充分，保证人具备保证能力，根据保证人 XHJ 集团 2003 年年末的财务报表，XHJ 集团总资产达 19 亿元，所有者权益为 8 亿元。商业银行贷款资金通过以上担保措施最终得到安全保障，而某个季度的拖欠利息不会对资金安全产生实质影响。

另外，还有非 XHJ 总公司自身的原因而是政策改变等客观原因导致不能及时归还贷款。例如，1998 年 9 月国家外汇管理局发布施行的《关于完善资本项目外汇管理有关问题的通知》（汇发〔1999〕10 号）规定，债务人偿还境内中资金融机构自营外汇贷款本金，凭外汇管理局核准件办理，而商业银行北京分行未到外汇局对该笔贷款办理登记，外汇局不同意购汇还贷，XHJ 总公司因此没有足够外汇来源且无法用人民币购汇还贷，于 1998 年 9 月后开始出现欠息、逾期。

第五，所贷款项已经得到清偿。

2004 年 6 月 25 日，商业银行为改制上市，根据总行的规定，将商业银行北京分行 200201RL021 号借款合同项下的贷款划转至中国某资产管理公司。2006 年 11 月，XHJ 总公司数次发函资产管理公司，要求协商解决债务。2008 年 1 月 18 日，资产管理公司就涉案贷款与 XHJ 总公司达成债务重组合同，与 XHJ 集团公司达成债务重组保证合同。XHJ 总公司按重组计划分期偿还 475, 942, 641 元后，资产管理公司同意豁免 XHJ 总公司及某物业公司重组债务中的其余债务，及重组前的债权文件项下担保人就重组债务所负的债务清偿责任。XHJ 集团公司提供连带责任保证。还款计划为 2010 年 12 月 1 日前还清贷款。

2008 年 1 月订立债务重组合同后，XHJ 已按照重组合同的约定归还了资产管理公司人民币 475, 942, 641 元，并且是提前履行完毕。2009 年 12 月 3 日，资产管理公司出具了结清证明，证明 XHJ 总公司提前履行完毕，双方的账务全部结清。

第六，贷款重组和提供抵押的房地产系分割产权，有很多本房地产证书和房地产他项权证书，但本案中公安机关在侦查阶段却未调取到大部分房地产抵押权登记的他项权证书，正是因指控卷宗材料中缺失客观存在的抵押他项权证书，致使检察院认为抵押物价值不充分，该办理抵押登记的未登记，被告人存在非法占有的故意。

辩护人通过几十次与被告人的会见和分析卷宗证据，确认抵押物真实存在，且全部办理了抵押登记，抵押不存在价值不足的问题，但是卷宗材料中并没有抵押登记的任何证据。辩护人从经验判断可能是公司或相关部门在资料管理上有疏漏，致使公安机关在侦查阶段没有查实到抵押他项权的证据材料。辩护人经过反复寻找，从 XHJ 总公司的众多档案资料中，发现了一张贷款重组时的抵押物登记申请表的证据线索，辩护人遂依照该证据线索再次向法院递交调取抵押登记证据申请。功夫不负有心人，在北京房管局的仓库内，法官终于找到 XHJ 公司房地产抵押物他项权证书的原件。经了解得知，这些他项权证在之前公安机关侦查阶段取证时没有调取到的原因是，正赶上北京房管局搬家，致使公安机关和这些关键证据失之交臂。这些抵押物他项权证书的证据是证明黄谋 2 主观方面有无非法占有目的关键证据，即认定合同诈骗罪与非罪的核心证据，辩护人申请人民法院调取到的数十个抵押他项权证新证据，更加坚定了辩护人无罪辩护的信心。

2. 商业银行将贷款剥离给资产管理公司，产生一定损失，属于一种正常的商业经营风险，属于单方自愿处置自己债权的行为，与 XHJ 总公司的行为不存在刑法上的因果关系。

2004 年 6 月，商业银行为谋求改制上市，单方将 200201RL021 号借款合同项下的贷款划转至资产管理公司。剥离之前，贷款尚未到期，XHJ 总公司对此毫不知情，甚至在剥离后 XHJ 总公司的财务人员仍去商业银行还款，被商业银行告知贷款已经被剥离到资产管理公司。2006 年 11 月，XHJ 总公司几次发函资产管理公司，主动要求协商解决债务的方案。

商业银行因剥离 XHJ 总公司贷款遭受了一定经济损失，但这种损失的付出是为了谋求上市，这是其自愿作出的单方处置债权的行为，是一种正常的经营管理行为。剥离经过了商业银行的审批程序，实际上，如果不剥离，商业银行到期主张债权，是不会产生损失的，因为 XHJ 总公司不但有抵押物，抵押物也没有任何变化，由于抵押的房地产地处使馆区，升值潜力较大，而且有保证担保，完全能够偿还贷款本息。为了使剥离获得批准，商业银行工作人员人为此压低了抵押物清偿的比例，这是单方主观意愿的结果。贷款剥离后，XHJ 总公司也已向接受贷款的资产管理公司偿清了贷款本金，资产管理公司由此还获得了盈利。XHJ 总公司整个贷款还款的客观过程及事实，进一步证明本案不但没有非法占有目的，而且更没有在履行还款过程中骗取任何一方财物的行为。

3. 竞买资产包的行为与合同诈骗无关。

贷款剥离后，商业银行将债权转让给资产管理公司，根据《合同法》《物权法》等法律的规定，主债权转让，担保该债权的抵押权等从权利也一并转让，换言之，资产管理公司也享有贷款原先设定的抵押权和保证等担保权利，同样可以利用诉讼手段追讨债务，通过处置抵押物保全和实现自己的债权。

根据当时财政部的政策，资产管理公司只能是批发处置资产包，除非特殊情况，不进行单笔资产处置。因此，资产管理公司对不良资产以资产包的方式进行招标处置，这是公开的市场行为，当时的法律法规也没有关联企业进行投标的禁止性规定，即在政策上对投标人并无事先的限制，因此，ZDXR 公司以最高价格中标并与资产管理公司签订买卖合同，该合同是合法成立的。

关于禁止交割的原因，资产管理公司的文件显示，是“北京银监局监管时以上述XHJ贷款不符合剥离条件和贷款出问题后商业银行没有及时采取有效法律措施为由，该资产档案被查封。因此交易没有完成”。两者解除协议也是通过双方协商的方式进行的，公安部门并没有介入，这些都说明买包行为与所谓的XHJ总公司涉嫌合同诈骗罪毫无关系。

4. 黄某2及其单位XHJ总公司的贷款行为，因贷款资料存在瑕疵，实际上是一种骗取贷款的行为，而这种贷款行为当时的《刑法》并没有被规定为犯罪，尽管2006年《刑法修正案（六）》增加了骗取贷款罪，但按照“罪刑法定”和“从旧兼从轻的”刑法原则，也不按照犯罪处理。

鉴于黄某2等人的行为均发生在2006年6月29日《刑法修正案（六）》实施之前，根据“罪刑法定”原则和“从旧兼从轻”原则，即使黄某2等人在贷款时资料存在瑕疵甚至虚假的情形，骗取了贷款，也不构成犯罪。

## 四、案件启示

2012年2月16日，北京市第二中级人民法院作出判决，检察院指控黄某2以及其他三名被告人合同诈骗罪不成立，四名被告人无罪。黄某2因涉嫌内幕交易、单位行贿等罪罪名成立，最终判处有期徒刑3年6个月，并处罚金1000万元。

法院认定无罪的理由是：被告人黄某2伙同被告人于某某、杨某某、周某某在向银行申请贷款时使用了具有虚假成分的贷款材料，但在银行向XHJ总公司提出重组贷款的要求后，XHJ总公司及被告人黄某2等人向银行提供了真实有效的抵押担保、保证担保；涉案贷款抵押物经数次评估，抵押物价值均足以抵偿贷款，银行在贷款人不清偿债务时，可通过诉讼程序行使清偿抵押物的权利来获得救济；根据在案证据证实涉案贷款大部分用于被告单位XHJ总公司及关联公司的经营活动，公诉机关亦未能提供确实、充分的证据以证明被告单位及被告人对上述贷款存在挥霍、抽逃转移、隐匿财产等情况；虽然被告单位在实际中存在拖欠贷款本金及利息的情况，但根据银行有关报告及书证、证人证言等证据证实，拖欠本金、利息是由于经营出现困难或国家政策发生变化等原因所致。综上，被告单位 XHJ 总公司及被告人黄某 2、于某某、杨某某、周某某在向银行申请贷款的过程中，违反了中国人民银行颁布的《贷款通则》中的有关规定，且未及时履行还贷义务，但现有证据尚不足以证明被告单位 XHJ 总公司、被告人黄某 2、于某某、杨某某、周某某对取得的贷款具有非法占有的主观故意，故公诉机关指控被告单位和被告人犯合同诈骗罪的证据不足，指控的犯罪不能成立。

本案的辩护长达三年，其贷款过程长达十几年，中间经过两次重大重组，虽然事实基本查清，辩护人确定了无罪辩护的策略，但由于申请贷款资料存在瑕疵以及抵押物登记这一系列关键证据的缺失，在抵押他项权新证据出现前，无罪辩护很难取得全面突破，在三年的辩护工作中，两位辩护人恪尽职守，不放弃任何机会，从浩如烟海的资料中找到蛛丝马迹，并申请法院调取到了一系列关键性证据，使整个案件的辩护有了坚实的证据基础，无罪辩护取得了成功，实属来之不易。

# 孙某某单位行贿无罪案

郝春莉　刘　洋

## 一、基本案情

2004 年 2 月，孙某某在 J 市成立 D 公司，并任公司董事长兼法定代表人。2004 年，时任 J 市市长的马某到该公司视察，孙某某与马某相识。

2009 年年初，马某以 130.9085 万元的价格购买了三亚市三亚湾路某公馆房产，并于 2010 年年初装修。

2010 年春节后，孙某某去海南三亚开会时，偶遇正在三亚度假疗养的马某，此时马某已经担任了 J 市市委书记。在二人聊天过程中，孙某某谈到要在三亚给其岳父购买一套房产用于养病，马某遂想将其购买的某公馆房产出售给孙某某。于是，马某借口一朋友由于资金周转困难正好在三亚有房产要卖，二人便约好一起看房。后马某带孙某某去三亚市三亚湾路某公馆看房，当时看了小区两套房，第一套房因面积小孙某某不满意，随后就看了第二套房，该房面积 103.25 平方米，是精装修且家电已配齐，在商量房价时，马某提出该房每平方米 5 万元可以出售，孙某某当即表示同意，最终总房价为 500 万元。

2010 年 7 月，按照马某的要求和安排，孙某某将现金 500 万元交给牛某。2011 年，孙某某委托朋友夏某与马某安排的房主办理了过户手续，并按照 2.6 万元每平方米签订了房产卖卖协议。案发后，经评估公司评估并出具评估报告，评估该房装修价值 19.7383 万元，2010 年 7 月 1 日出售时，房屋价格 294.2625 万元。

公诉机关认为，D公司及其董事长孙某某为谋取不正当利益，以高于房产市场价格186.9992万元向国家工作人员马某行贿，构成单位行贿罪，向L市C区人民法院提起公诉。

## 二、案件焦点

1. D公司及孙某某购买马某房产的行为是否属于单位行贿？
2. 马某高价售房的行为是否属于向D公司及孙某某勒索？

## 三、办案思路与辩护意见

辩护人经过阅卷，总结梳理案件的基本事实：其一，D公司及孙某某自始至终不知房产是马某的，因此，D公司及孙某某没有意图通过购买马某的房产向其行贿的主观目的和动机；其二，房屋的价格、房款支付、房屋过户完全是马某主导和安排的；其三，马某担任市委书记的身份，确实在客观上形成了D公司及孙某某不好拒绝马某"帮助朋友出售房屋给D公司"的潜在无形压力；其四，全案证据材料显示，D公司及孙某某从未向马某提出任何请托事项，马某也从未为D公司或孙某某提供任何帮助，即没有任何谋利事项。

据此，辩护人认为，D公司及孙某某依法不构成单位行贿罪，公诉机关指控罪名并不成立。

在审查起诉阶段，辩护人即向公诉机关提交无罪辩护意见，并多次与公诉机关沟通，希望公诉机关充分重视律师辩护意见，并依据事实、证据及相关法律，作出不起诉决定，但公诉机关坚持孙某某具有行贿的主观故意和行为，D公司构成单位行贿，孙某某作为单位行贿直接责任人被提起公诉。

在庭审中，辩护人通过细致发问、全面质证，帮助合议庭查明了孙某某慑于马某市委书记的地位和权力，被迫购买房产的客观事实，在还原客观事实的基础上，辩护人充分发表了D公司及孙某某不构成犯罪的辩护意见。

辩护思路一：辩护人认为，D公司及孙某某没有行贿的主观动机。孙某某和马某之间发生的房产交易是在三亚休假期间偶然发生的，案件证据材料显示，孙某某自始至终不知所交易房产为马某房产，没有证据证明D公司及孙某某主观上有行贿的动机和故意。

在看房、过户的过程中，马某也从来没有告诉孙某某房子是自己的，马某一直称房子是朋友的，而且房产证也并不是马某的名字，过户手续不是马某去办的，孙某某从来都不知道房子是马某的，更无法意识到该房产与马某有关。

马某供述证明，“我考虑是领导干部，所以就没有办理过户手续，后面给孙某某出售时，我也是出于我是领导干部身份的考虑，骗他说这房子是我朋友的”。

显然，D公司及孙某某在不清楚房产系马某实际所有的情况下，不具有希望通过房产交易向马某行贿的主观故意和动机。

辩护思路二：D公司及孙某某没有谋利事项。案件材料显示，D公司是一家民营企业，在企业经营中从未与马某有任何联系，孙某某与马某认识是因孙某某政协委员身份，在马某作为市长考察D公司时认识的。经过法庭调查，自2004年D公司成立直到2017年孙某某接受调查，在长达13年的时间里，D公司及孙某某从来没有向马某提出过任何请托事项，也从未通过马某获得过任何不正当利益，D公司及孙某某没有谋取不正当利益。

辩护思路三：马某市委书记的地位优势对孙某某形成心理压迫，符合《刑法》规定的“因被勒索给予国家工作人员以财物”的情形。马某担任J市市委书记的身份和权力优势，客观上对孙某某形成了心理压迫，致使孙某某即使在不知房产是马某的，马某只是他人房产介绍人的情况下，也不敢拒绝，更不敢讨价还价，只能被动接受马某提出的房价，并按照马某的要求支付房款。这些客观事实证明，孙某某不是心甘情愿主动购买房产，而是被迫按照马某的意志购买，实质上孙某某是在被勒索下购买涉案房产的。

法庭调查查明，在马某提出房屋价格为500多万元时，孙某某明确提出太贵了，不想购买，马某遂以退为进，主动提出把零头抹掉，给500万元整。

对此，马某在其供述中直言“抹掉零头后，孙某某还是有些犹豫，但最终还是答应了”。孙某某“被迫答应”体现了 D 公司及孙某某在接受高价格时的被迫性。

在支付方式上，孙某某提出以公司转账的方式支付，但马某不同意，称朋友要求现金支付，并要求孙某某与其指定的收款人牛某联系交付房款，无奈之下，2010 年 7 月，孙某某按照马某的要求，从 D 公司账户取款 500 万元现金将房款交给了马某指定的牛某。

在办理过户过程中，交付房款后，本应尽快办理过户登记，但直到 2011 年，马某才安排房主与孙某某办理过户手续，孙某某要求按照实际房款金额签订房屋买卖协议，但马某不同意，孙某某只得以马某确定的 2.6 万元每平方米签订了房屋买卖协议，于支付房款一年多后才办理了过户登记。

从看房选房、房屋价格、房款交付、过户登记全过程看，马某始终是主导，D 公司及孙某某只能听从，马某的官员身份及强势主导的做法，使作为民营企业的 D 公司及孙某某产生了惧怕拒绝市委书记，担心会对 D 公司今后的发展造成不利影响，只能被迫接受的心理压迫。马某在供述中更是坦言“我的售房款需要现金，因为孙某某一直在 J 市做生意，我是市委书记，他肯定会替我想办法筹集房款”。马某基于其市委书记的地位，迫使孙某某接受其所提房产价格和交易形式，向孙某某勒索财物的主观目的十分明显。

根据《刑法》第 389 条第 3 款之规定，“因被勒索给予国家工作人员以财物，没有获得不正当利益的，不是行贿”。公诉人指控：孙某某供述称“购房是为了企业的发展”，就是对马某的感情投资；通过买房与马某拉关系、套近乎，是为了谋取竞争优势，谋取不正当利益；马某在索取贿赂过程中并未采取敲诈勒索罪中直接的威胁、要挟的手段，并非“勒索”。因此，D 公司及孙某某构成了单位行贿罪。

辩护人对上述观点进行了针对性辩护：

第一，辩护人认为，本案不是敲诈勒索罪，不应以敲诈勒索罪的构成要件认定行贿罪的被勒索。公诉人强调行贿罪的“勒索”只能是敲诈勒索罪中的直接威胁或者要挟才能构成的观点，在法律适用不正确。敲诈勒索罪规定以威胁、要挟的手段索要财物，但行贿犯罪的被勒索在威胁或者要挟的手段上在现实中有多种多样，可以是明示的、直接的，也可以是暗示的、间接或隐形的。无论明示还是暗示，如果足以给对方造成心理强制，使其产生害怕恐惧，便应界定为被勒索。

本案中，马某担任市委书记，其本身的地位优势致使其不必采取直接言语或行动威胁要挟的方式，其作为地方最高长官的权力威严，足以达到孙某某不敢拒绝的心理恐惧，即孙某某恐惧马某手中的权力，害怕不答应马某要求会有不可预计的危害，马某的权力威力已形成隐形的“胁迫”，应当认定马某的言行对孙某某达到了勒索的程度。

第二，D 公司及孙某某“为了企业的发展”，完全是担心因不买房而得罪领导，导致企业发展受阻，担心公司正常的、合法的利益受损。这种担心与惧怕并非希望从马某处获取任何不正当利益。担心不买房对企业发展不利，为企业发展着想是正当的、合法的。被迫买房不是为了谋求竞争优势，被迫买房不属于司法解释所规定的三类“不正当利益”的任意一种，因此，本案不能违背立法本意，有罪推定“为了企业发展”就是“谋取不正当利益”。

第三，“感情投资”是否构成行贿，对于行贿犯罪需要严格把握是否具有谋取不正当利益的主观目的，不具备这一主观目的，就不应认定为“感情投资型”行贿犯罪。一般而言，“感情投资”通常是行贿人千方百计、主动寻找机会、寻找借口给予受贿人财物，“感情投资”是行贿人积极、主动的追求。而本案中，孙某某是在偶然提及买房想法时被马某利用并勒索的情况下，被动、被迫支付高价房款，明显不是感情投资行贿犯罪。

第四，公诉人认为与马某拉关系、套近乎，就是为谋取竞争优势，明显属于主观推断。企业家想与官员保持良好的关系的主观意愿无可厚非，党中央也多次强调要构造“亲”“清”的新型政商关系。孙某某有与马某保持良好关系的想法并没有错，不能因为有这个想法就认为是行贿，关键还是要看孙某某与马某的关系是否“清”，是否实施了谋取不正当利益的行为。在案证据充分证明，孙某某与马某之间是清清楚楚的，没有谋取任何不正当利益，也没有任何经济交往，这些客观事实充分证明 D 公司与孙某某不构成行贿犯罪。

## 四、案件启示

最终，L 市 C 区人民法院审理后，全面采纳了辩护人的意见，认定孙某某偶然提起买房，并非为向马某行贿之目的特意购房；在交易过程中，马某利用其市委书记的职权和地位对孙某某形成无形的压迫，马某属于索贿（后被马某案生效判决确认）。公诉机关提供的证据仅能证明孙某某买房的事实，但无证据证明 D 公司及孙某某向马某提出了请托事项或谋取了不正当利益，公诉机关指控不能成立。经 L 市 C 区人民法院审判委员会讨论决定，依法宣告 D 公司无罪。法院判决孙某某无罪后，L 市 C 区人民检察院对本案提出抗诉，在二审审理过程中，L 市人民检察院向二审法院撤回抗诉，无罪判决已生效。

无罪的判决维护了 D 公司和孙某某的合法权益，也引起辩护人深深的思考。

本案马某与孙某某之间所呈现的交易关系，是否构成行贿？是行贿还是索贿？确实引发了控辩双方较大的争议。公诉机关认为《刑法》第 389 条第 3 款规定的“勒索”应解释为敲诈勒索罪中的“勒索”，受贿罪的索贿不等于“勒索”。那么，行贿中的被勒索与敲诈勒索罪的勒索在行为、手段、程度上是否相同？理论与实务中存有争议。

笔者认为，行贿罪中的“被勒索”与受贿罪中的“索贿”应当是对应关系，不能在此之外附加任何条件。不能以敲诈勒索罪中的胁迫威胁的行为及程度来认定行贿是否构成被勒索。行贿罪中的被勒索可以是明示的，也可以是暗示的，在行贿罪中无论是明示还是暗示的勒索，只要受贿人的索要足以达到使行贿人形成心理恐惧的程度而被迫给予受贿人财物，即是被勒索；而且，受贿中索取他人财物一旦认定为索贿，行贿自然构成被勒索；被勒索且没有获得不正当利益的，不是行贿犯罪。当受贿人主动索贿时，行贿人没有主动“腐蚀”国家工作人员；当行贿人被索贿后又未获取不正当利益时，客观上也没有损害国家、社会或者他人的合法利益，自然不应该认定为行贿。而被勒索时，外在表现形式与索贿实际是相同的，都是国家工作人员提出非法要求，它们之间只有程度的区别，没有本质差异，国家工作人员即使不采取威胁或者要挟的方法，也能利用其手中权力对行贿人形成心理强制，行贿人被动支付款物，索要与勒索在事实上也难以区分。因此，在没有获得不正当利益的情况下，行贿罪中的被“勒索”就是指受贿罪中的索取，不应当在索取的基础上附加其他条件。

# 全国首例尘肺病医生失职不起诉案

张世国

## 一、基本案情

2017年6—11月，贵州某医院的三名医生黄某某、张某某、董某某，先后被某区公安局以涉嫌国有事业单位人员失职罪立案，并采取拘留和逮捕的强制措施。

公安机关的起诉意见书认定，贵州某医院经省卫健委审查批准，具有诊断尘肺病的诊断资质。黄某某、张某某、董某某在该院从事职业病的诊断工作。自2012年以来，3人共参与诊断1000余例尘肺病，某区公安局聘请某市职业病鉴定委员会对其中的547例高千伏片鉴定后认为，其中有393例无尘肺病，111例胸片质量不合格不能用于尘肺病初诊，1例双肺团片状阴影、性质待定，42例具有尘肺病。经贵州某司法鉴定所鉴定，前三种情形505例中，有413例获得了社保局赔付，造成国家社保资金损失为3737.27万元，另外92例未获赔付。3位医生由于存在放宽诊断的行为，没有严格按照国家片子登记进行阅片，本身是三级片（质量不合格、不能用于尘肺病诊断的片子）却诊断为二级片（能够做尘肺病诊断的合格片子），严重不负责任，做出尘肺病诊断证明，致使国家利益遭受特别重大损失，触犯了《刑法》第168条第1、2款之规定，涉嫌国有事业单位人员失职罪。此案经《医师报》报道后，引起广泛社会关注。

2017年12月底，某区公安局侦查结束并移送某区人民检察院。董某某家属委托东卫律师进行辩护，东卫律师事务所指派张世国律师作为董某某的辩护人。

## 二、案件焦点

执业医生对尘肺病职业病的诊断，主要依据患者的医学 X 射线影像照片并结合标准片，作出诊断意见，在医学上称为主观半定量的诊断，诊断医生基于经验的不同，在读片诊断上确有很大的差异。X 射线胸片的影像质量，也在一定程度上影响医生的认定和判断。

根据《职业病防治法》《职业病诊断与鉴定管理办法》等法律法规规定，对尘肺病实行集体诊断、机构审核制度和两级鉴定制度，主要原因在于尘肺病医学诊断存在较大的主观性，即使对相同的患者存在诊断结果的不同，也不能简单归责于医生严重不负责任，而不排除包括极有可能是从业经验造成的。

本案的焦点问题是：董某某通过阅片、诊断尘肺病、出具诊断证明书属于正常履职还是属于严重不负责任、违反职责的犯罪行为？医生的行为是否为社保资金流失的致命因素？

## 三、办案思路与辩护意见

这是全国首例尘肺病医生失职案，引发社会各界特别是医师界的广泛关注。

辩护律师经过仔细阅卷、会见和调研后认为，本案案发的直接原因虽然是社保基金的“流失”，但社保资金的赔付需要层层把关，其中涉及医生、医院、社保局、工商管理部门、用人单位等，不能因为尘肺病医生的诊断标准稍宽，读片存在差异就认定医生承担刑事责任。

辩护律师调研了大量的尘肺病诊断的专业文章，并征询了北京、上海多位尘肺病专家的意见，初步掌握了尘肺病诊断的标准、流程和读片差异原因，了解到医生诊断时的读片差异是不可避免的，即使是有经验的专家也会产生读片差异，于是决定还是从尊重医学的专业性入手，提出医生正常履职不构成犯罪的基本辩护观点。

本案的证据上，争议最大的是鉴定问题，2012—2016 年，贵州某医院共进行了 10,708 人次的高千伏胸部 X 线检查，进入有尘肺病资质的专家诊断 2274 例，确诊尘肺病患者 1640 例，确诊无尘肺患者（含观察对象）634 例。公安机关调走其中 1353 例患者的高千伏胸片等病历档案。但在委托鉴定时，仅对 547 人的尘肺病诊断进行了重新鉴定，结果是其中 393 人无尘肺病、111 人胸片质量不合格，1 人待定，有尘肺病仅为 42 人。如果仅从鉴定结论来看，差异率达 92.3%，显然过大，但从 1353 份作为基础来分析，差异率就是极低的。另外，针对胸片存在污染问题，辩护人认为，鉴于涉案胸片先后被社保部门、公安部门从医院借出用于职业病鉴定，现有证据不能排除胸片污染系借出后污染导致。

在审查起诉期间，辩护人根据上述办案思路，出具了律师意见：主要内容如下。

1. 医生因读片所产生的诊断差异客观存在，并非起诉意见书所认定的系诊断医生“严重不负责任”导致差异。

（1）尘肺病诊断的专业特点决定了不同的医生对相同的患者存在不同诊断，同一个医生在不同的时间、对同一患者相同的片子也会有不同的诊断，因此即使出现对相同患者存在不同诊断结果的情况，也不能简单认定是医生的严重不负责任。

根据《职业病防治法》《职业病诊断与鉴定管理办法》等规定，实行集体诊断、机构审核制度和两级鉴定制度，原因在于执业医生对尘肺病职业病的诊断主要依据患者的医学 X 射线影像照片并结合标准片作出诊断意见，在医学上称为主观半定量的诊断，诊断医生基于经验的不同，在读片诊断上确有很大的差异。X 射线胸片的影像质量，也在一定程度上影响医生的认定和判断。

鉴于尘肺病医学诊断存在较大的主观性，即使对相同的患者存在诊断结果的不同，也不能简单归责于医生严重不负责任，而不排除包括极有可能是从业经验造成的。

（2）尘肺病诊断存在差异系专业特点所决定，具有客观性。

《预防医学情报杂志》2017 年 4 月第 33 卷第 4 期《2010—2015 年四川省职业病最终鉴定情况分析》记载：在 97 例最终鉴定中，最终鉴定结论与诊断结论、首次鉴定结论完全一致的有 41 例，占总数的 42.2%；最终鉴定结论与首次鉴定结论一致的有 72 例，占总数的 74.2%；最终鉴定与诊断结论一致的有 50 例，符合率仅达到 51.5%。

《执业卫生与应急救援》2017 年 2 月第 35 卷第 1 期《北京市某区 2015 年职业病鉴定结果分析》记载：2015 年职业病鉴定 23 例，其中 8 例的鉴定结论与原诊断结论不相符，不符合率为 34.8%。

根据上述医学杂志对尘肺病的诊断与鉴定之间的差异率的实际调查可以看出，尘肺病诊断的差异是客观存在的。

（3）在鉴定过程中，专家认为胸片质量不合格的原因系胸片存在污染，辩护人认为，涉案胸片先后被社保、公安部门从医院借出用于职业病鉴定，现有证据不能排除胸片污染系借出后污染导致。

（4）董某某完全是按照职业病诊断的标准作出的正常诊断。

公安机关认为董某某在诊断时有把“本身是三级片，自己觉得是二级片”认定为严重不负责任，明显认定错误。在职业病诊断实践中，片子级别的标准界定受医学水平、诊断能力的不同，存在大量界定不一的情形。即使在公安机关组织鉴定的 547 例鉴定中，大量的胸片经过专家的鉴定，都没有明确的级别界定，只是被认定为二至三级。因此，董某某在诊断过程中，依据自己的专业知识判定胸片属于二级片，继而作出相应的诊断意见，完全是根据诊断标准所实施的正常诊断行为，不能因董某某主观上对胸片标准判断的不同，而任意扩大，拔高认定为严重不负责任的行为。

综上，公安机关的起诉意见书没有考虑职业病诊断的专业特点和客观规律，没有尊重和考虑医生在执业时应有的空间，扩大了打击面，在社会公众特别是医生职业群体中会起到非常负面的社会效果，应当予以纠正！

2. 本案的关键证据是 2017 年 9 月 30 日某市职业病鉴定委员会对 547 例

尘肺病人出具的547份职业病鉴定书，该547例尘肺病人在选择方式和选择程序上严重不公正，且该职业病鉴定书并非法定的最终鉴定结论，不能作为定案证据使用。

（1）在案的《贵州某医院2012—2016年职业病诊断工作总结报告》证实，贵州某医院自2012年至2016年诊断尘肺病人共计1607人。为准确查明事实，公安机关应当对医院确诊的1607人全部进行重新鉴定，而不能仅仅以抽选的方式确定547人进行鉴定，且该547人中有286人是在已经被社保局初筛确定为无尘肺病人的情况下，纳入了重新鉴定的样本。某区公安局新增加委托鉴定的217例，是否为社保局经初筛确定的废片或需要进一步摄片确诊的217例还不确定。这样在初筛之后再选鉴定样本，直接增大了无尘肺的差异数量，人为造成差异率增大，明显具有人为选择性和倾向性，也极大地影响了鉴定结果的客观性。

（2）某市职业病鉴定委员会出具的职业病鉴定书并非最终的鉴定结论。鉴于我国对职业病鉴定实行的是二级鉴定制，在当事人未穷尽救济手段之前，直接将该鉴定书作为定案依据存在重大瑕疵。

（3）某市职业病鉴定委员会的5位专家是从2017年9月27日开始正式对547例职业病进行鉴定，至2017年9月30日结束。4天的时间之内，5位专家对547例职业病进行了鉴定，并出具了鉴定结论。辩护人向尘肺病专家了解获知，尘肺病诊断在一上午4个小时的工作时间内仅可诊断30例，一天最多诊断60例，复杂的尚需讨论，少数服从多数。现在假设按照5分钟鉴定一位病例的时间计算，4天32小时全部工作最多只能鉴定384例，且在《尘肺病诊断标准》（GBZ 70—2009）附录F.7中明确规定，读片应1—1.5小时休息一次，在专家不休息的情况下都无法完成547例诊断，何况还要休息？因此，该鉴定意见的出具，是否公正、客观，是否严格符合诊断标准，确实存在很大的疑问。

3. 同样的病人在不同的鉴定机构（或者不同的鉴定专家），存在相反的或者不同的鉴定结果，这充分说明不能仅凭诊断结果的不同来认定诊断医生犯罪与否。

（1）在案两名尘肺病病人，省医学会职业病诊断鉴定工作办公室在2017年5月12日曾作出煤工尘肺病一期的鉴定结论，而在2017年9月30日某市职业病鉴定委员会对二人出具的鉴定结论为无尘肺。同样还是这两个病人，不同的鉴定机关，出具了完全不同的诊断结果，一方面，说明诊断的差异率确实客观存在；另一方面，要将2017年9月30日某市职业病鉴定委员会的鉴定结果，作为定案依据，存在严重的证据不确实、不充分的问题。很明显，当市级与省级机构鉴定机构的结果不一致时，应当以省级鉴定机构的鉴定结论为准。

（2）2016年12月与2017年9月某市职业病鉴定委员会组织不同专家对相同病人作出的鉴定结果存在明显不同。

某市职业病鉴定委员会先后在2016年12月和2017年9月两次对尘肺病人进行鉴定，其中2016年12月鉴定为无尘肺的7例，但2017年9月鉴定为有尘肺病。

2016年12月鉴定为不予做鉴定的2例，2017年9月鉴定为无尘肺病。

2016年12月鉴定为不予做鉴定的1例，2017年9月鉴定为尘肺病一期。

2016年鉴定为无尘肺的19例，2017年12月鉴定为胸片质量不合格，不能用于尘肺病初诊。

4. 医生对尘肺病的诊断行为，并不必然致使国家利益遭受重大损失，即两者不存在刑法上的必然因果关系。

众所周知，尘肺病涉及预防、诊断、监管、赔偿、治疗等各环节，是个系统工程，涉及诸多单位、诸多不同的监管程序，在医疗机构诊断之后，还有卫生行政部门的职业病鉴定（两级）、工伤认定程序（必要时启动司法程序）、社会保险行政部门的劳动能力鉴定（两级）、最后劳动者申领工伤保险金。医生作出尘肺病的诊断，不必然致使国家利益遭受重大损失。而离认定工伤和发放保险金最近的、有决定权的部门的行为，才是致使因素。

5. 卫生行政部门对于案件的发生，存在不容忽视的责任。

在提出以上法律意见的同时，辩护人多次向检察院提出启动羁押必要性审查的申请。

## 四、案件启示

某区人民检察院经过两次退侦，三次审查起诉后，最终作出了不起诉决定。

本案系全国第一例医生因从事职业病诊断而涉嫌国有事业单位人员失职罪的案件，具有一定的典型意义。医生作为专业人员，在执业时正常遵守医院的制度和执业规范，执行了国家的标准，即使存在诊断时失之以宽，也不能简单地认为是犯罪，如果将 3 名医生入罪，这对于专业人员的执业将是摧毁性的，将造成医生人人自危的局面，后果不堪设想！

换言之，如果因为正常的诊断导致医生被追究刑事责任，势必对从事职业病诊断的整个医生群体产生巨大的负面影响，势必影响职业病诊断医生对患者病情的客观、公正的判断，很容易导致医生基于自我保护，对本来患有尘肺病的患者而诊断为“无尘肺病”，从一端走向另一个极端。并将可能面临全国没有人愿意从事职业病诊断工作的局面，最终损害的是全国高达 600 万尘肺病患者这一弱势群体的合法权益。

要解决尘肺病人的问题，还需要建立合理合法有效运行的职业病防治体系，加强劳动者保护和制度建设，切实保障劳动者职业健康权益，需要包括用工单位、社保局等政府职能部门、司法部门等多个社会环节的合力。

# 李某骗取贷款无罪案

张世国　贾朝阳

近日，我们收到东北某地企业家李某涉嫌骗取贷款案的一审判决。李某在被羁押3年之后，终于被当地法院宣告不构成骗取贷款罪，重获自由。

作为李某的辩护律师，我们回想本案艰难、曲折的辩护过程，以及其中所折射的法律问题，感慨系之，鉴于该案有一定的代表性，特整理本篇案例分析，与各位同人和法学界朋友分享探讨。

## 一、基本案情

李某在东北某市从事坚果收购、加工、出口业务数十年，并担任当地果仁协会会长。积累财富之后，李某又开始涉足担保、典当等小微金融领域，是当地小有名气的民营企业家。

2010年下半年，李某筹划在当地建起一座集坚果收购、加工、仓储、出口于一体的综合大型产业园，得到当地政府的大力支持。因筹建中的产业园本身不具备独立的大额贷款资格，所以李某与当地某银行行长宋某达成口头协议——该行允许李某以亲朋好友的个人名义互联互保，并由李某的担保公司提供担保，向银行贷款1.5亿余元，然后由李某归集使用于产业园建设。作为回报，李某将利用自身影响力为该银行拉存款任务，同时承诺产业园建成投产后，仓储外汇、结算等业务都由该行来做。此外，李某还将个人价值近2亿元的别墅、商铺、公寓以及私人汽车、工程车辆悉数折抵变现投入产业园的建设之中。

2013年7月，宋某离任，张某接任行长职务。因李某上述贷款陆续到期，银行为避免账面不良贷款，自2013年至2015年经多次向省行、总行请示后于2015年9月22日专门召开行长办公会，讨论后正式决定对李某归集使用的1.5亿余元贷款进行续授信。具体做法是将部分贷款人的贷款额度由500万元增加至800万元，然后归集到23个自然人名下，继续用“顶名贷款”的方式予以续贷、转贷，李某个人承担连带保证责任。2015年年末，银行对陆续到期的这23笔贷款提起民事诉讼，经法院民事调解，达成以物抵债协议：李某用其担保公司和产业园房产、土地及附属物对借款承担连带责任。

2018年张某离任，常某接任行长职务，因在解决李某贷款的时间和方式问题上发生争吵，常某一气之下向当地公安机关报案。公安机关遂以涉嫌违法发放贷款罪、骗取贷款罪对宋某、张某、李某立案侦查，检察机关以相同罪名对3人提起公诉。

## 二、案件焦点

李某在银行方面明知且默许的情况下用“顶名贷款”方式归集贷款用于正常生产经营的行为是否构成“骗取贷款罪”?

## 三、办案思路与辩护意见

我们接手本案后，经过研究认为李某的行为不构成骗取贷款罪并据此提出辩护意见。

1. 李某“借名贷款”、“借名倒贷”及部分贷款资料存在虚假是客观事实，但作为贷款审批、发放者的银行工作人员都是明知的，银行方面并未被欺骗，李某主观上没有骗取贷款的故意。

在案证据清楚显示，银行方面对于李某“顶名贷款”的情况一开始就是心知肚明的。既然是“顶名贷款”，则被找来帮忙顶名的人自然只愿提供基本的身份材料，银行流水、房屋产权证等资料造假的情况在所难免。2015年9月22日，银行还对李某“顶名贷款”情况进行整理并专门召开行长办公会，讨论后正式决定对其归集使用的1.5亿余元贷款进行续授信和转贷。

此外，李某找来“顶名贷款”的自然人都是当地的普通老百姓，身份各异，收入微薄，根本不可能突然向银行如此集体高额举债。这一点从银行于2015年9月24日至29日短短5天内向刘某某、石某某等13人连续密集放款共计1亿余元的情况可以清楚体现出来。

所以，对于李某的“顶名贷款”，银行方面从上到下，自始至终都是完全明知并配合的。这种行为虽然违规，但银行也不能因为后来领导更换、贷款出现逾期和暂时的还款困难，便以“借名贷款”和贷款资料存在虚假为由，控告李某实施了欺骗行为，骗取了贷款。这样做违背了基本事实和情理。

事实上，在当今我国金融秩序不够规范的大背景下，借款人“顶名贷款”“资料造假”的操作方式，在各地都比较普遍，李某不过是其中一例。这种方式虽不能倡导和鼓励，但司法机关也不应将行为人贸然入罪，科以刑罚。

2. 李某以及李某的担保公司、产业园具有足够的还款能力，实际担保真实、充足，银行贷款自始没有无法收回的风险。

首先，李某对归集使用的贷款本身提供了双重担保。李某的担保公司系依法注册成立的担保公司，2010年9月开始与该银行开始合作之际，就向该银行实际缴纳了1000万元的保证金，后来又逐渐增加至3000多万元。其虽然在提供担保过程中通过让人“顶名”归集使用贷款，但从民事法律关系上看，被借名贷款的自然人仍然是债务人，李某的担保公司始终是保证人且承担连带保证责任。

其次，李某所归集的贷款，加上个人资产2亿余元，后来悉数投入产业园建设中，转化为承载多种功能、有巨大价值和增值空间的项目实体。归集贷款后，李某个人进行了连带保证。2015年下半年，银行启动民事诉讼程序，产业园的土地、厂房等已经被保全查封，形成了对贷款的事实上的担保。产业园所占土地共计139, 650平方米，系李某通过招投标程序获取并拥有独立产权，贷款时估价已近7000多万元；2016年8月18日，银行曾专门委托当地某房地产评估机构对在建中的产业园一期工程进行过评估，价值已达

184,690,681元；至案发时产业园已经是一座已经建成，只待正式投产运营的集坚果加工、仓储、出口于一体的大型现代化工业、贸易园区；2019年6月，法院组织的评估程序汇总，保守的价值已达到了269,724,645元，在本案审理过程中，民事执行程序仍在继续进行。虽经过两次拍卖流拍之后，价值依然保持在183,412,758.6元，仍然可以全额覆盖本案中“骗贷”所涉的贷款总额。

总之，无论从哪方面看，本案中银行贷款自始没有无法收回的风险。

3. 李某不存在“其他严重情节”①。

作为一种典型的经济犯罪，骗取贷款罪的追诉标准是在主观故意成立的前提下，客观上造成损失或者有其他严重情节。根据刑法体系解释的原理，骗取贷款罪中“其他严重情节”，应该是给银行信贷资金安全造成实际侵害或危险程度相当的情节，而不能是任意的其他情节。司法实践中，对于“其他严重情节”的把握一般应界定为行为人将所骗贷款不用于生产经营，恶意拖欠不还，等等。

事实上，李某不仅客观上没有给银行造成实际损失，也没有任何恶意拖欠的行为。直至案发前李某还一直在马不停蹄积极运作以“债务重组”方式引入第三方投资，促使产业园尽快投产。也正是因为其忙于纷繁复杂的各项事务，急火攻心，才在新任银行行长常某再次催款时与之发生争吵，导致关系恶化，矛盾激化，引发了刑事程序的启动，也致使其计划陷入停滞和混乱之中，雪上加霜。

综上，李某采用“借名贷款”“借名倒贷”的方式虽然违背了《贷款通则》《流动资金贷款管理暂行办法》等行政法规的管理规定，但因为所使用贷款具有事实上的充足担保，且悉数用于生产经营，实现了保值增值，案发前已被人民法院保全查封，银行贷款资金始终没有受到实际侵害与威胁，可以足额追偿，所以其行为并不具有刑事违法性和应受处罚性，不构成骗取贷

① 当时《刑法修正案（十一）》尚未出台，《刑法》第175条之一“骗取贷款罪”尚未删去“或者有其他严重情节”的规定。

款罪。

## 四、案件启示

从犯罪的分类来看，骗取贷款罪既是“行政犯”，同时又是侵犯财产利益的“财产犯”。因此，对于涉嫌骗取贷款的行为不能仅看其形式上是否具有行政违法性，更要看其实质上是否真正危害了银行信贷资金的安全，从而具有刑事违法性和应受处罚性。

换言之，骗取贷款罪所保护的法益不仅是抽象的“国家金融管理秩序”，更应该是银行信贷资金本身的安全。所以，不能在银行信贷资金安全本身没有受到实害或实质性危险的情况下，仅以抽象的“国家金融管理秩序”受害为由对所谓“骗贷”行为入罪，这一点已是当今刑法理论界的通识，在司法实践中也越来越多地得到判例的支持。更为重要的是，这一观点最终也被2020年12月26日第十三届全国人大常委会第二十四次会议通过的《刑法修正案（十一）》所确认。

案件办理中，我们调研了上百份骗取贷款罪的无罪案例，发现全国各地的骗取贷款的案件裁判尺度不一，即使是事实相同，也产生不同的裁判结果，在《刑法修正案（十一）》出台以前，只有少量案例会因为贷款人提供了真实足额的抵押担保，未对银行造成损失，而判决贷款人无罪。绝大部分案例只因贷款人通过虚假的贷款资料获取贷款，就认定贷款人构成骗取贷款罪，不符合最高人民法院提出的“类案同判”的审判精神和原则。即使在《刑法修正案（十一）》正式实施的当下，仍有观点认为，该罪的法定刑升格条件继续保留了“造成特别重大损失或者有其他特别严重情节”的双重标准，即使贷款人没有给银行或者其他金融机构造成重大损失，但有其他特别严重情节的，依旧可以适用第二档刑罚定罪处罚。但我们认为，根据全国人大常委会法制工作委员会《关于〈中华人民共和国刑法修正案（十一）（草案）〉的说明》及刑法通说理论，“给银行或者其他金融机构造成重大损失”是骗取贷款罪的基本构成要件，在不满足“造成重大损失”基本构成要件的情况下，不能直接适用加重法定情节。这一缺口应当引起立法机关和最高审判机关高度重视，并通过下一步的司法解释、指导性案例加以明确。

本案最终被判处无罪，毋庸讳言，很大程度上得益于《刑法修正案（十一）》的出台，但本案历经 3 年漫长的诉讼之路，反映出在《刑法修正案（十一）》出台之前，在没有明确的裁判标准之下，基层法院的审判人员想要依法公正裁判的难度。我国当前处于经济迅速发展的社会转型期，关注社会现实，回应社会发展，是立法机关和司法机关肩负的责任。统一司法裁判标准，促进“类案同判”更是法治社会追求公正的基本要求，而辩护律师在个案中坚持不懈的努力，更是推动立法进步和法治发展不可或缺的力量。

# 贺某诈骗、强迫交易无罪案

毛洪涛　李金龙

## 一、基本案情

2019 年 9 月的一天，一位老人应约来访毛洪涛律师，称自己有一位侄子贺某，在 A 省 C 市做企业，一直在房地产行业摸爬滚打，从一开始做房地产的造价、审计、评估鉴定等，到积累一定资本后开始从事房地产开发，虽然企业越做越大，但一直都是稳健经营。2019 年 9 月 11 日，贺某在去外地出差考察项目的途中，突然被当地警方电话通知要求必须尽快回来，而后在其返回 C 市的高铁站时直接被警方带走，说是涉嫌合同诈骗罪被刑事拘留。陪同老人前来的，还有贺某的妻子汪某和儿子小贺。

经核实了解，该案涉及 3 个罪名，基本案情如下。

1. 关于诈骗罪。2016 年 11 月，贺某与崔某洽谈合作开发 T 地块事宜。后贺某以其儿子小贺的名义与崔某签订《合作开发协议》，约定崔某将其持有的 S 公司 55% 股权，以 3400 万元的价格转让给小贺，双方共同开发 S 公司名下 T 地块（商住办性质）。同时约定，崔某负责将土地性质变更为商住并办至 S 公司名下，贺某按照土地证办至公司名下的比例分批支付股权转让款。如果提前支付的，应该计算利息。签约后，贺某先后分 3 笔实际出资 1342 万元，小贺在崔某的配合下获得 S 公司 55% 股权并完成变更工商登记。

但之后，情况发生变化。S 公司涉案地块，先是突然被当地经侦部门查封，而后，S 公司及崔某被多个债权人起诉到法院，S 公司名下涉案地块及崔某的股权被申请保全。为保护自身合法权益，贺某暂停继续支付股权转让款。其间，贺某与崔某进行多轮沟通协商。

2018年3月，崔某以股权转让纠纷为由，主动向H市中级人民法院起诉贺某，要求解除合同，退还55%股权。一审法院判决支持崔某诉求。贺某不服，遂向省高级人民法院提起上诉。2019年3月，省高院作出终审判决，认定贺某不存在合同违约，崔某要求解除合同的主张不能成立，遂撤销原一审判决，驳回崔某的诉讼请求。

2019年3月，民事诉讼败诉后，双方继续谈判，但一时陷入僵局。其后，崔某举报贺某属于黑恶势力，涉嫌套路贷犯罪，称贺某与其签订合作开发协议后，仅支付1342万元，便获得其公司价值巨大的55%股权，而后便故意不再履行合同，意图实现非法占有。对此，贺某曾多次向公安机关就案件事实及性质进行说明，双方是基于合作开发协议而转让股权，贺某已经实际出资1342万元，后因崔某违约，导致合作开发受阻，未达协议约定的继续支付条件，贺某有权暂停支付。本案先后经公安机关刑侦及经侦调查，认为不涉嫌黑恶势力犯罪及套路贷犯罪。鉴于崔某一直控告，后来本案以合同诈骗罪立案侦查。在2019年9月12日办案机关突然以合同诈骗罪将贺某抓捕。后经检察院审查，将合同诈骗罪改为诈骗罪。检察院指出，双方签订的合作开发协议，是被害人受到犯罪嫌疑人的诱骗而签订的，从根上就是无效的。犯罪嫌疑人通过变相借贷协议，骗取被害人价值数额特别巨大的公司股权，构成诈骗罪。

2. 关于强迫交易罪。2006年，犯罪嫌疑人贺某与所谓被害人乌某，分别出资198万元到J公司，合伙购买当地某居民组所有的×地块11亩建设用地使用权并拟开发综合服务楼。但2011年11月，乌某因个人资金无法周转，在贺某不知情的情况下，伪造了一份股东会决议，并私自拿公司土地证作为抵押担保，向案外公司借款1000万元。乌某将该借款用于个人使用（截至案发仍未归还）。2012年4月，贺某知道此事后，找到乌某协商理论。之后，双方签订《股权转让协议》，乌某同意将其持有的J公司50%股权转让给贺某，由贺某积极落实公司名下地块开发事宜。同时，协议对乌某50%股权的对应权益作了约定，待将来开发成功或者政府回收兑现。但因项目地块拆迁难度太大，而且J公司被包括上述借款人在内的多位债权人起诉（乌某原因导致），债务缠身，迟迟未能开发。犯罪嫌疑人贺某在知道被害人乌某私自拿公司土地证抵押借款一事后，被指控以报警追究乌某刑事责任相威胁，逼迫乌某将其持有的50%股权无偿转让给贺某，强占乌某价值数额特别巨大的股权，涉嫌强迫交易罪。

3. 关于虚假诉讼罪。2018年9月，为了实现房产过户的目的，贺某的妻子汪某，向法院起诉贺某的儿子小贺，索要900万元借款本息，贺某担任儿子小贺的诉讼代理人。案件办理过程中，该虚假诉讼被承办法官识破，判决驳回起诉。但时隔1年之后，法院突然送达落款日期为2018年9月的司法处罚文书，认定贺某、汪某及小贺涉嫌虚假诉讼，各处以5万元罚金。贺某也因涉嫌虚假诉讼罪，被公安机关刑事调查。

## 二、案件焦点

接受委托后，经过充分阅卷、会见并研究案情，对于虚假诉讼罪我们予以认可，贺某本人也自愿认罪认罚，请求从轻处理。但对诈骗罪及强迫交易罪我们与办案机关存在重大分歧。

关于诈骗罪，争议焦点在于贺某的实际出资究竟是借款收息还是投资入股？转让的股权究竟是为借款做担保还是合作开发？所谓被害人崔某究竟是想还钱被拒收还是根本没钱还？

关于强迫交易罪，争议焦点则是贺某是否存在以报警相威胁要求转让股权？在利益受侵害的情况下以报警为条件谈判是否属于刑法意义上的威胁？案涉股权转让是否零对价、是否显失公平？

## 三、办案思路与辩护意见

基于案件事实、证据及法律适用，并与被告人贺某充分沟通后，我们对两个重罪提出无罪辩护。

第一，申请调取同步录音录像。我们认为，侦查人员涉嫌非法取证、违规办案，向人民法院申请调取对贺某审讯的同步录音录像。主审法官同意我们的申请，向侦查机关发函要求调取同步录音录像。后侦查机关出具情况说明：一是因监控设备视频内容覆盖，无法调取审讯录音录像。二是在审讯过程中，无刑讯逼供和以威胁、引诱、欺骗以及其他非法方法收集证据。我们对办案机关自行出具的情况说明不予认可，并依法向有关部门继续反映。

第二，调取并提交大量新证据。本案指控的诈骗罪及强迫交易罪，其实都是在合作开发房地产过程中出现股权纠纷引起的。在整个洽谈、考察、签约、出资、转股、发生争议、协商谈判等过程，均有大量的客观证据。我们经过全面梳理，先后调取并提交三轮新证据，共计上千页。主要证明：（1）双方是民事股权纠纷，而非诈骗；（2）贺某不存在违约行为，反而是所谓被害人存在严重违约；（3）“被害人”陈述系虚假，与客观证据相违背。

第三，与法官多次就本案进行庭前沟通。本案是2020年6月15日移送法院，但11月30日才正式开庭。在开庭前的半年时间，我们多次以书面、口头等方式与主审法官沟通交流对案件的看法。在庭前沟通中，双方就很多重要问题基本达成一致。比如关于案件基本事实，在案的大量书证及民事一审、二审判决已经很清楚。再比如计算公司股权的价值，应当对公司资产、负债进行全面审计，而不能简单地将土地价值等同于股权价值。

第四，对鉴定报告进行重点质证。其一，土地性质认定错误。被告人获取股权时，涉案土地的性质尚未变更，是被告人入股后实际出资缴纳土地出让金，涉案土地性质才得以变更，再加上市场变化，涉案土地价值出现大幅升值。对涉案土地价值评估鉴定，应当以被告人获得股权时点变更前的土地性质为基础，而被告人入股后土地性质变更、土地价值大幅升值，是被告人风险投资的收益，而非诈骗犯罪的违法所得。其二，严重背离基本常识。众所周知，土地的性质不同，市场价格差距很大。而一般情况下，商住的土地价值要远大于商办的价值。据了解，涉案地块商办价值大概是商住的1/3。但同一个鉴定机构，对同一地块的评估，商办性质的鉴定价格竟然比商住的还多。其三，鉴定价格有失客观公允。对同一地块，办案机关委托的鉴定机构出具的鉴定报告，土地价值是4000多万元。而被告人家属委托的鉴定机构，对同一地块出具的土地价值鉴定报告，结论却是2000多万元。我们将该鉴定报告一并提交给法院作为参考。

针对诈骗罪的指控，我们提出以下观点：

第一，究竟是借款还是投资？在案的大量书证、物证及民事判决书，都能够证明双方不是借贷关系，而是投资入股、合作开发的关系。否则，被害人作为房地产领域的资深人士，怎么可能与被告人不签订借款协议及股权担保协议，却签订书面的《合作开发协议》？而且双方合作破裂时，被害人主动到法院提起的也是股权转让纠纷，而非合同欺诈、借款纠纷？在被告人贺某被刑拘前，双方有过长达2年多的磋商谈判，一直谈判的都是双方继续合作开发或者一方退出一方全盘接手，被害人为何从未提到过双方原来只是借贷？

第二，股权价值如何计算？检察院简单地将涉案土地评估价格乘以股权比例，便认定为股权价格，减去被告人实际已出资金额，得出被告人诈骗的犯罪金额。我们指出，土地价值不等同于股权价值。公司股权=公司资产-公司负债。仅根据已生效的民事判决，就能证明S公司存在大量的负债，这会直接影响公司的股权价值。而且这些外债都是因为崔某个人原因导致。

针对强迫交易罪的指控，我们提出：

第一，案涉50%股权，并不是无偿转让。在《股权转让协议》中，虽然没有约定股权转让的具体价格，但对乌某50%股权对应的权益作了明确约定。“乌某将其持有公司50%股权转让给贺某，贺某积极落实公司名下地块开发事宜。如能实施，按现一类标准基准地价支付给乌某；如政府收回，则按回购价50%支付。”因此，无偿转让的认定与客观事实严重不符。

第二，股权价值的计算问题。首先，土地价值不等同于股权价值，股权价值=公司资产-公司负债。因此，对于公司存在的外债，应当查明并扣减。其次，由于历史原因，涉案地块并不是净地，而是毛地，要开发就必须先拆迁，因此应当查明并减去拆迁成本。

## 四、案件启示

经过两次开庭审理，控辩双方对诈骗罪与强迫交易罪存在极大争议，控方坚持有罪指控，被告人及辩护人坚持无罪辩解及辩护。开完庭后，跟主审法官沟通，对方表示鉴于本案案情重大、影响重大，需要先合议庭合议，然后在专业法官会议上讨论，最终由院审委会决定。

庭审后本案迟迟未能下判。据悉审委会内部对本案的罪与非罪也争议极大，为此，曾先后召开两次审委会进行讨论。其间，主审法官曾与我们沟通，询问是否愿意预缴罚金？我们经征求被告人意见，明确答复对虚假诉讼罪可以预缴罚金，但对诈骗罪和强迫交易罪，坚持无罪意见，不同意预缴罚金。

开庭半年后，终于等到了本案的一审判决，法院采纳律师的辩护意见，判处诈骗罪和强迫交易罪无罪，对虚假诉讼罪判处有期徒刑 2 年 2 个月，罚金 30 万元。

一审判决后，区检察院不服判决，很快提起抗诉，认为该一审判决对被告人贺某诈骗罪、强迫交易罪不予认定，属于认定事实确有错误，适用法律不当，并提出 14 点具体抗诉意见，详细论证贺某的涉案行为区别于传统的套路贷犯罪，已经形成了拥有自己固定套路的诈骗方法和手段，属于新型的套路贷诈骗。同时，区检察院给侦查机关发函，要求追究贺某的儿子小贺涉嫌虚假诉讼罪的刑事责任。

鉴于此，被告人贺某亦提出上诉，一方面，充分认可一审对诈骗罪和强迫交易罪依法不予认定的判决；另一方面，认为一审对虚假诉讼罪的量刑过重，请求从轻处罚。本案于是进入二审程序。

二审期间，我们多次主动联系市检察院负责本案的检察官，多次通过书面、电话方式沟通阐述“应当依法撤回区检察院不当抗诉”的意见，后市检察院的检察官经全面阅卷后，同意与我们见面沟通。在见面沟通中，我们进一步全面阐释基本的辩护观点及理由，同时提出三点诉求：第一，请求市检察院依法撤回区检察院的不当抗诉；第二，原一审对虚假诉讼罪的量刑确实过重，请求从轻处罚；第三，本案的侦查机关存在违法插手经济纠纷、非法取证、违规办案等违法情形，请检察院依法进行法律监督。

市检察院的检察官表示：作为承办检察官，对案件卷宗认真看了数遍，不仅认真看了侦查卷宗，也认真看了辩方“卷宗”（包括三大本新证据和数十份律师意见及情况反映等），刚才也认真听取并记录了律师的三点诉求。就本案而言，市院会高度重视，最终上检委会讨论决定。同时，对我们专业的辩护工作表示认可。

此次沟通后不久，市检察院作出最终决定，决定撤回区检察院的不当抗诉。2021 年 11 月 10 日，市中级人民法院同意市检察院撤回抗诉的申请，依法作出二审维持原判的终审裁定，诈骗罪无罪、强迫交易罪无罪，民营企业家贺某得以走出看守所。

通过办理该案，引发我们对国家保护民营企业家以及企业家自身防范应对刑事风险产生诸多思考。回顾本案，双方在合作开发过程中产生股权纠纷，对方民事败诉后转向刑事，恶意控告涉黑恶、套路贷，导致一位民营企业家在看守所里整整待了 790 天，家庭及企业一度面临严重危机，其本人也差点被判处严重刑罚，3 个项目涉及的数亿元权益差点被非法剥夺。

好在当事人与我们一直都相互信任，坚持不懈地依法抗争，当事人及家属信任我们的专业判断，我们经阅卷后也坚信当事人的清白，而且双方都坚信：法律不是儿戏，为权利而斗争。不畏困难，勇往直前，敢于大胆取证、依法取证，针对问题，全程辩护，最终实现案件的公平公正处理。

# 刘某某非法经营无罪撤诉案

毛洪涛　李金龙

## 一、基本案情

2016年，民营企业家刘某某经朋友推荐，出资100万元在某省某市成立了A房地产经纪有限公司（以下简称A公司），从事房屋经纪业务。2016年7月，经与某房地产开发公司协商并达成协议，A公司负责对其地产项目进行推介宣传。2016年8月21日，A公司在燕郊某宾馆举办了包括该地产项目在内的几个楼盘的“蓄客”活动，活动大致内容为：交款人预交4.5万元认筹款（或者叫排号费），日后如果交款人确定购买所推介的楼盘房屋，则该4.5万元可抵顶购房款8万元，简称“4.5万抵8万”。如果由于各种原因未购买所推介的楼盘房屋，则全额退款。由于当时当地楼市火爆，因此当天活动共募集到房屋认筹款2000余万元。A公司给交款人均开具了收据及团购优惠单。在此值得强调的是，该“优惠单”并未写明楼盘名称、房屋平方米、单价等内容，所收款项名称为“信息服务费”。

就在A公司蓄客筹款过程中，某省某市公安局、工商局、房产局等部门联合突然“到访”，强行叫停活动，并立即将林某、石某、王某等共计十几名公司高管及工作人员带至某市公安局，当天即以非法经营罪立案并办理了刑事拘留手续，羁押在某市看守所。由于当天被告人刘某某未在现场，随即某市公安局对其网上通缉，2016年9月15日，刘某某被某市公安局在另一省某地住处抓获，同日被刑事拘留，9月27日被以涉嫌非法经营罪批准逮捕。公司及刘某某个人名下共计2600余万元被冻结。至此，A公司全军覆没。

A公司的这种蓄客模式，在当地甚至在全国，无论是在经纪公司还是在开发商行业都非常普遍，类似的认购活动、认购广告随处可见、比比皆是。而当天多个部门联合执法，背后应是当地政府决定。为什么当地政府对A公司的蓄客行为重视程度如此之高、打击力度如此之大呢？我们经分析认为，主要有以下几点原因：一是大环境。当时全国正强调“房住不炒”，党中央、国务院有明确指示，要求各地平抑房价，而在案发地，房价却逆势快速上涨。据侧面了解，该省主要领导曾多次批示，要求严格贯彻中央“房住不炒”政策，严厉打击房地产市场投机炒作行为，当地办案机关是将本案作为控制房价上涨、打击炒作房价的典型案件进行侦办。二是被害人。由于多部门联合执法，导致A公司人被羁押、筹款被查封，更不要说关于楼盘的认购了。对于被害人群体而言，面临人财两空的极大风险，因此被害人群体几次三番到各级政府上访，政府维稳压力极大。三是小环境。其实，当地经纪公司、开发商也都普遍采用这种模式进行蓄客排号，但并未被查处，这与刘某某并非当地人也有着一定的关系。

案发后，刘某某委托我们担任其辩护人参加诉讼活动。

## 二、案件焦点

本案的争议焦点主要有：

1. 本案的认筹蓄客活动是否属于房屋销售行为？
2. 涉案行为是否构成非法经营罪？

## 三、办案思路与辩护意见

如前所述，本案如此复杂的背景，给律师辩护工作带来了极大的困难。在本案的侦查、审查起诉阶段，我们曾多次提出本案的团购优惠活动并非房屋销售行为，依法不构成犯罪的律师意见，但是办案机关基于各种考虑对我们的辩护意见未予采纳，以致本案数名被告人被羁押将近一年之久。

根据本案的实际情况及案外因素，我们制订了有针对性的辩护方案。

首先是要最大限度地消除案外因素的不利影响，促使本案回归到法律适用的正确轨道上来。我们介入后，敏锐地捕捉到本案的背景因素对当事人非常不利，当地省委主要领导多次批示，再加上本案被害人众多且不断上访，处理不好很容易引发群体性事件，如果这些不利的案外因素不能及时排除，可以预料本案很难取得好的辩护效果。如何智慧地消除案外因素的影响，是本案的第一个关键点，对辩护工作也是一个极大的考验。

关于省委主要领导批示的问题，我们已经分析认为，领导批示的精神实质是要贯彻落实国家“房住不炒”的政策精神，依法整顿房地产市场，而绝不是要干预司法活动，插手具体案件。于是，我们通过撰写情况反映等书面材料，向办案机关的上级机关及党政相关部门反映该案的真实情况，恳请正确贯彻、领会中央及省委主要领导批示的精神，以减轻办案机关所承受的自上而下的巨大压力，最大限度地消除对本案可能的不利影响。

关于被害人上访引发的维稳压力问题，我们从大局出发，积极地推动先期退赔工作，因为这不仅有利于化解社会矛盾，对社会、对国家、对被害人群体有利，也有利于减轻办案机关的压力，打消其可能存在的顾虑。而且在判决前实现退赔，对当事人也绝对是非常有利的。我们通过多次会见，向犯罪嫌疑人清晰地阐明其中的利害关系，最终犯罪嫌疑人非常认可并主动提出可先期用扣押的公司财产全额返还被害人，不足的部分可用其个人财产来补足。但令我们感到非常遗憾的是，当我们与侦查机关及检察机关沟通此事时，他们基于各种考虑，对退赔工作态度都很消极，最终也一直未把此项工作推动起来，这也是本案多名犯罪嫌疑人一直被羁押的重要原因，也是被害人群体持续上访的主要原因。让我们感觉到特别欣慰的是，当案件到了审判阶段，我们再次与承办法官沟通此事时，法官对此方案非常认可并且非常积极地予以推动，之后我们根据已有材料，全力配合主办法官，对300余名被害人的真实身份、交款数额、交款方式、发还途径等海量信息逐一进行核实、登记、确认。最终，在审辩双方的共同努力下，此项工作得以在庭审前顺利完成，不仅解决了办案机关的维稳压力，也最大限度地降低了本案的社会危害。维稳压力已然消失，那么接下来就是基于案件事实、证据及法律适用等问题的案件辩护了。

非法经营罪素来有“口袋罪”之嫌。因为有兜底条款的存在，该罪在司法实践中经常出现扩大适用的情况。在办理本案过程中，为了防止兜底条款被滥用，我们为此做了充分的准备并精心设计了几套预案。

非法经营罪位于《刑法》分则第三章“破坏社会主义市场经济秩序罪”第八节“扰乱市场秩序罪”，是著名的口袋罪。之所以称之为口袋罪，主要原因在于该罪的罪状表述过于模糊、笼统。立法规定上不够明确，司法实践中更是经常被滥用。具体集中体现在以下两点。

《刑法》第 225 条规定违反国家规定，有下列非法经营行为之一，扰乱市场秩序，情节严重的，处 5 年以下有期徒刑或者拘役，并处或者单处违法所得 1 倍以上 5 倍以下罚金；情节特别严重的，处 5 年以上有期徒刑，并处违法所得 1 倍以上 5 倍以下罚金或者没收财产：（1）未经许可经营法律、行政法规规定的专营、专卖物品或者其他限制买卖的物品的；（2）买卖进出口许可证、进出口原产地证明以及其他法律、行政法规规定的经营许可证或者批准文件的；（3）未经国家有关主管部门批准非法经营证券、期货、保险业务的，或者非法从事资金支付结算业务的；（4）其他严重扰乱市场秩序的非法经营行为。

一是“违反国家规定”的理解和适用。虽然《刑法》第 96 条已经作出了明确规定：“本法所称违反国家规定，是指违反全国人民代表大会及其常务委员会制定的法律和决定，国务院制定的行政法规、规定的行政措施、发布的决定和命令。”但在司法实践中，办案机关对“国家规定”的外延经常作出各种各样的任意性解释，我们在媒体上也经常会看到形形色色的非法经营罪案例。

二是《刑法》第 225 条第 4 项兜底条款的解释边界。司法实践中，如果某种民事经济行为造成了较为恶劣的社会影响，而行为人又没有涉嫌其他罪名的，这个口袋罪便如约而至。2018 年，内蒙古王某军收购玉米非法经营案被改判无罪，并被选为最高人民法院指导案例。当时，最高人民法院明确指出，对于《刑法》第 225 条第 4 项规定的“其他严重扰乱市场秩序的非法经营行为”的适用，应当根据相关行为是否具有与《刑法》第 225 条前 3 项规定的非法经营行为相当的社会危害性、刑事违法性和刑事处罚必要性进行判断。判断违反行政管理规定的经营行为是否构成非法经营罪，应当考虑该经营行为是否属于严重扰乱市场秩序。对于虽然违反行政管理规定，但尚未严重扰乱市场秩序的经营行为，不应当认定为非法经营罪。

就本案而言，事实相对清楚，证据确实、充分，难点在于对行为该如何定性。我们首先检索了大量相关判例：比如北京市第一中级人民法院（2013）一中刑初字第 375 号刑事附带民事判决认为，“李 × × 违反国家城乡规划、建筑及土地管理法规，在无建设、销售许可证的情况下，违法建设、销售房屋，严重扰乱了市场秩序，其行为已构成非法经营罪”。另外，北京市第一中级人民法院（2015）一中刑初字第 817 号刑事判决亦认同此观点，并明确判决依据为《刑法》第 225 条第 4 项。

同时，根据《城市房地产管理法》第 44 条、《商品房销售管理办法》第 6 条的规定，商品房预售实行预售许可制度，必须经县级以上房产管理部门许可方能预售。那么，本案是否属于《刑法》第 225 条第 1 项规定的“未经许可经营法律、行政法规规定的专营、专卖物品或者其他限制买卖的物品的”呢？我们经分析认为，不能排除公诉人适用本条款的可能性。

由此，辩护观点大致形成：一是本案的认筹蓄客活动并非房屋销售行为，目的很明确，旨在防守公诉机关适用《刑法》第 225 条第 1 项；二是非法经营罪的定罪依据不能模糊、必须明确，旨在防守公诉机关适用《刑法》第 225 条第 4 项的兜底条款。辩护提纲大致如下几点。

1. 认筹蓄客活动并非房屋销售行为，本案不能适用《刑法》第 225 条第 1 项。

主要理由有：（1）从排号费本身的性质来看，排号费不是购房款。我们认为，排号费就是排队、占位的费用，是对有限的资源享有优先购买或者优惠购买的资格。商品房正式预售时，如果意向购房户决定购买，排号费可以转换为购房款。如果意向购房户决定不购买，排号费如数退还。开发商收取排号费的目的，是对潜在的购房户进行摸底、蓄客，而非正式的房产销售。可见，排号费购买的是一种将来购房的“优先意向”“优惠资格”，而非具体的商品房本身。（2）团购优惠单不是《房屋销售合同》。从本案的团购优惠单的内容来看，既没有写明楼盘的单价，也没有标明具体的单元、门牌号码，更没有具体的交房日期，甚至哪一个楼盘都没有确定，根本不具备我国《合同法》第 12 条及《商品房销售管理办法》第 16 条规定的房屋销售合同应有的基本内容。

2. 如果适用《刑法》第 225 条第 4 项，在司法解释未明确规定的情况下，应当逐级向最高人民法院请示。

针对《刑法》第 225 条第 4 项所规定的“其他严重扰乱市场秩序的非法经营行为”，最高人民法院、最高人民检察院及公安部陆续颁布了一系列的司法解释，如关于文物、外汇、非法出版物、电信市场、食盐等。但在这些司法解释中，均没有将收取排号费定性为非法经营行为。另根据最高人民法院《关于准确理解和适用刑法中“国家规定”的有关问题的通知》（法发〔2011〕155 号）第 3 条规定：“各级人民法院审理非法经营犯罪案件，要依法严格把握刑法第二百二十五条第（四）的适用范围。对被告人的行为是否属于刑法第二百二十五条第（四）规定的‘其它严重扰乱市场秩序的非法经营行为’，有关司法解释未作明确规定的，应当作为法律适用问题，逐级向最高人民法院请示。”

所谓辩护策略，是指辩护律师根据刑事诉讼形势发展而制定的可以实现目标的方案集合，既是一种辩护的方式方法，也是一种以事实、证据和法律为武器的斗争艺术。具体到本案的法律适用，关键点在于公诉人究竟是选择适用《刑法》第 225 条第 1 项还是该条第 4 项？如果公诉人选择适用《刑法》第 225 条第 1 项，则本案的争议焦点在于认筹蓄客行为是否属于房屋销售行为？我们需要围绕此争议焦点作重点论述。如果公诉人选择适用《刑法》第 225 条第 4 项，则本案的争议焦点在于相关司法解释是否明确将此种认筹蓄客行为解释为非法经营行为，如果没有，则需要逐级层报最高人民法院请示。

庭审前，我们曾多次尝试与公诉人沟通，但公诉人一直未予明确指控的具体法律依据究竟是《刑法》第 225 条第 1 项还是第 4 项。在此情况下，我们果断制定了“打第一，进第四”的辩护策略。即通过“佯攻”《刑法》第 225 条第 1 项，给公诉人施加压力和影响，“诱使、逼迫”公诉人选择适用《刑法》第 225 条第 4 项。

庭审过程中，公诉人一直模糊地以《刑法》第 225 条作为起诉的法律依据，而对于究竟具体是适用《刑法》第 225 条第 1 项还是第 4 项始终语焉不详，这属于明显的指控漏洞。我们敏锐地意识到公诉人这一指控的薄弱点后，并没有急于指出，而是有策略地为我所用，做好先期铺垫，静待时机到来。我们按照既定的辩护策略，猛攻《刑法》第 225 条第 1 项，通过列举、明示翔实的论点及论据向合议庭阐明“认筹蓄客不同于房屋销售”的观点。面对我们明确且翔实的论点与论据，公诉人明显处于劣势。此时，公诉人突然提出：除了《刑法》第 225 条第 1 项，还有第 4 项亦可作为起诉的法律依据。时机成熟，辩护团队负责人毛洪涛律师马上抓住时机，向合议庭申请：根据基本的法律逻辑，《刑法》第 225 条第 1 项与第 4 项在逻辑上是互斥的，请公诉人明确起诉的具体法律依据，究竟是《刑法》第 225 条第 1 项还是第 4 项？合议庭准许后，公诉人经过权衡果断选择了《刑法》第 225 条第 4 项的兜底条款作为起诉的具体法律依据。“打第一，进第四”的辩护策略奏效，我们立即向法庭提出：根据最高人民法院《关于准确理解和适用刑法中“国家规定”的有关问题的通知》（法发〔2011〕155 号）第 3 条规定，对被告人的行为是否属于《刑法》第 225 条第 4 项规定的“其他严重扰乱市场秩序的非法经营行为”，有关司法解释未做明确规定的，应当作为法律适用问题，逐级向最高人民法院请示。合议庭对我们的此观点高度重视，要求我们提交该司法解释的文号、内容及正式文本。我们对此已经做了充分准备，当庭提交。

## 四、案件启示

在此后的数月间，我们多次申请对上述被告人变更强制措施，2017 年 9 月 13 日，法院最终采纳我们意见，对本案所有被告人均变更强制措施为取保候审。被告人刘某某也在被羁押了 363 天之后终于重获自由，但仍然背着犯罪嫌疑人的沉重身份，前途仍未卜，命运尚难料。

又苦苦等候了几个月，某市人民检察院向人民法院申请撤回起诉，后作出不起诉决定。一起本作为典型案件侦办的专案，最终得以无罪的方式结案。

据事后了解，最高人民法院对此案请示的答复是：本案不适用《刑法》第 225 条第 4 项的规定，刘某某等人的行为无罪。

本案虽最终以被告人刘某某无罪而结束，但我们在代理案件过程中还是感到些许遗憾与隐忧。遗憾的是，如果在侦控环节，办案机关也能认真听取我们的律师意见，则本案的民营企业家刘某某就不会被错误批捕、错误羁押将近一年之久，被害人的损失也会早一些得到挽回。

不禁联想到，时任最高人民检察院张军检察长在 2019 年大检察官研讨班上强调，检察官既是犯罪的追诉者，也是无辜的保护者，应坚守客观公正的立场，检察机关在办案中要认真听取并重视律师的意见，真正将律师当成法律职业共同体，真诚尊重、真心支持。

# 李某某诈骗不起诉案

毛洪涛　王　君

## 一、基本案情

2018年4月23日，3位满面愁容、焦虑不已的家属坐在我们团队律师的面前，他们的家人、某地级市人大代表李某某，突然被邻省某市公安局完成提请人大常委会许可程序后以涉嫌诈骗罪跨省抓捕并刑事拘留，当时已经过去11天。家属感到万分困惑的是，“我们只是把借出去的钱收回来了，怎么就变成诈骗了呢?”听着家属断断续续诉说事情的原委，我们凭着多年的律师执业经验初步意识到，这可能是一起公安机关以刑事手段强行插手民事纠纷的典型案例。与李某某身陷囹圄失去自由同样令人揪心的是，李某某是一家知名民营企业的董事长，而此事的发生迅速给企业带来连锁式的灾难性影响，银行已开始提前抽贷，外商已提出停止合作，客户已提出解约，公司上千名员工的生计面临灭顶之灾。

家属签署了委托手续，毛洪涛律师与王君律师接受律师事务所的指派担任李某某的辩护人。我们决定立即会见当事人，以进一步掌握案情，紧紧抓住“黄金37天”的时间窗口，理清脉络，找准病根，对症下药，争取取保候审使当事人尽快重获人身自由。

通过连续两天的会见，我们了解到整个案件的背景和起因：李某某原系某地级市人大代表，早年军人出身，经过20余年苦心经营，一手创建了一家粮食加工集团，系国家粮食加工行业龙头企业，旗下拥有粮食加工、旅游项目开发等多家跨行业子公司，总资产40多亿元，年净产值15亿元，企业员工1000余名，其产品被国家授予“国家名牌产品”，商业品牌被原国家工商行政管理总局授予“驰名商标”，粮食加工行业50强企业。2012年，李某某为行业协会副会长，响应协会提出扶持会员单位的号召，向另一家会员单位梁某某的某隆公司两次提供“过桥”民间借款，每笔借款均签有借款协议，某隆公司提供了银行保函和该公司粮食储备粮库监管担保承诺函。某隆公司在该两笔借款到期后均按时归还。2013年5月，某隆公司再次找到李某某，希望提供借款2000万元。李某某声明只要按照惯例提供银行保函和粮库监管担保承诺函等担保文件，便可向其提供借款。于是，某隆公司照旧办理了借款手续，李某某公司向梁某某的某隆公司提供了借款2000万元。但这一次，期满后某隆公司却未能按时还款，于是李某某公司多次向梁某某催要。其间，梁某某找来第三方某担保公司，某担保公司提出希望向李某某借款3000万元作为担保金向银行贷款，获取贷款后用以帮助某隆公司向李某某还款。李某某同意并向该担保公司提供了3000万元借款，但担保公司因种种原因未能取得贷款，之后将3000万元借款返还给李某某公司，于是李某某公司继续向梁某某催还借款。2013年10月的一天，梁某某带领李甲（后经查系李某某被刑事拘留地的职业放贷人）来到李某某公司，梁某某提出向李某某公司归还所欠借款。李某某遂代表公司接受了2000万元还款，并与梁某某签署了还款确认函。此时，梁某某提出既然已还款完毕，要求李某某公司将本次2000万借款协议、借据、担保文件等原件全部退还，并指定李甲作为其代理人进行接收，李甲亦在还款确认函上签字。至此，李某某认为其公司与某隆公司的借款关系已经终结。但十几天后，李甲突然带人找到李某某，声称其系替梁某某的某隆公司向李某某公司还款2000万元，现某隆公司无法按照原定目标从银行取得贷款并向其归还借款，遂李甲要求李某某公司将前述收取的2000余万元还款退还给他们。李某某及公司法律顾问提出，收取还款是正当权利，李甲要求退款没有根据，故拒绝了李甲的无理要求。于是，李甲将梁某某的某隆公司、李某某公司以及提供保函的某银行支行、提供监管的某粮库作为被告向李甲所在地中级人民法院提起民事诉讼，要求各被告赔偿损失。而该民事案居然在管辖异议审理没有结果时，被受案法院直接移送到公安机关，从而导致李某某被刑事拘留。据李某某介绍，从2013年开始，就已经有李甲住所地公安机关人员随同李甲一起向李某某追要该款项。其间，还有李某某住所被莫名“搜查”，李某某公司账户被莫名“冻结”等不正常情况发生，李某某因为收回这笔借款在被刑事拘留前已经历了近5年的困扰。

## 二、案件焦点

1. 侦查机关认为李某某涉嫌诈骗的基础事实是什么？
2. 李某某是否具有非法占有主观目的及行为？
3. 李某某作为借款地提供人收回借款是否涉及诈骗犯罪？

## 三、办案思路与辩护意见

根据会见李某某、研究李某某公司和家属提供的证据材料以及与警方侦查人员多次面谈了解的情况，律师团队研究判断：从证据材料和李某某接受讯问的内容看，李某某被认为涉嫌“诈骗”只与某隆公司、李甲在2013年10月的还款有关；从该案先经民事起诉到转为刑事诉讼，加上李某某遭到不明“搜查”，以致李某某被终止人大代表资格并被办案机关长途奔袭跨省抓捕，加之刑拘后征求李某某是否同意退款，以及李某某掌控的公司财产被无端“冻结”等一系列情形分析，该案是本不应发生的刑事案件，李某某应当是无罪的。

经过密集会见李某某，向其了解案涉情况，我们基本搞清了侦查机关认定李某某涉嫌诈骗罪的“逻辑”：所谓的“被害人”李甲与其生意伙伴共同作证声称李某某在收回2000万元借款前，承诺如果收回还款就再借给李甲等人5000万元，但李某某收回2000万元还款后没有再向李甲等人提供5000万元借款；李甲还声称李某某明知按照梁某某的要求交给李甲的2000万元借款担保手续虚假却仍然交给李甲，故认定李某某涉嫌诈骗李甲2000万元，公安机关也据此认定李某某涉嫌“诈骗罪”。

经过认真梳理，我们总结出侦查机关认定李某某涉嫌“诈骗”的诸多无法进行合理解释之处：其一，李某某公司自2012年起多次向梁某某的某隆公司提供“过桥”借款，每次均由梁某某向李某某提供相同的借款协议及担保文件。如果说2013年的借款担保文件虚假，那么之前的担保文件是否虚假？以此类推，显然应当成立梁某某对李某某“骗取借款”的逻辑。其二，如果按照李甲所称，李某某在收回借出款项后，将“明知”是虚假的借款担保文件按照梁某某的要求交给李甲，那么就说明李某某在向梁某某出借2000万元时，是以虚假担保为依据随意向他们提供巨额拆借资金，“自己骗自己”，这完全与正常逻辑不符。所以，即便担保虚假，因文件材料均系梁某某一手提供，也只能说是可能梁某某欺骗了李某某，而非李某某欺骗他人。其三，2013年10月，梁某某与李甲等人到李某某公司还款时，各方签订了还款确认文件，清楚写明梁某某将欠款归还给李某某公司，双方债权债务关系终结，李某某将梁某某全部借款手续原件交还，由梁某某指定的代理人李甲代为接收。各方均确认文件签字真实，是各方真实意思表示，该书面证据具有最强证据效力，证明本案涉争事实纯属正常民间借贷，其法律性质不存在任何争议，如果有“纠纷”也应发生在梁某某与李甲双方之间，但与李某某及其公司无关，更与诈骗犯罪无关。其四，李甲声称，李某某许诺接收还款后再向李甲指定人员提供借款5000万元，供李甲等人经营使用，并称李某某与李甲指定人员有协议约定。但是在侦查中，李甲等人未能提供该项“协议”，侦查机关也没有侦获该“协议”。通过以上分析，我们作为辩护律师与李某某一致认为，本案完全不应是一起刑事案件，李某某完全没有涉嫌刑事犯罪的行为事实。

此时，李某某的企业出现了严重的困难。李某某被刑拘的消息见诸网络，企业客户因此对李某某企业的经营前景产生怀疑，纷纷提出解约；银行提前抽贷，导致公司资金链出现困难；正在与李某某进行洽谈合作的英方外商也因此暂时中止了投资；公司管理层和职工人心不稳，员工生计陡然生困，企业生存危在旦夕。我们意识到，案件如果长期拖延下去，将给李某某及其企业带来不可估量的损失。为避免最糟结果出现，我们一方面与侦查机关积极沟通，多次提交不予提请逮捕、对李某某变更强制措施为取保候审，以及应对李某某停止刑事侦查并撤销案件的律师意见书；另一方面，根据党中央、国务院以及最高司法机关保护民营企业家的政策要求，将李某某的情况实名向办案机关所在地省、市、区委党委（含纪委监委、政法委）、政府和公安、检察机关主要领导进行反映，呼吁切实贯彻落实上级指示精神，监督指导侦查机关正确运用侦查职权，立即撤销对李某某的刑事立案，还其清白，让其尽早重返企业。

遗憾的是，侦查机关未接受我们的律师意见，在刑事拘留最长羁押期限届满日当天，向当地检察机关提请批准逮捕。我们迅速将建议不批准逮捕的律师意见书，连同强有力的证据材料和线索提交至审查批捕的检察机关，并且多次与检察机关承办人员进行当面沟通，充分阐述建议不批准逮捕的事实和理由，努力引导案件走向正确方向。最终，在李某某被刑事拘留第 37 天届满时，检察机关客观理性地作出不批准逮捕决定，李某某走出了看守所大门。

李某某回归了家庭，回归了企业，但案件远未结束。“取保候审”强制措施仍然高悬于头顶之上，这让李某某及其企业仍然无法获得正常征信，企业也因此无法恢复常态经营条件与金融支持，员工下岗，中层离职，生计困难，李某某本人与我们依然背负巨大的心理压力。

我们继续联系侦查机关沟通阐释，强调我们的律师意见，期望能够让案件不再继续。但是，侦查机关明确表态，虽然检察机关未批准逮捕，但仍然认为李某某涉嫌诈骗罪成立，遂向检察机关申请复议复核，但未获两级检察机关的支持。之后一段时间，侦查工作依然在“执着”推进。又经过半年多时间，侦查机关于 2018 年年底将案件移送检察机关审查起诉。由于侦查机关认定李某某涉嫌诈骗数额接近 2000 万元，案件被报送至上级检察机关办理。

在严峻的形势面前，我们作为李某某的辩护人不敢有一丝一毫的放松。阅卷后，详细地向李某某了解涉案事实的细节问题。经过对卷宗材料的细致梳理和反复研究，一致认为没有超出受案之初的预判，案卷中也不存在认定李某某涉嫌诈骗犯罪的坚实证据。至此，我们已形成坚定信念，李某某无罪，应当获得完全无罪的处理结果。

我们一方面仍然保持向当地各级党委、政府、公、检、法等单位的领导寄递书面材料反映呼吁，另一方面根据案件卷宗情况形成多份翔实的律师意见书提交给办案机关，并多次到办案机关与办案人面谈汇报，促其细致听取并采纳我们辩护人关于犯罪嫌疑人无罪的辩护观点，努力将一名辩护人应尽的职责做到极致。

## 四、案件启示

经过漫长的“拉锯战”，案件经过检察机关三次延长审查期限及两次退回补充侦查以后，2019 年 7 月检察机关最终采纳了律师意见，根据我国《刑事诉讼法》第 177 条第 1 款的规定，对李某某作出了绝对不起诉决定。这是一份与无罪判决同等效力的法律文书，李某终于等到了迟来的公正，获得了清白！

作为李某某的辩护人，在见到不起诉决定书的那一刻，心情久久不能平静。翻阅工作记录，400 多个日夜为本案所做的一切历历在目。李某某被刑事拘留期间，短短 24 天里 11 次会见，70 余份律师意见书和情况反映材料，近 20 次到办案单位与承办人面谈和汇报律师意见，取保后又 20 余次赴李某某住所地与其沟通案情……这一切的辛苦，都化作了满腔欣慰，激荡出丝丝甘甜！

诈骗罪，最基本的构成是以非法占有为目的，即当事人必须是通过实施虚构事实、隐瞒真相的行为而实现获得非法利益的目的。本案中，李某某自己将钱借给梁某，梁某某找李甲进行代偿，李甲也是真实意思表示进行还款，李某某在此行为中没有任何非法的获利。诈骗罪可以用来处置有不法目的的行为人，但绝不能被滥用。况且，对于这样一起明显的民间借贷纠纷，侦查机关滥用刑事侦查手段进行干预，明显违反了国家的司法政策精神。

拿到绝对不起诉决定后，李某某激动地表示，迟到的公正终于还是来了，终于熬过了此事给其和家人带来的长达 6 年的困扰，终于可以安心地去一项一项地化解这个案件给他所带来的“一切”！其人大代表资格得到了恢复，被摧残得奄奄一息的企业终于重新得到了生机，上千名员工和家人的生计得到了维系，保障了一方的社会稳定。

2018 年 11 月，习近平总书记在民营企业座谈会上讲话强调，各级党委和政府要毫不动摇鼓励支持引导非公有制经济发展，支持民营企业走向更加广阔的舞台。继之，中央政法委、最高人民法院、最高人民检察院、公安部相继发声，主旨均是传达领会习近平总书记的重要讲话精神，保护民营企业的合法权益。原国务委员、公安部部长赵克志在主持召开公安部党委（扩大）会议时要求，准确认定经济纠纷和经济犯罪的性质，严格掌握入刑标准，坚决防止刑事执法介入经济纠纷，坚决防止把经济纠纷作为犯罪处理。这一切言犹在耳，多么希望李某某这样的悲剧事件不再重演！我们也相信，在党中央、国务院和最高司法机关的领导下，我们一定会拥有法治的蓝天！

“黑夜给了我黑色的眼睛，我却用它寻找光明。”李某某的案件再次让我们深深意识到，做不畏强权、坚持正义、专注专业的律师，做有信仰、有担当、有坚守的法律工作者，这是一份无比光荣的使命与责任！

# 刘某某共同受贿无罪案

秦根才

## 一、基本案情

刘某某系某工程勘察设计院下属的环境勘察院的副院长，副总工程师。其丈夫吴某某原系某省地质勘查局局长，后升任某省自然资源厅副厅长。该案侦查终结后，起诉意见书认定：

1. 2008 年春节，陈某某为从环勘局承揽工程，到吴某某家中以拜年为名送给吴某某现金 12 万元，吴某某将 12 万元现金交给刘某某后存入银行。春节后，陈某某多次到吴某某（时任环勘局局长，另案处理）办公室请托吴某某帮其承揽环勘局实施的工程，并与吴某某商定将工程所得利润与其平分。2008 年 4 月，经吴某某推荐和授意如何报价的情况下，陈某某顺利承揽到某地质环境治理项目（以下简称某项目），并以某工程勘察设计院夏区项目部的名义进行施工。2008 年 4 月至 2009 年 11 月，陈某某先后三次送给吴某某 280 万元，吴某某将钱拿回家交刘某某保管。2010 年 1 月，刘某某将陈某某送的现金存入用吴某某 1（系吴某某大姐）的身份证办理的工商银行的账户中。2011 年年初，吴某某担心自己收受陈某某贿赂的问题暴露，经与刘某某商量，于 2011 年 3 月 18 日从吴某某的账户中提取 210 万元，连同二人的工资、奖金共计 300 万元现金交由陈某某暂时保管，并告诉陈某某他们需要钱时再来取。2012 年 4 月底，吴某某和刘某某准备在西安购房，二人商量后便从陈某某处将 300 万元现金取回存放于家中。2012 年 4 月 29 日，刘某某将其中的 270 万元存入刘某某的工商银行金卡中。2013 年 12 月 19 日，刘某某用该卡中的306万元支付了以吴某某2（吴某某二姐）的名义购买的某广场两间商铺的部分款项（商铺总价款1064.74万元）。2015年年初，吴某某、刘某某为掩盖其受贿事实，与陈某某订立攻守同盟，向检察机关提供虚假证词，刘某某还制作了署名为陈某某共同出资购买某广场商铺的虚假协议，来应对检察机关的调查。

2. 2008年至2013年，刘某某在担任某工程勘察设计院环境勘查院副院长之时，安排其下属以劳务费、车旅费等名义从财务处借款，之后到税务局换取发票的方式套取公款714.23万元用于发放刘某某的项目落实费。刘某某兑现的项目落实费中某机场建设指挥部、某某厅、某水电开发有限责任公司的项目并非刘某某本人所联系，刘某某利用职务上的便利，从上述三个单位的项目中为自己兑现项目落实费190.99万元，予以贪污。

3. 2014年刘某某利用省环境地质勘查局在全局范围内兑现2012年4月1日签订合同或者开始施工，2013年已经到款的市场项目落实费的机会，以重复领取项目落实费的方式从环勘院兑现了17万元，予以贪污。

综上，刘某某与他人共同受贿292万元，贪污公款207.99万元，拟对刘某某以共同受贿罪、贪污罪移送审查起诉。

秦跟才律师于2015年9月在本案审查起诉阶段接受刘某某的委托为其辩护。

## 二、案件焦点

参与本案的诉讼活动以后，经调研共同受贿、贪污罪的法律、司法解释以及特别重大贿赂犯罪案件侦查期间辩护律师会见等法律规范及相关同类案例，辩护律师认为本案的焦点为刘某某是否构成共同受贿罪、贪污罪及其具体涉案金额如何认定的问题。

## 三、办案思路与辩护意见

在充分研究并掌握相关法律规定后，2015年9月笔者首先到检察机关约见承办检察官了解案情，包括但不限于涉嫌的全部罪名，立案、拘留、逮捕的时间，是否延长侦查及期限、批准机关及法律文书等；预约会见刘某某；以及邮寄法律文书的通信地址及联系人（含电话）。2015 年 10 月，以特快专递的方式向办案机关书面申请律师会见，2015 年 11 月 14 日得到通知律师可以会见（当时此类案件律师会见需取得办案机关的许可）。律师分别于 2015 年 11 月 20 日、25 日两次会见了刘某某。与此同时，还查阅并复制了部分卷宗材料。根据会见刘某某时得到的案件信息及阅卷时获知的证据材料，结合相关贪污、贿赂等刑事法律规范，笔者紧扣本案争议焦点，形成了如下办案思路。

### （一）审查起诉阶段

1. 认定 2014 年刘某某重复领取 17 万元的项目落实费的证据不足。

起诉意见书认定“刘某某利用某省环境地质勘查局在全局范围内兑现 2012 年 4 月 1 日签订合同或者开始施工，2013 年已经到款的市场项目落实费的机会，以重复领取项目落实费的方式从环勘院兑现了 17 万元，予以贪污。证据是刘某某未签字的环勘院 2013 年度联系项目奖励分配表及刘某某的供述自认”。

本律师认为，该证据仅能证实刘某某领取了 17 万元项目落实费，并不能证明是重复领取。因为现有证据并没有证明，刘某某应该领取和实际已经领取了多少项目落实费。有的只是经营处核算 2013 年度刘某某等所在的环勘院应领取 70 多万元，财务处仅支付了 24 万元的奖励，还差 46 万元多未领。还有刘某某找相关领导反映相关绩效，相关领导劝说刘某某不要再领的相反证据。

2. 认定刘某某利用职务便利贪污公款 190. 99 万元的证据不足。

起诉意见书认为“刘某某贪污 190. 99 万元公款的理由是：刘某某兑现的项目落实费中某省机场建设指挥部、某省交通厅、某黄河上游水电开发有限责任公司的项目并非刘某某本人联系，刘某某利用职务便利兑现上述单位项目为自己兑现项目落实费 190. 99 万元。主要证据是康某某、李某某、朱某某等的相关证人证言。证明某省机场建设指挥部、某省交通厅、某黄河上游水电开发有限责任公司的项目不是刘某某联系承揽的证据，是某省交通厅有关人员、某黄河上游水电开发有限责任公司有关人员等十余人的证人证言。但根据刘某某提供的2009年至2013年环勘院市场项目劳务费兑现统计表（共61页）以及刘某某供述，可知刘某某兑现了上述三家单位的项目落实费贪污公款190.99万元”。

但是，刘某某认为相关项目确实是她联系的，不仅有自己提供的经院、局相关领导签字确认的61页项目落实费统计表，还有相关合同可以直接证明这些项目是她联系的。

本律师认为，相关证人可能出于各种原因没有客观陈述相关情况，证人证言的真实性令人怀疑。然而现有的合同、刘某某提供的经相关领导确认的统计表，还有经营处的统计等证明力更强的书证足以证明相关证人的证言不真实，不能作为认定本案事实的证据。另外，该案相关的项目落实费等，根据局生产经营管理办法的规定，相关项目落实费的所有人应是相关工作人员，是相关项目的联系人，项目落实费等费用不应是某省地质勘查局或某省地质勘查局环勘院的公款。再说法人单位的所有行为都是通过其工作人员的职务行为来实现的。只有证明是谁联系的，而这个人又不是刘某某，才能证明相关项目的联系人不是刘某某。侦查机关提供的上述侦查证据不能确实、充分地证明拟指控的罪名及犯罪事实。

3. 认定刘某某与他人共同受贿292万元缺乏共同故意的证据。

起诉意见书认定“刘某某在担任某省地质勘查局环勘院副院长期间，利用职务便利，与他人共同受贿292万元”。

可在本律师会见刘某某时，刘某某认为吴某某是2014年才当上国土资源厅副厅长，2008年春节陈某某到吴某某家拜年给吴某某12万元现金时她并不在家。吴某某交给她那12万元现金时也没有说是陈某某给他的拜年钱。她也不知道吴某某帮助陈某某承揽工程的事情。她只认为那292万元是陈某某替吴某某干私活，吴某某挣的钱。当时，不少领导都干私活，都是领导亲戚中标，直到吴某某知道领导干部不能干私活要求退钱给陈某某时，还不想退。最后还是真心实意地打算和陈某某合伙买商铺的名义，退钱给陈某某。因此，本律师认为刘某某对吴某某收受陈某某的款项并无受贿的共同故意。

最终检察机关采纳了本律师的部分辩护意见，对于贪污案件标的 17 万元的事实没有认定。起诉书指控吴某某、刘某某身为国家工作人员，利用职务之便共同收受他人贿赂 292 万元，属共同犯罪；刘某某利用职务之便，侵吞公款 190.99 万元，数额特别巨大，应当以贪污罪追究刑事责任。

（二）审判阶段

案件起诉到法院后，笔者又反复阅卷，多次会见刘某某反复核对案情并整理案卷中对刘某某有利的证据材料，力求做到精准把握。在庭审时明确提出：起诉书指控刘某某与吴某某构成共同受贿罪，证据不足。

《刑法》第 385 条规定：国家工作人员利用职务上的便利，索取他人财物的，或者非法收受他人财物，为他人谋取利益的，是受贿罪。可知，我国刑法对于受贿罪的犯罪主体为“国家工作人员”，具体包括：（1）国家机关工作人员；（2）国有公司、企业、事业单位、人民团体中从事公务的人员；（3）国家机关、国有公司、企业、事业单位委派到非国有公司、企业、事业单位、社会团体从事公务的人员；（4）其他依照法律从事公务的人员。而受贿罪利用的职务便利，必须是利用行为人所从事的公权力，即自己职务上主管、负责或者承办某项公共事务的职权及其所形成的便利条件。

《全国法院审理经济犯罪案件工作座谈会纪要》（2003 年）中规定：根据《刑法》关于共同犯罪的规定，非国家工作人员与国家工作人员勾结，伙同受贿的，应当以受贿罪的共犯追究刑事责任。非国家工作人员是否构成受贿罪共犯，取决于双方有无共同受贿的故意和行为。据此，要构成受贿罪的共同犯罪必须具备以下要件：

（1）犯罪主体中至少有 1 人是国家工作人员。

（2）各犯罪主体侵犯的客体都是职务行为的廉洁性。

（3）具有共同受贿犯罪的主观故意。

（4）客观方面表现为各犯罪主体相互配合进行受贿犯罪。虽然各犯罪主体的行为方式并不相同，但都是同一受贿犯罪的有机组成部分，各自的行动都是密切配合的，共同组成一起完整的受贿罪。

根据前述犯罪构成要件分析，我提出了以下辩护意见。

起诉书显示：被告人刘某某系某省906工程勘察设计院环境勘查原副院长。检察机关指控：被告人陈某某为从某省地质勘查局承揽工程，给吴某某贿赂款12万元……多次到吴某某办公室请托其帮助承揽环勘局实施的工程，并与吴某某商定经吴某某推荐和授意如何报价的情况下，被告人陈某某顺利承揽……项目，并以……名义进行施工。施工期间，被告人陈某某送给吴某某……2011年年初吴某某担心收受陈某某贿赂的问题暴露，与刘某某商量。2015年吴某某与刘某某为掩盖受贿事实共同制定协议。

问题是吴某某将收到的钱交给自己的爱人刘某某保管，刘某某就一定是共同受贿吗？退款后刘某某的行为掩盖的受贿就一定是刘某某与吴某某共同受贿？吴某某交给刘某某钱时就一定要告诉刘某某钱的来源及性质吗？

本律师认为，上述问题的答案都是否定的，均是不一定的。鉴于刑事诉讼要排除一切合理怀疑达到确实充分的证明标准，所以指控刘某某构成共同受贿罪不能成立。主要理由为如下几点。

1. 检察机关的起诉书指控吴某某交给刘某某的292万元中，只有200万元告知并交给其妻子刘某某保管，其余12万元和80万元并未告知刘某某是陈某某所送。因此，法庭只应该就以下事实进行调查并认定：吴某某交给刘某某200万元时是否告知刘某某该钱不是陈某某所送，即刘某某是否知道或应该知道该200万元是吴某某受贿所得？刘某某的保管行为是不是受贿罪的帮助行为，是否构成共同受贿犯罪？

2. 吴某某交给刘某某200万元时并未告知刘某某该200万元是陈某某所送，刘某某也不知道或不应该知道是陈某某送给吴某某的行贿款。刘某某不应该是陈某某200万元行贿款的共同受贿人。理由如下：

（1）被告人陈某某为从某省地质勘查局承揽工程，与被告人刘某某系某省906工程勘察设计院环境勘查原副院长的职务没有直接关系。

（2）被告人陈某某给吴某某贿赂款，没有一次是将贿赂款交给刘某某的，刘某某不是行贿的对象。刘某某和陈某某在行贿前及行贿时就行贿、受贿一事没有过任何接触，陈某某更没有向刘某某表示过行贿目的等意思及行为。刘某某的当庭陈述也表明即使是与陈某某唯一一次见面时，想让刘某某给吴某某说说帮忙时，刘某某也当场回绝了。

（3）被告人陈某某是经与吴某某商定工程利润的分配方案后，并经吴某某推荐和授意如何报价的情况下，才顺利承揽案涉项目的。刘某某与陈某某没有任何贿赂犯罪的意思联络，没有为行贿人承揽项目提供过任何便利和帮助。证人胡某某2015年6月4日在对检察人员的询问笔录里说：据我所知，刘某某没有参与陈某某从环勘院承揽项目。刘某某没有给我本人提过要我关照陈某某的话，也不知道有没有给分管副院长或项目负责人说过。

所有这些受贿犯罪的环节，刘某某均不知道，也没有确实充分的证据证明她应该知道，所以刘某某没有受贿的故意，更没有和吴某某共同受贿的故意及客观行为表现。

（4）刘某某明确指出吴某某是2014年才当上省自然资源厅副厅长，吴某某收到陈某某200万元现金时她并不在场。陈某某2015年6月1日10时开始的讯问笔录显示："问：2008年到2009年给吴某某280多万元，第一次说吴某某没有参与，第二次说吴和刘一起要，这次又是说吴某某一人要。讲一下原因？答：第一次说吴某某没有参与都是假话。我确实记不清刘某某是否在场了。"

尤其是吴某某交给刘某某200万元现金时吴某某也没有说是陈某某送给他的，吴某某只是对陈某某说用一下，陈某某说是借给吴某某的。她也不知道吴某某帮助陈某某承揽工程的事情。她只认为该200万元是工程上的钱。直到吴某某担心收受陈某某贿赂的问题暴露，与刘某某商量退钱给陈某某时，刘某某才知道该200万元是陈某某送的钱。刘某某开始还不想退，后来也确实想过并打算以陈某某与人共同买商铺的名义，退钱给陈某某。仅是因为时间原因未能如愿。如果单凭刘某某与吴某某的夫妻关系就主观断定，吴某某告诉了刘某某那是陈某某送的钱，未免会冤枉刘某某。法庭应当根据确实充分的证据来定案。

（5）吴某某将钱交给刘某某不能证明刘某某构成共同受贿。因为不仅没有行贿人陈某某和刘某某见面商量行贿的事实，也没有吴某某退钱前和刘某某商量受贿的事实，刘某某没有和吴某某共同受贿的预谋、策划等共同故意，甚至以她是吴某某妻子这一特定身份向陈某某索贿要钱，陈某某也没有直接给她送钱行贿。存在的只有吴某某将工资奖金等所有收入都交给刘某某保管，刘某某是吴某某财产管理者的惯例事实。

## 四、案件启示

法院于2018年2月12日作出刑事判决，对于本律师关于刘某某不构成共同受贿犯罪的辩护意见予以采纳，去掉共同受贿罪名，仅以贪污罪判处有期徒刑5年，并处罚金人民币25万元。

本律师在本案的辩护意见，在审查起诉阶段对于部分贪污数额检察机关不予认定，从而争取到了更低一档的量刑标准；在审判阶段对于共同受贿犯罪法院不予认定。律师辩护取得明显实效，当事人非常认可辩护工作。

“受贿行为”是侵害职务廉洁性、以权谋私的犯罪，而“代他人保管不知情的钱款”与其职务行为无逻辑上的联系。本案中，刘某某没有受贿的故意，更没有和吴某某共同受贿的故意及客观行为表现。随着受贿形式的越发多样化，对于收受财物这一行为的性质判断亦越发显得重要。因此，要判断接受财物的行为是正常的钱款往来还是触犯法律的受贿行为，关键在于明确该行为是否与接受者的职务行为具有逻辑上的联系。

# 宗某某敲诈勒索无罪案

陈孟君　张　晗

## 一、基本案情

2006年，宗某某与某地公安交通警察大队签订《检测线经营权承包合同》，取得该地机动车检测线的经营权，期限为2006年9月至2011年9月，后宗某某成立A公司作为运营主体实际经营该检测线。在经营过程中，因检测线较为落后，宗某某应有关部门要求自行出资扩建房屋设施，完成检测线的扩建改造。为补偿宗某某，交警大队决定与宗某某延长3年的承包期限至2014年。承包期限到期后，某地公安交通警察大队应政策要求对该检测线进行拍卖，孙某某竞拍取得所有权。因为当地只有一条检测线，停止运营将对交通安全产生重大不利影响，故交警大队默许、支持宗某某在承包期限结束后短期内继续运营检测线。在交接过程中，宗某某因扩建的房屋设施未得到补偿而拒绝交接。而后在孙某某强行撬锁进场的情况下，宗某某等人封堵检测线大门，与孙某某形成对峙，其间采用调用吊车、装载机等重型机械封堵检测线大门持续20余日。在有关部门的主持下，孙某某与宗某某协商一致，孙某某以100万元的对价取得宗某某扩建的房屋设施，宗某某也立刻清除了障碍、撤出检测线。

宗某某在2018年因涉嫌其他犯罪被羁押，公诉机关以宗某某等人采取诸多手段封堵检测线大门，干扰孙某某接手、经营检测线，敲诈勒索孙某某100万元补偿款为由，指控宗某某犯敲诈勒索罪。

## 二、案件焦点

1. 宗某某对于投资新房屋设施是否享有所有权？交警大队是否因为延长承包期限而取得新建设施的所有权？

2. 孙某某是否有权强行进入检测线？如何评价宗某某等人围堵检测线的行为？

3. 宗某某取得孙某某支付的100万元补偿款究竟是合理合法的民事补偿，还是以小索大、肆意勒索的敲诈勒索？

## 三、办案思路与辩护意见

本案发生在光天化日之下，参与人数众多，人证、书证、物证俱全，可以说事实十分清楚，证据确凿充分，控辩双方争议的焦点主要在于对这些事实的法律性质认定不尽相同。若要正确评价宗某某的行为，应当将事件的整体脉络整理清楚，而后具体分析关键时间节点的法律状态，最终才能得出正确的结论。

1. 宗某某对于投资新建的房屋设施是否享有所有权？交警大队是否因为延长承包期限而取得新建设施的所有权？

在2006年，宗某某便与交警大队签订了承包合同，以A公司的名义承包了检测线经营权，承包期限为5年。随后，宗某某在有关部门的要求下投资扩建了房屋设施，交警大队也因此经集体决策决定延长承包3年。这就产生了本案的第一个问题，即宗某某对于投资新建的房屋设施是否享有所有权？交警大队是否因为延长承包期限而取得新建设施的所有权？

对于第一个问题，答案是宗某某对新建的房屋设施完全享有所有权。

首先，可以确认的是，宗某某确实投入了大量资金新建了多处房屋设施。由于承包合同对于新建设施的归属没有特别约定，依据常理显然应当属于投资人宗某某所有。即使部分设施属于在原有的房屋基础上进行的增建或改建，在法律性质上属于对原有房屋的添附，其所有权的归属可能随原有房屋而定，但这些添附所对应的价值仍然属于投资人所有，宗某某完全有权要求原有房屋所有权人给予合理补偿，况且在本案中，从交警队后续的行为来看（交警队在对检测线进行整体拍卖时，并未将宗某某扩建的房屋设施列入其中），显然是认可了宗某某扩建的房屋并非对原有房屋的添附，而是拥有独立的产权，且产权人为宗某某。

其次，宗某某投资新建的房屋设施尽管没有办理产权证，但依然属于其合法财产。宗某某作为承包方在检测线内投资新建设施是由发包方交警大队同意了的，否则交警大队不会以此为由延长 3 年承包期限，而且这些设施部分用于 A 公司的车辆检测经营活动，部分用于交警大队车辆管理办公活动。换言之，宗某某修建和使用这些设施都是得到交警大队认可的，交警大队自己也使用了其中部分设施。因此，不能因为这些设施没有办理产权证就认为属于违章建筑。此外，列入本次拍卖范围的部分房屋也没有产权证，既然交警大队可以评估并公开拍卖，显然也不能视为违章建筑。退一步说，即使经法定程序将宗某某投资新建设施认定为违章建筑，也不能否定宗某某对这些房屋设施所享有的财产权利，违章建筑只是不符合规划要求而已，至少那一砖一瓦的建筑材料还是属于投资人所有。这是显而易见的道理。

对于第二个问题，答案是否定的，交警大队并未因为延长期限而取得新建房屋设施的所有权。

首先，双方签订补充协议延长承包期限只是双方经过协商一致变更合同期限而已，其余条款特别是收益标准没有任何变化，双方之间的权利义务关系并未发生任何改变，因此，不能因为双方协商延长承包期限就认定发包方对承包方进行了补偿。

其次，宗某某因投资亏损而要求降低承包金或延长承包期限，交警大队考虑宗某某的申请理由与实际情况相符而同意延长承包期限，投资亏损只是延长期限的理由或由头，延长期限只是为弥补亏损提供一个机会，二者之间存在一定的因果联系，但绝非直接的补偿关系，因为延长期限的价值没法量化，实际上也没有评估量化；而且延长承包期间究竟会盈利还是亏损也没法事先预估。尽管宗某某承认 A 公司在延长承包期间盈利而弥补了投资亏损，但这首先是 A 公司自己努力经营的成果，延长承包期限只是提供了机会和条件而已，不能说延长承包期限本身就是补偿，须知 A 公司是冒着进一步亏损的风险继续承包的（A 公司之前的承包方及 A 公司承包初期均亏损严重），而交警大队在延长承包期间的租金分文不少，毫无风险。

此外，宗某某投资新建的设施并没有因为延长承包期限而纳入交警大队固定资产清单，也没有在整体拍卖检测线时纳入评估和拍卖范围，可见，无论是在日常管理还是在拍卖处分过程中，交警大队均没有将这部分设施视为自己管理的国有资产。

最后，孙某某出价 2145 万元拍得检测线，其中并不包括宗某某投资新建设施。第一，如上文所述，交警大队根本没有取得上述房屋的所有权，自然无法通过拍卖将这些房屋设施移交给孙某某。第二，如果这些设施已因延长承包期限而归属交警大队，却没有纳入评估拍卖范围，而后随着检测线整体移交给孙某某，孙某某等于无偿取得了这部分国有资产，那孙某某的行为就属于侵吞国有资产；交警大队明知如此而不予纠正，要么属于合谋，要么属于渎职，这个结论无论是交警大队还是孙某某本人都是不会接受的，事实上也是不公平不合理的。此外，交警大队事实上以实际行动认可了扩建的房屋设施属于宗某某所有，在宗某某与孙某某就扩建的房屋设施产生争议后，交警大队便积极调和双方矛盾，最终也是在交警大队的主持下双方达成了 100 万元的补偿协议。也就是说，交警大队也认为扩建的房屋设施属于宗某某所有，孙某某若想要取得，应当向宗某某支付补偿，同时这也说明这 100 万元补偿完全是合理的，不存在以小索大、大肆勒索的情况，否则交警大队岂不是敲诈勒索的帮凶？

以上种种均说明宗某某投资新建设施因延长承包期限而得到补偿的结论本身是不能成立的，交警大队并未因为向宗某某延长承包期而取得新建房屋设施的所有权。

2. 孙某某是否有权强行进入检测线？如何评价宗某某等人围堵检测线的行为？

在宗某某承包期限到期后，孙某某通过竞拍取得了检测线的经营权。但在交警大队的默许和支持下，宗某某及A公司在拍卖期间及拍卖结束后短期仍然实际占有并继续运营检测线。可是孙某某既没有找拍卖方交警大队交付检测线，也没有跟宗某某协商交接事宜，而是自行联系开锁人员打开检测线大门，并准备更换门锁。宗某某等人得知情况后随即赶到现场制止，由此引发了双方对峙和围堵检测线大门的事件。这就引发了本案的第二个问题，即孙某某是否有权强行进入检测线？如何评价宗某某等人围堵检测线的行为？

要回答上述问题，首先应当明确宗某某在承包期限届满、拍卖结束后仍然实际占用并运营检测线是否合理。在宗某某承包期限结束后，为响应上级政策的要求，交警大队决定将检测线公开拍卖以实现社会化，但由于拍卖需要一个流程和周期，而该市只有这一条检测线，如果停止运营就会影响车辆检测和公共安全。因此，在交警大队的默许和支持下，宗某某实际上仍在继续经营检测线。而且宗某某具体继续经营到什么时候，并无明确的截止时点，可以说在发生堵检测线事件之前仍然处于继续经营状态。由此可见，宗某某并未因为承包合同到期就丧失对检测线的占有权和经营权。那么宗某某在承包期限届满、拍卖结束后仍然实际占用并运营检测线是完全合理的。

其次，需要注意的是，宗某某和交警大队在封堵检测线事件发生之前始终没有对检测线进行交接。在拍卖结束后，交警大队试图与宗某某沟通交接检测线的事宜。但是，由于交警大队对于宗某某投资扩建的房屋设施没有处理或补偿，宗某某因此予以拒绝，双方的协商并未达成一致。而宗某某拒绝交接的理由是完全合理的。上已述及，宗某某完全有权利提出这一要求。退一步讲，即便认为宗某某的要求不合理，这也只是宗某某与交警大队之间基于承包合同所产生的纠纷，在这一法律关系中双方是平等主体，交警大队无权强制要求宗某某撤出并移交，只能依据承包合同向人民法院提起诉讼，并在胜诉后通过法院强制执行收回检测线。而交警大队在协商未果后，并未进一步采取协商或其他法律行动，检测线始终在宗某某的手中。

再把视线回到孙某某处。由于宗某某此时仍实际占有检测线，那么尽管孙某某通过拍卖取得了检测线的承包经营权，但也只是与交警大队就此建立了合同关系，并基于合同在理论上取得了检测线的经营权，但这种权利是一种债权，即请求权，并非物权，只有实现了这个债权才能够获得物权。换言之，孙某某竞拍成功，甚至已经支付价款，并不意味着检测线就属于孙某某所有，更不意味着孙某某可以直接占有和使用检测线，只有在宗某某撤出检测线、交警大队将检测线交接给孙某某后，孙某某才实际占有检测线。至于因延期交付产生的违约责任，则是交警大队和孙某某之间的民事法律问题，应当另行解决，与宗某某完全无关。在宗某某实际占用检测线的情况下，依据合同相对性原则，孙某某只能要求交警大队履行合同义务，而没有权利要求宗某某移交检测线，更没有权利未经宗某某的同意直接强占检测线。这也就回答了上述问题：孙某某完全没有权利强行进入检测线。不仅如此，孙某某直接强行进入检测线的行为不仅属于民事意义上的侵权，更有可能违反治安管理规定，甚至触犯刑法。

在明确了孙某某无权强行进入检测线的前提下，宗某某等人制止孙某某强行进入并围堵检测线大门的行为显然应当属于维护自身合法权益的自力救济和正当防卫。宗某某等人围堵检测线是为了制止孙某某等人正在实施的侵权违法行为，其制止行为也仅限于围堵大门、形成对峙，并未超过必要的限度。更为重要的是，公安机关也默许了宗某某等人的行为，在双方冲突刚一开始，治安警察接到了“110”电话而赶赴现场维持秩序，现场负责人很快就意识到双方之间存在经济纠纷，要求双方不要进一步激化矛盾和扩大冲突，但是并未对宗某某采取驱赶等任何措施；后来宗某某等人开车将检测线大门堵上，孙某某报警后，治安警察也并未强制要求宗某某等人将车开走；况且警察多次出警，从未在现场驱赶过任何人，事后也未对任何人进行过警告、罚款、拘留等行政处罚。由此可见，因了解到双方之间确实存在经济纠纷，在孙某某等人准备强行进入检测线的情况下，治安警察对宗某某等人以人身和汽车堵检测线的行为是予以默许的，至少不认为属于违法或犯罪行为，否则即便没有当场作出处置，事后也会给予处罚。最后，在堵检测线事件发生后，交警大队不仅没有制止宗某某等人，反而充当了和事佬，主动为孙某某和宗某某协商解决而牵线搭桥，同时主动测量宗某某投资兴建房屋设施的面积，参照拍卖评估报告中的计价标准估算价格，撮合双方分别让步达成一致，最后还充当交接补偿款项的中转人。可见，交警大队以实际行动认可和支持了宗某某等人的维权行动和利益诉求。

3. 宗某某取得孙某某支付的100万元补偿款究竟是合理合法的民事补偿，还是以小索大、肆意勒索的敲诈勒索？

在交警大队的撮合下，宗某某取得了孙某某支付的100万元补偿款，随即立刻撤出了检测线。如上文所述，宗某某对于自建的房屋设施，完全有获得民事补偿的权利。回答这一问题的关键，主要在于这100万元补偿款是不是这些房屋设施的合理价值。从本案的实际情况来看，这一数额完全是双方自愿平等协商的结果，更有交警大队居中协调、全程参与，完全有理有据、正当合法。首先，宗某某投资新建的设施是在原有基础上改建或扩建的，大多属于固定资产，且已与原有设施设备融为一体，形成配套完整、功能齐备的有机统一整体，无法拆离或分割。在扩建检测线后，宗某某成功扭亏为盈，孙某某在接受检测线后仍然在继续使用，且效益良好，这证实了宗某某的改建是十分有价值的。其次，补偿面积是由交警大队领导测量的，补偿标准则是参照检测线评估报告中对无证建筑物的评估价值予以确定，客观公正、有理有据。再次，宗某某为了尽快解决双方纠纷，不仅没有漫天要价，当即同意参照这一标准计算，甚至作出了重大让步，主动将补偿款数额从120万元降到100万元，并在收到补偿款后立刻撤出检测线，这完全是希望以协商的方式尽快解决纠纷的态度和行为，与处处刁难、设置诸多障碍、漫天要价的敲诈勒索行为存在天壤之别。最后，交警大队在封堵检测线发生之后全程居中协调，测量面积、提出赔偿标准都是由交警大队提出，并征得了双方的同意，最终协调双方达成一致、形成协议，甚至还充当双方履行协议的中间人，在收到孙某某支付的补偿款后再转交给宗某某，可以说没有交警大队客观、公正的居中协调，双方很难达成一致。如果宗某某等人收取100万元补偿的行为构成敲诈勒索罪，那公安局交警大队岂不成了帮凶？显然，宗某某取得孙某某支付的100万元补偿款完全是合理、合法的民事补偿。

再回过头来审视整个案件，可以清楚地发现，宗某某自始至终都是为了索要合理、合法的民事补偿，维护自身的合法权益，即便在此过程中出现了围堵检测线事件，但其主观上并没有敲诈勒索的故意，在后续协商过程中也未基于围堵检测线形成的优势条件实施以小索大、大肆勒索的行为，因此完全不构成敲诈勒索罪。

## 四、案件启示

对于敲诈勒索部分，一审判决依法认定不构成犯罪，公诉机关也未提起抗诉，本律师针对本罪的无罪辩护取得了圆满的成功。

早年间，法治相对不太健全，且社会公众法律意识普遍比较薄弱，致使许多纯粹的经济纠纷逐渐演变成了刑事案件。鉴于此，党中央和最高司法机关三令五申地保护民营企业和民营企业家的合法权利，加强刑事司法保护，坚决防止利用刑事手段干预经济纠纷。从结果来看，这些号召对于优化营商环境、保护民营企业和民营企业家的合法权益产生了积极影响。本案是保护民营企业和民营企业家合法权益，严防以刑事手段干预经济纠纷的典型案件，对于判断案件究竟属于刑事犯罪还是经济纠纷具有借鉴和参考意义。感谢本案的合议庭能够透过现象看到本质，坚持从事实和法律出发，结合案件情况认定本案不构成敲诈勒索罪，以高超的专业能力、精准的判断、优秀的执业操守为民营企业和民营企业家保驾护航。

# 孙某某职务侵占、挪用资金不起诉案

陈孟君　张　晗

## 一、基本案情

A公司是为了竞拍取得某房地产开发用地并建设某项目而成立的项目公司。孙某某作为持股30%的股东，从2012年8月项目开始后就一直担任公司总经理和法定代表人，享有公司的经营管理权。2016年3月项目马上建成之时，A公司其余3位股东与孙某某发生纠纷，要求其辞去职务、交出经营管理权，并在未经财务审计的情况下接手公司。其后，一方面以所谓孙某某为唐某某代持股权的事实提起诉讼，试图剥夺孙某某的股东资格和身份；另一方面，又截取了孙某某在经营公司过程中以个人名义、个人账户收取购房款且未在公司对外账目记录的事实两起，以公司应收购房款折抵其本人对第三人债务的事实两起，以及挪用资金对外借款的事实一起，以A公司的名义向公安机关提起控告，公安机关随即立案并对孙某某采取刑事拘留措施。

我们受孙某某委托担任辩护人参加诉讼活动，依法维护其合法权益。

## 二、案件焦点

1. 孙某某以个人名义、个人账户收取购房款且未在公司对外账目记录的行为是否构成职务侵占罪？

2. 孙某某以公司应收购房款折抵其本人对第三人的债务是否构成职务侵占罪？

3. 孙某某是否存在挪用公司资金向第三人借款的行为？

## 三、办案思路与辩护意见

对于本案而言，如果在不了解公司的实际状况及案件背景的情况下，直接着眼于起诉意见书提请检察院指控的五起犯罪行为，从其外观来看，确实存在较大的职务侵占和挪用资金的嫌疑。因此，如果只是直接针对五起事实开展辩护活动效果必然不尽如人意。可若是将这五起事实放在A公司经营管理状况及股东关系的大背景里进行审视，则这五起犯罪事实都是孙某某正常的履职行为，合情合理，完全不构成犯罪。因此，本律师从本案的背景情况、A公司的经营管理状况及其他事实基础、五起涉案事实不构成犯罪这三个维度开展辩护工作，将本案的前因后果、事件的大背景、公司的经营管理状况及诸多细枝末节完完全全地呈现给检察机关，希望借此得到检察机关的认可并依法作出不起诉决定。

### （一）本案的背景情况

A公司于2011年8月31日成立，成立后很快竞拍到了一块房地产开发用地，需要补缴土地出让金及利息约1500万元。2021年5月，在孙某某的撮合下，王某与A公司原始股东签署股权转让协议，约定王某以5400万元收购公司全部股权。可王某仅支付300万元后就无力支付后续资金，于是找孙某某求救，孙某某再找到唐某某、李某某，4人各自发挥资源优势共同融资以投资该项目。后经多次股权转让，A公司形成了王某占股40%、孙某某占股30%、谭某某占股15%、李某某占股15%的股权结构。

孙某某自2012年8月起就一直担任公司总经理和法定代表人，在孙某某的良好运营下，项目顺利建成，可望取得丰厚的回报。可是在2016年3月项目即将完工时，另外3名股东与孙某某发生纠纷，要求孙某某辞去法定代表人职务、交出公司经营管理权。孙某某同意辞去职务，但一再要求辞去职务前要先对公司进行财务审计来证明其经营管理期间的清白，但对方不同意。孙某某不得已只好于2017年提起股东知情权诉讼，要求查询公司账目。为了阻止孙某某查账，其他3人一方面针对孙某某提起所谓的股权代持诉讼，以孙某某实为唐某某代持股权为由要求孙某某返还股权，试图以此终止孙某某提起的股东知情权诉讼，并剥夺孙某某的股东资格；另一方面，他们还以A公司的名义向公安机关控告孙某某涉嫌职务侵占罪和挪用资金罪。公安机关立案后随即对孙某某采取了刑事拘留措施。这便是本案的基本情况。

从上述情况来看，本案是因A公司的控制权发生变动之后股东间的经济纠纷而起，A公司对孙某某的刑事控告完全是纠纷当事人为了解决经济纠纷谋取经济利益的一种手段。通过分析上述情况，本律师着重提醒检察机关在审查起诉的过程中一定要秉承客观、中立的立场，严格从本案的基本事实出发，依法作出公正处理的决定，避免出现以刑事手段干预经济纠纷的情况。同时，因其他股东与孙某某存在激烈的利益冲突，因此，对于本案的控告和陈述，应当更加谨慎对待，并对侦查机关不当利用公权力干预经济纠纷的可能性和倾向性保持充分的警惕。

（二）公司的经营管理状况及其他相关事实基础

之所以在交代完案件背景后需要对公司的经营管理状况进行详细的分析，是因为五起提请指控的犯罪事实均发生在孙某某担任A公司法定代表人期间，尤其是当时A公司的资金往来处于孙某某的管理之下，只有全面了解A公司的性质、股权结构、决策机制、管理体制、资金流转以及其他相关事实基础，才能准确把握和界定孙某某行为的法律性质，为随后具体分析五起事实是否构成犯罪打下基础。

首先，需要着重强调的是，孙某某的股东身份应该不容置疑。在2012年8月孙某某等人从A公司原始股东手里接盘时开始，孙某某就是A公司股东，占股20%，后来从王某处受让以股抵债的10%股权，共持有A公司30%股权，在此期间孙某某始终以股东身份行使股东权利，从来没有任何人以任何方式提出过任何异议，直到双方产生的纠纷矛盾升级才由唐某某以股权代持为由提起股东资格诉讼。此外，孙某某的股东身份有公司章程和工商登记资料为据，未经人民法院生效判决确定不能非法剥夺。退一步说，即使该案判决结果对孙某某不利，也不能否定孙某某案发时以A公司股东身份行使股东权利这一事实。而侦查机关在起诉意见书中对孙某某的股东身份打了个引号，显然是在质疑其股东身份，这不仅反映了侦查机关先入为主，心存偏见，而且也表明侦查机关已经卷入了A公司股东之间的经济纠纷。

其次，从A公司的管理体制和决策机制来看，孙某某尽管作为总经理和法定代表人，享有公司的经营管理权，但其余股东也通过诸多手段对孙某某的权利进行制约，孙某某并不能在公司内为所欲为。从高管构成来看，尽管孙某某担任公司总经理和法定代表人，但是其他3名股东分别任免了各自信任的副总、会计、人事等，从多个维度限制孙某某的权利；从公司制度来看，公司章程规定股东会决议需要全体股东一致同意才能通过，公司《运作管理程序》及已生效的股东会决议规定公司重要事项及超过5万元的支出均需要全体股东审批同意；从公司实际经营管理流程来看，重大事项都是员工首先请示孙某某，孙某某审查觉得可行后再由员工请示其他3名股东，待其同意并在函件上签字同意回传之后，孙某某再签字执行。可见公司制度得到了严格的落实。其他股东事实上一直遥控参与管理公司，尤其是对于财务管理方面把关十分严格。

最后，在孙某某担任法定代表人期间，A公司的财务管理一方面十分不规范，另一方面在股东内部却是公开透明的。不规范体现在很多方面，比如公司存在内部账和外部账，账外资金流转很多，将财务人员和法定代表人个人银行卡用于公司资金流通，在进行利润分配前允许股东收回投资本息，股东预留门市房进行处置分配，等等。而公开透明则体现在以下几个方面，一是超过5万元支出需要全体股东批准同意的规定是严格执行的，由于唐某某等3人大部分时间在外地，故一般都由财务人员先电话请示，同意后再由股东将签字同意的文件发传真过来，再进行执行；二是公司负责日常管理的副总和会计是另几个股东委派的，任何大额支出没有他们经手是无法操作的，同时他们会把孙某某的所有重要行动汇报给王某、唐某某、李某某等人；三是孙某某在2016年3月5日被迫辞去法定代表人职务时，要求公司先进行财务审计再更换法定代表人，可见孙某某并无任何不可向其他股东公开的事项。

因此，应当在公司的具体财务管理制度环境下判断孙某某的真实意思和行为性质。比如，孙某某为了规避政府主管部门的资金监管，他的银行卡和身份证在财务手里，由财务人员保管和使用，这就不能简单地将进出孙某某银行卡的资金视为孙某某收取或支出资金的凭据。又如，公司的财务管理不规范，而且很不专业，财务技术处理水平很低，许多资金往来不能只看财务科目和记账情况，还要结合其他证据探求当事人的真实意思及其所产生的法律效果。这些情况的阐明对五起具体事实的辩护埋下了伏笔。

更为关键的是，唐某某等 3 人已经先行从公司收回了投资本息。孙某某等 4 人共同投资收购 A 公司后，由于投资大部分都是通过金融机构及其他途径融资而来的，面临还本付息的压力。因此，在项目启动之初，4 位股东就商议决定等公司有了收入后在不违反法律规定的情况下逐步先行返还股东投资的本息。在此情况下，唐某某、王某、李某某 3 人陆续收回了 7000 余万元，这些事实不仅公司的财务账目有反映，3 人也都予以承认。只有孙某某由于自己在经营公司，所以完全不急于收回投资本息，但这并不代表孙某某无权收回投资本息。在此情况下，即便孙某某确实将收取的购房款归为己用，只要数额合理，也不应当认为构成职务侵占罪。

以上再次提醒检察机关对于唐某某等 3 人提供的证据及作出的证人证言，应当更加谨慎对待。

### （三）孙某某被公安机关提请公诉机关指控的五个事实不构成犯罪

在做完上述铺垫之后，本律师已经将本案的大背景和公司的运营管理状况完完全全地呈现在公诉机关面前，对于五个具体事实的辩护完成了良好的铺垫，接下来便是在打好的基础上对这五起事实逐一击破，最终得出五起事实均不构成犯罪、应当依法不予起诉的结论。

这五起事实包括两起所谓的私自收取购房款归为己用、两起孙某某以公司房屋折抵个人债务以及一起以公司名义向第三人借款的事实，以下具体分析。

1. 两起收受购房款事实

这两起事实是由孙某某向购房者出具收条，然后以孙某某的个人账户收取购房款，且在公司对外销售的账目上没有反映。结合上文的分析，孙某某这样做完全是合理合法且与公司经营管理的现状、惯例相一致。首先，这两笔房屋买卖都有正式的合同，并办理了网签手续，交易公平、价格明确，根本没有职务侵占的现实基础。其次，孙某某作为公司的法定代表人，代表公司向购房者出具收条并无任何不妥，况且孙某某打收条的事项是公司财务部门安排的，出具的收条也真实、准确地反映了公司收取购房款的实际情况。此外，尽管购房款转入了孙某某的卡内，但这并不等于孙某某个人收款，因为前已述及，孙某某的几张卡连同身份证都在公司出纳的手里，用于公司的资金周转。尽管公安机关未查清购房款究竟转入了哪张卡，但即便如此，也可通过核验银行凭证的签字、办理银行业务的录像等方式确定实际控制和使用银行卡的人，公安机关未提供相关证据，应当作出有利于孙某某的解释。同样地，即便孙某某想要将公司的款项用于个人使用，也需要经过财务人员履行正常的手续，超过 5 万元的支出更是需要股东同意。

至于为何这两起购房行为在对外销售账目上没有体现，这是因为股东商议决定预留门市房由股东自行处置，这两笔房屋交易的对象都是股东预留的门市房。换言之，其是股东个人的财产，由孙某某进行售卖，因此没有体现在公司对外账目上。尽管唐某某等 3 人对这一事实予以否认，但在案的诸多证据证实预留门市房的情况确实存在。首先，公司销售、财务人员的证言证实了确实有预留房的情况，唐某某自己也变相承认了上述情况。其次，李某在此之前就已经将公司的四套房产过户到自己的名下，没有支付任何的对价，后来再转给第三人，以抵顶自己所欠的债务。最为重要的是，尽管公司的对外销售账目没有及时予以体现，但是公司的内部账目对这些记载一直十分清楚，再结合 A 公司内部严格的财务管理制度，可以确定孙某某并没有侵占公司财产。

2. 两起孙某某以公司房屋折抵债务的事实

这两起事实均是孙某某以 A 公司出售房屋的应收购房款折抵其本人对外

所欠债务，那么认定孙某某的行为是否属于职务侵占，关键在于债权债务抵销的基础是否存在。债权债务关系转移抵销的基础需要满足三个条件，一是第三人对A公司负有债务，即应当支付购房款；二是孙某某对第三人负有债务；三是A公司对孙某某负有债务。而从本案的基本情况来看，A公司确实对孙某某负有债务，具体表现在孙某某曾将自有的价值300余万元的四套房产为公司抵债、将自己的承兑汇票约200万元交给公司使用、为公司垫付的超过100万元的资金，以及前文所述的投资汇款1000余万元和A公司为股东预留的价值约1500万元的门市房，而A公司支付给孙某某的款项也就1000余万元，对孙某某还存在大量的应付款项。因此，孙某某与A公司及第三人进行债务转移抵销完全具备现实基础。归根结底，这完全是个民事法律问题，且是完全合理、合法的民事法律行为，根本就不应当上升到刑事法律的范畴。

3. 借款问题

这笔借款是因为案外人居间协调帮助A公司解决了倒贷及过桥资金的问题，恰巧案外人因投资需要急缺200万元，孙某某便安排李某以案外人的名义从公司借款200万元。后来，外人因情况变化不需要了，很快又还给了A公司。在民营企业融资极其艰难的情况下，案外人帮A公司解决了这个大问题，要求公司借款200万元供其短期使用完全符合情理，借款也是经由公司财务人员办理的，在A公司如此严格的财务审批制度下，如此巨额的款项支出其他股东必然也完全知情。况且从资金流向来看，借款已经很快归还了，并未实际使用。证据显示，该200万元借款于2013年12月17日从A公司账户转到案外人账户，一周内便陆续全部转回了孙某某账户。前已述及，孙某某的账户都由公司财务人员掌控并作为公司账户所使用，这意味着借款已归还了公司，况且这笔钱在回到公司账户后，大部分都是在公司控制的账户之间流转，少部分用于偿还A公司的对外债务。可见，孙某某根本没有实施挪用资金的行为。

## 四、案件启示

公安机关对孙某某刑事拘留后报请逮捕时，公诉机关未批准逮捕。其后，又依法作出不起诉决定，律师的辩护取得圆满成功。

本案是办案机关以刑事手段干预经济纠纷的典型案件。企业经营存在风险，市场合作千头万绪，尤其是在近年来经济增长相对放缓的情况下，民营企业和民营企业家发生经济纠纷的概率越来越大。在此情况下，党中央和最高人民法院、最高人民检察院多次强调坚决防止把民事纠纷演变为刑事责任，杜绝以刑事手段干预民事纠纷。在本案中，本是股东之间发生纠纷，即使有人代表A公司对孙某某提起刑事控告，公安机关亦应慎重处理，严格依法办案。不能在办案过程中偏听偏信、先入为主。所幸本案的公诉机关认真负责、恪守底线，在本案确实具有犯罪外观的情况下深入了解企业经营管理情况，洞悉股东间纠纷，认真审查辩护律师提交的无罪证据，听取并采纳本律师提出的法律意见，并最终顶住压力，坚持从事实和法律出发，依法对孙某某不批准逮捕并作出不起诉决定，以实际行动减轻了市场主体的顾虑，让企业家安心创业，为经济社会发展保驾护航，值得尊敬！

# 康某危险驾驶不起诉案

陈　斌

## 一、基本案情

2018 年 9 月，商某与康某饭后驾驶康某的车辆发生交通事故，事故另一方当事人发现商某系酒后驾车，遂报警。

当地公安机关在调查后于 2018 年 10 月以商某涉嫌危险驾驶罪立案侦查，并随即将其取保候审。当地公安机关在后续侦查过程中认为，商某是在其驾驶的机动车辆所有人康某的交付下驾驶车辆，康某明知商某饮酒的情况下，仍将其所有的车辆交给商某驾驶，亦构成危险驾驶罪，遂于 2019 年 6 月对康某采取取保候审措施。侦查终结后移送检察机关审查起诉。本律师受康某委托担任其辩护人参加诉讼。

## 二、案件焦点

1. 康某是否在酒后将其机动车交给与其同样喝酒的商某驾驶?
2. 康某与尚某是否构成共犯?
3. 对康某是否可以依法不起诉?

## 三、办案思路与辩护意见

本律师接受委托后，通过查阅案卷材料、会见当事人了解到，案发时康某确实也喝了酒并且已进入醉酒状态，为此，他打电话叫过代驾。此外，案内没有充分证据证明康某将其车交给商某驾驶，其并不清楚商某是如何驾驶其车上路行驶的。据此，本律师认为，公安机关认定康某涉嫌危险驾驶罪事实不清、证据不足。同时，即使有罪也比较轻微，依法可以不起诉。于是按此思路向检察机关提出如下辩护意见。

1. 公安机关起诉意见书认定康某在明知商某饮酒的情况下，仍将其所有的小型普通客车交给商某驾驶因而构成危险驾驶共同犯罪，事实不清、证据不足。

根据证据卷、犯罪嫌疑人商某在侦查机关的多次供述以及2018年11月16日供述得知，商某在公司的职业是驾驶员，是其酒后主动拿康某的车钥匙驾驶车辆。而康某供述其酒后先是用手机找代驾，因长时间无人接单，其去了洗手间，回来后因感觉饮酒过量，被商某等人搀扶上车，上车后很快就睡了。其车钥匙、手机、钱包等都放在桌上，其并没有指使商某驾驶车辆，也不十分清楚是由商某驾驶的车辆。在司法实践中，危险驾驶的共同犯罪可以分为以下几种情况：（1）在饮酒过程中，行为人明知驾驶员必须驾车出行，仍极力劝酒或胁迫、刺激其饮酒，且饮酒后不给其找代驾的行为。（2）行为人明知驾驶员饮酒，教唆、胁迫或命令驾驶员驾驶机动车辆的行为。（3）车辆所有人明知借车人已经醉酒且要求驾驶机动车时，仍将车辆出借给借用他人的行为。康某的行为并不符合上述三种情形，康某与商某共同饮酒，但并未主动将车辆借给商某使用，是在自己意识不清醒的状态下，商某主动开车。

因此，辩护人认为，从现有证据来看，认定康某积极指使或主动将车借给醉酒的商某驾驶的事实不清、证据不足。

2. 认定康某构成商某危险驾驶罪的共犯，法律依据不充分。

公安机关认为康某系商某涉嫌危险驾驶罪的共犯，那么就共同犯罪而言，如前所述，在康某没有事实上的帮助行为，即主动提供汽车钥匙的情况下，认定康某构成积极作为的帮助犯缺乏事实和理论依据。

从主观故意来看，构成帮助犯，无论是何种学说，都需要有共同的犯罪故意。即使是行为共同说中共同过失行为也只针对共同实行犯而言。而康某在酒后主动找代驾开车，表明其并没有自己或让商某酒后驾车的主观故意，故在酒后其对商某主动拿钥匙开车的行为是不明知的，不能认定康某具有危险驾驶罪的主观故意，更不能认定其和商某具有共同合谋的故意。

此外，认定康某构成消极不作为的帮助犯，亦无法律上的依据。虽然消极不作为的帮助犯是否构成共同犯罪理论界一直有争议，但没有争议的是认定不作为犯罪必须要求行为人负有实施某种积极行为的特定的法律义务，并且能够实行而不实行的行为。这种义务来源通常是指：（1）法律明确规定的义务；（2）职务或业务要求上要求履行的义务；（3）先行行为引起的义务，并且要求能够实行而不实行。本案中，康某的行为并不符合上述情形。其对商某酒后驾车的犯罪行为既没有法律明确规定或职务业务上要求履行的义务，也无先行行为产生的义务（从两犯罪嫌疑人的供述以及证人证言中可以看出，康某没有劝酒的行为，也没有指使商某驾车的行为）。况且，康某本身也因喝酒而处于意识不清醒状态，是被商某等人搀扶上车的，自己亦丧失了作为的能力，也就不具备构成消极不作为犯罪应当具备的能够作为而不作为的要件。

因此，认定康某构成危险驾驶罪的共犯法律依据不充分。

3. 商某涉嫌危险驾驶罪，但具有醉酒程度较低、犯罪情节轻微、有自首情节、认罪悔罪态度较好、被害人谅解等情形，依法应对其从宽处罚。退一步讲，即使认定康某构成共犯，其在涉嫌共同犯罪中更是处于从属地位，情节显著轻微，可以不认为是犯罪，建议对其做不起诉处理。

根据最高人民法院《关于常见犯罪的量刑指导意见（二）（试行）》及江苏省高级人民法院、江苏省人民检察院、江苏省公安厅《关于办理醉酒驾驶案件的座谈会纪要》（苏高法〔2013〕328 号，2013 年 12 月 5 日）等相关规定，惩治醉驾犯罪，应当坚持宽严相济的刑事政策。对于醉酒驾驶机动车的被告，应当综合考虑被告人的醉酒程度、事故责任大小、车辆行驶道路、行车速度、是否造成实际损害以及认罪悔罪等情况，准确定罪量刑。对于醉酒程度较低、犯罪情节轻微、认罪悔罪态度较好、被害人谅解等情形的，可以从宽处罚。对于情节轻微危害不大的，不予定罪处罚。

（1）本案中，商某醉驾时检测的血液酒精含量为 117mg/100ml，应当属于醉酒程度较低的范围，且在事故发生时，在普通道路驾驶车辆，车速只有20 千米/时，是由于后车行车不规范，在左拐弯的时候超车所致，商某在交通事故中负次要责任，应当认定商某涉嫌危险驾驶罪，但犯罪情节轻微。

（2）商某、康某有自首情节，并取得了当事人的谅解。

康某和商某在事故发生后，对被害人进行了积极的赔偿和补救措施，并且取得了对方当事人丁某的谅解，丁某向公安机关出具了谅解书，建议对商某从轻处罚。康某在事故现场时，明知对方当事人报警，仍然留在现场，如实陈述事故经过，亦有自首情节。而且在事故发生第二天，主动劝服商某去公安局自首。康某归案是侦查人员电话联系后，主动到公安机关陈述案情，坦白认罪态度较好，属于自首，其积极认罪认罚，依法可对其从轻处罚。

（3）退一步讲，本案犯罪嫌疑人康某的行为即使构成危险驾驶罪的共犯，其在共同犯罪中也处于从属地位，起次要作用，有自首情节。我国《刑法》第 27 条规定，对于从犯，应该从轻、减轻或者免除处罚。康某在所谓危险驾驶的共同犯罪中，仅是次要的辅助作用，应当比照主犯从轻或减轻处罚。根据《刑法》第 67 条第 1 款的规定，对于自首的犯罪分子，可以从轻或者减轻处罚；对于犯罪较轻的，可以免除处罚。具体确定从轻、减轻还是免除处罚，应当根据犯罪轻重，并考虑自首的具体情节。

商某作为危险驾驶罪的实行犯，尚且具有醉酒程度较低，在普通道路上驾驶车辆，车速慢，负事故的次要责任，有自首情节且坦白认罪、悔罪态度较好，取得被害人谅解等诸多情节，能够认定犯罪情节轻微，可以从宽处罚。那么，举重以明轻，作为在危险驾驶犯罪中起次要、辅助作用的康某，自动归案，认罪认罚，更应当认定为情节显著轻微，社会危害不大，依法可以不作为犯罪处理了。

## 四、案件启示

2019 年 10 月，检察机关依据《刑事诉讼法》第 175 条第 4 款的规定，以证据不足为由对康某作出不起诉决定。通过办理该案笔者体会到：律师面对案件时，要全面看待案件的证据，抓住主要矛盾点，对嫌疑人的行为和主观进行综合判断，以明晰案件的基本状况。本案中，应当全面地看待康某的客观行为，并没有能够证实公安机关所认为的康某将车给商某驾驶的主观故意及行为。

首先，康某在醉酒的情况下，没有利用上级身份安排、指示下属酒后驾车将他们带至指定地点；其次，康某亦没有主动将钥匙交给商某以暗示商某驾车的行为；最后，康某在明知多人醉酒的情况下，主动用手机叫代驾，以避免酒后驾车的情况发生。综合来看，康某始终是避免酒驾的行为的发生，其本身并不存在犯罪的故意。同时，从商某在康某离开的情况下，主动拿取康某的车钥匙，并将醉酒的康某扶上汽车等的行为来看，商某驾驶康某机动车的行为是未经康某同意的个人行为。

所以，康某既不存在犯罪的故意，也不存在任何行为驱使犯罪的发生。公安机关仅凭商某驾驶的是康某的机动车及康某参加酒局的情况，就认为康某是本案共犯，陷入了客观归罪的陷阱，极易导致在案人员的错误归罪。

因此，刑事辩护应当具有全局思维，以客观的角度看待全案证据，综合分析当事人在案件发生时的主观思想和客观行为，以维护当事人的合法权益。

# 刘某行贿不起诉案

陈　斌

## 一、基本案情

2012年，陕西某影视公司聘请刘某撰写某剧剧本，某影视公司作为出品方，成立某剧摄制剧组，剧组聘任刘某作为该剧的监制。2012年10月该剧拍摄完毕，由于该剧没有卖掉，未能完成发行，某影视公司找到刘某，让其找袁某帮助发行，刘某表示同意，并联系袁某来北京，按照袁某的指示重新剪辑，将片子送到某卫视，并最终与某卫视达成了协议。

片子在某卫视播完之后，收视率一直排在全国前三，但在第一个付款日期，某卫视却没有按约定付款，也没有将协议返还给公司。刘某受公司指示向某卫视催款，刘某向袁某了解得知，需按行规向江某付20万元感谢费，刘某将此事告知贺某并得到允许。

2013年5月，某卫视把款打给某影视公司，某影视公司一共打给刘某100万元左右，包含刘某的薪酬、袁某的剪辑费、有关的感谢费。刘某将袁某的剪辑费以现金形式给付，随后又按照袁某的指示将20万元现金交给江某。

2013年7月，过了尾款结账期后，刘某又应某影视公司的要求催款，同样按照以前的操作，在某卫视的购片款全部到账后，贺某从公司和自己的账户向刘某一共付了12%的发行费，费用中同样包括刘某的薪酬、剪辑费、发行费。刘某根据袁某的安排，将30万元现金给了江某，随后刘某离开南京。案发后，刘某委托本律师担任其辩护人参加诉讼。

## 二、案件焦点

1. 刘某的行为是个人行为还是职务行为、单位行为?

2. 刘某的行为是否构成“为谋取不正当利益”?

3. 对刘某可否依法不起诉?

## 三、办案思路与辩护意见

1. 刘某的行为属于职务行为。

刘某仅是受某影视公司委托负责该剧的监制、剪辑、发行工作，其在剧组的所做工作均是服务于某影视公司的职务行为，代表的是某影视公司的意志，给予江某的“感谢费”授意于某影视公司。

本案中，某影视公司聘请刘某撰写某剧剧本，之后作为唯一的出品方，成立了该剧剧组，其间聘任刘某担任监制。由于该剧发行不顺，刘某又在某影视公司总经理贺某的指示下负责对该剧重新剪辑以及发行。因袁某曾许诺能够帮助该剧的发行，而刘某与某卫视艺委会主任袁某又系好友，故某影视公司总经理贺某要求刘某联系袁某帮忙，希望借助袁某之力尽快完成该剧的发行工作。刘某在接受该指示之下，一直是以某影视公司的名义与袁某、某卫视商谈，处理相关工作，包括给予某卫视的“感谢费”也是向贺某汇报、获得批准后方才进行的，其所从事的行为均代表某影视公司的意志，并非刘某本人的意志。而且给予某卫视的“感谢费”也是出自某影视公司，虽然该笔款项财务账面上是从刘某的账户支出，但事实上是某影视公司将刘某的应获得的报酬及“感谢费”等费用一起结算，汇入刘某的账户，要求刘某送给江某，刘某只不过是代公司送这笔“感谢费”。

本案中，刘某的一切行为均是接受某影视公司的指示，以某影视公司的名义进行，代表的也是某影视公司的意志，属于职务行为。

2. 刘某及某影视公司是在袁某、江某等人的胁迫、索要之下，才送江某“感谢费”。

在某卫视同意购买该剧时，刘某并不知晓需要给某卫视送“感谢费”。

直至该剧播放完毕，某卫视一直未予付款，多次催讨无果后，袁某告知需要给某卫视“感谢费”才能拿到购片款，此时刘某才知有此“规则”。袁某作为中间人多次要求刘某保证在某卫视付款之后给江某送去“感谢费”，否则某卫视就不予付款。刘某及某影视公司为了拿到购片款，迫于无奈，不得不按此“规则”办事。

本案中，刘某及某影视公司完全是在袁某、江某等人的索要、胁迫之下，不得已而向江某先后送去两笔“感谢费”。

3. 刘某本人并未获取任何利益。

刘某按袁某和某影视公司的要求给江某送去的“感谢费”目的是帮助某影视公司拿到购片款，该利益非属于刘某，获利的是某影视公司，且该利益并非不正当利益，某影视公司作为唯一出品单位，也是唯一收到某卫视购片款的单位，是该剧唯一的获利者。刘某在此过程中未获取任何利益，其获得的仅是某影视公司应当支付给自己的报酬，是合法所得，与“感谢费”无任何关系。

4. 某影视公司获得的是正当利益。

某影视公司虽获取利益，但其所获利益是正当利益。某卫视与某影视公司之间签有合法的买卖协议，某卫视本就该依约支付价款，该价款是某影视公司的正当所得，并非不当利益。

在本案中，某影视公司未谋取任何不正当利益，刘某获得的是自己在某剧电视剧中应得的报酬。依据《刑法》第389条第3款的规定，因被勒索给予国家工作人员以财物，没有获得不正当利益的，不是行贿。

## 四、案件启示

2017年9月，检察机关依据《刑事诉讼法》第175条第4款的规定，以证据不足为由对刘某作出不起诉决定。通过办理该案，本律师体会到：把握要点、找准辩护突破口是刑事辩护成功的关键点。本案中，刘某的行为始终是应他人的索取及公司的安排，并非出于刘某本人的意志，其本质是职务行为，如果把职务行为的罪过完全归于个人，那对刘某是极为不公平的。

同时，刑法明确规定，无论是个人行贿罪还是单位行贿罪，都是为了谋取不正当利益，而非法利益是指谋取违反法律法规、国家政策和国务院各部门规章规定的利益，以及谋取违反法律法规、国家政策和国务院各部门规章规定的帮助或者方便条件。两家企业之间是平等的民事主体，两者之间基于合作合同产生的合法的结算款需求，绝不是非法利益，而是合理正当的利益，某卫视的江某以此为要挟，既违背了契约精神，也严重损害了某影视公司的合法利益，某影视公司被迫付出的“感谢费”是为了公司能够保证正常运行的自保行为，其行为亦不应予以归罪。

# 宋某侵犯公民个人信息不起诉案

陈　斌

## 一、基本案情

宋某于2017年三四月以25,000元的价格，向贾某分两次购买共100余万条的公民个人信息，主要是姓名和电话号码，以用于自己进行的化妆品等微商产品推销活动。其中，2017年3月购买的信息多以电话号码为主，仅有部分包括姓名和电话号码，宋某随意拨打几个电话后，极少数能打通，宋某觉得质量不佳与贾某沟通后决定购买质量更好的数据。2017年4月购买的信息有30%仅为手机号，宋某抽查打了100多条，无效后就搁置不用不打了，从中并没有得到任何盈利，并且将数据彻底销毁，没有二次传播。

公安机关于2017年4月立案侦查，宋某于2018年5月被公安机关取保候审，公安机关认定宋某购买100余万条的公民个人信息。

## 二、案件焦点

1. 宋某取得的公民个人信息是否确实有效？

2. 宋某为了合法经营取得他人个人信息是否构成犯罪？

3. 宋某的行为可否依法不起诉？

## 三、办案思路与辩护意见

本律师接受宋某的委托后，提出以下辩护意见。

1. 宋某购买个人信息用于合法经营。

首先，本案中，宋某是甲市某女性皮肤管理工作室股东兼业务主管和乙市某化妆品有限公司监事兼业务主管，卷宗中有相关证人证言以及营业执照等证据材料证明，其购买的电话号码也是为了推销其业务，是合法经营所用，并不是出于非法目的。其次，宋某购买的个人信息只含有电话号码和姓名加电话号码两种，根据对贾某的 9 次讯问笔录和宋某本人的供述，宋某购买的个人信息大部分是号码模拟器模拟的假信息，拨打的 100 多个电话号码，很大一部分都打不通，是空号。辩护人认为，宋某购买的个人信息不属于《关于办理侵犯公民个人信息刑事案件适用法律若干问题的解释》第 5 条第 1 款第 3 项、第 4 项规定以外的公民个人信息，社会影响较小，不需要刑法调整。再次，宋某两次购买的个人信息，只抽打了 100 多个电话，无效后就搁置不用了，没有任何获利，不符合《关于办理侵犯公民个人信息刑事案件适用法律若干问题的解释》规定的利用非法购买、收受的公民个人信息获利 5 万元以上的。最后，宋某为合法经营，分两次购买个人信息的行为，并没有将购买、收受的公民个人信息非法出售或者提供给他人使用，而是废弃不用，没有造成已购买的个人信息再次扩散，没有造成不良的社会后果，情节显著轻微，不符合《关于办理侵犯公民个人信息刑事案件适用法律若干问题的解释》第 5 条、第 6 条的规定。

综上，辩护人认为宋某是为了合法经营而购买公民个人信息，虽然有 120 万条，但这些信息只含有电话号码和姓名，且大部分电话是空号，宋某在拨打其中 100 多条电话，发现没有用后，就废弃不用，没有任何获利，没有任何再次扩散，社会危害性较小，不属于《刑法》第 253 条规定的情节严重，也不符合《关于办理侵犯公民个人信息刑事案件适用法律若干问题的解释》第 4 条、第 5 条的规定，依法不构成侵犯公民个人信息罪。

2. 宋某购买的个人信息是不是贾某所卖的个人信息事实不清、证据不足。

根据宋某与贾某的讯问笔录可知，宋某购买的电子数据是通过电子邮箱等方式交付的，而案卷材料中除了两者的供述外，仅仅包括双方的聊天记录和转账记录，并没有原始的电子数据证据。根据《关于适用〈中华人民共和国刑事诉讼法〉的解释》第 93 条之规定，辩护人认为本案的核心证据是宋某购买的公民个人信息电子数据，而与案件事实有关联的原始电子数据没有收集，只有聊天记录的截图。

辩护人认为，侦查机关关于电子数据方面的证据没有收集，导致本案证据存在重大瑕疵，侦查机关指控的宋某涉嫌侵犯公民个人信息，事实不清、证据不足。

3. 宋某系初犯，悔罪态度较好。

本案中，宋某由于法律知识的欠缺，一时冲动购买了信息资料，但是从中并没有获利，也没有犯罪前科，相关事实主动坦白，态度良好。

综上所述，本案中，宋某是从事化妆美容行业的合法纳税人，出于合法经营的需要，由于法律知识的欠缺，一时冲动购买了信息资料，但是从中并没有获利，没有向社会扩散，宋某之前也没有因侵犯公民个人信息受过刑事处罚或者 2 年内受过行政处罚，且非法购买、收受公民个人信息，不属于《关于办理侵犯公民个人信息刑事案件适用法律若干问题的解释》第 5 条、第 6 条任何一款规定的情节严重情形，因此不属于刑法调整的范围。

## 四、案件启示

2018 年 11 月，检察机关依据《刑事诉讼法》第 175 条第 4 款的规定，以证据不足为由对宋某作出不起诉决定。通过办理该案，本律师体会到：充分把握当事人行为的实质特征，才能为辩护提供最好的方向。

《关于办理侵犯公民个人信息刑事案件适用法律若干问题的解释》第 6 条规定："为合法经营活动……具有下列情形之一的，应当认定为刑法第二百五十三条之一规定的'情节严重'：（一）利用非法购买、收受的公民个人信息获利五万元以上的；（二）曾因侵犯公民个人信息受过刑事处罚或者二年内受过行政处罚，又非法购买、收受公民个人信息的；（三）其他情节严重的情形……”也就是说，宋某购买信息是为了宣传自己的化妆品，而且购买的信息仅是他人的联系方式，同时大多数联系方式是假的，这就使宋某的行为并不具有多少社会危害性。《关于办理侵犯公民个人信息刑事案件适用法律若干问题的解释》第10条规定：“实施侵犯公民个人信息犯罪，不属于‘情节特别严重’，行为人系初犯，全部退赃，并确有悔罪表现的，可以认定为情节轻微，不起诉或者免予刑事处罚；确有必要判处刑罚的，应当从宽处罚。”故而，面对案件时要综合分析当事人行为的实质特征和各类法律法规，以务实的态度为当事人向司法机关沟通，谋求最好的结果。

# 王某诈骗不起诉案

陈　斌

## 一、基本案情

2009年3月20日被告人王某与某公司第二工程项目部负责（代表）人李某签订租赁合同，合同签订后，被告人王某履行了提供租赁物的义务，李某支付部分租赁费用，退还部分的租赁物品后，经王某多次催要拒不履行合同。经协商，双方就履行方式作出了约定，但后期李某除了以一辆奔驰车抵给王某外，未支付其他任何租赁费用，王某继续向李某催要，李某拒不履行。

至2013年11月30日，某公司第二工程项目部共欠王某租赁费968,306.98元，未退租赁物有钢管和扣件，其中扣件96,388套，价值人民币578,328元，部分钢管仍在使用中。经数次催要，李某仍拒不支付租赁费。被告人王某于2013年12月11日向某市人民法院起诉，2014年1月24日9时，某公司及其第二工程项目部并未到庭（缺席审理），2014年3月3日王某收到某市人民法院的判决书，法院支持了王某的诉讼请求。2014年3月某公司上诉，后某中级人民法院驳回上诉，维持原判。判决生效后，某市人民法院于2014年8月27日冻结某公司北京分公司工行账户中的176万元人民币。

由于李某将王某租赁站的钢管、顶丝一直在工地上使用未退还，租金也未支付，2014年12月30日王某再次起诉某公司及第二工程项目部给付租赁费341,199.22元及违约金100,000元，返还钢管59,570.5米，顶丝2487根或等值价款943,297.5元，并继续计算租赁费至实际给付之日止，并申诉保全了某公司南京分公司的账户，某市人民法院于2015年1月30日发出传票传唤某公司于2015年3月13日9时开庭。

2015年5月30日某县公安局以王某涉嫌诈骗为由立案侦查，2015年9月29日某市人民法院裁定本案中止诉讼。2017年4月10日王某被某县公安局刑事拘留，2017年4月17日变更为监视居住，2017年7月24日被某县检察院批准逮捕。2018年3月22日王某被某县检察院起诉，2018年4月24日某县人民法院组织庭前会议，辩护人提出某县司法机关对王某涉嫌诈骗案无管辖权，要求依法移送，2018年10月16日某县人民法院公开开庭审理王某涉嫌诈骗案，辩护人再次提出无论王某是否构成诈骗罪还是虚假诉讼罪，某县人民法院均无管辖权，应当立即停止继续审理该案，并向有管辖权的人民法院移交。

## 二、案件焦点

1. 本案《租赁合同》是否合法有效？

2. 本案是民事纠纷还是刑事犯罪？

## 三、办案思路与辩护意见

针对本案的焦点问题，本律师主要向办案机关提出了以下辩护意见。

1.《租赁合同》真实有效，某公司与王某之间是租赁关系。

本案侦查机关围绕2009年3月20日《租赁合同》是否真实，进行了大量取证，但最终无任何证据证明《租赁合同》是伪造的。与此相反，河北省某市人民法院、河北省某中级人民法院均已经确认上述《租赁合同》的真实性、合法性。

辩护人认为《租赁合同》是真实、有效、合法的，双方是一种租赁法律关系，在租赁合同的签订、履行过程中，王某没有捏造任何证据，没有隐瞒事实，未实施任何欺骗行为，其已经履行完所有的合同义务，而某公司及李某的第二项目部一再违约，拒绝承担法律责任，显然违背了诚实信用的契约精神，王某向某公司主张违约责任是合法合理的。

2. 2012 年 12 月 26 日，王某与李某签订的协议未实际履行，双方的债权债务关系仍然继续，双方的关系属于民事纠纷，应当用民事法律调整。

根据起诉书指控，该协议是办案机关认定王某诈骗案的主要证据，理由是本案证人李某在证言中陈述已经付清王某 42 万元，且已经将自己名下的车过户到王某名下。辩护人认为，全案只有李某一个人说李某已经通过他的手下胡某、徐某等人将协议中的 42 万元付给王某，而胡某在 2015 年 8 月 14 日的笔录中明确了“我认识王某是从我把一辆奔驰 350 车过户给王某，跟他签订了一个协议，这个协议是我按李某的要求拟定的，代李某签的字，42 万元不是我给的，李某告诉我 42 万元已经给了”“我不知道我们工程队与王某之后有无发生租赁关系”。该证据根本无法证明指控的犯罪事实。根据徐某在 2017 年 5 月 16 日笔录“问：他是否知道这张支票上之前付给王某的 15 万元是谁给王某的？答：这个就不清楚了；问：关于给王某钱的用途，答：都是给王某的租赁费。是拿的 15 万元现金给王某的，是我交给王某的；问：你写收据时候有哪些人在场？答：就我和王某两个人，没有其他人，在什么地方给王某，我记不清了。他经常帮李某给别人钱”。而整个案件中，一是本案除了李某说 42 万元已经付清了，没有一个证人说欠王某的租赁费付清了，其他人都是听李某说的。二是只有徐某在 2013 年 2 月 4 日支付给王某 15 万元现金，但并不知道这笔钱的用途，根据王某的供述李某的工地直到 2013 年 8 月才开始退货，徐某支付的这 15 万元现金是李某其他工地所欠的租赁费用，不是该协议约定的费用。三是由于李某按协议约定付清 42 万元租赁费，此份协议因李某未予履行而变为无效的协议，以车抵债的约定当然也不生效力，之前债权债务关系重新计算，李某所代表的某公司项目部不仅要承担支付租金的责任，还要承担支付违约金、滞纳金和返还所有租赁物的责任。四是根据该份协议，截至 2013 年 1 月 30 日，李某应付的折扣后的租赁费是 100 万元，包括 42 万元现金和一辆 58 万元的奔驰车，但是由于 42 万元未付，自 2012 年 12 月 26 日起往后的租赁费也应继续计算。也就是说，到 2013 年 12

月 11 日王某起诉前，所有租赁物的费用在原来的基础上要增加一年，包括由此产生的违约金、滞纳金等，李某虽然将价值 58 万元的车过户到王某名下，但协议里也明确了“抵车的前提是李某应在 2013 年 1 月 30 日把已拖欠租费一次性付给王某，如果在此期限之日内李某不能付清剩余全部款项及不能过户到河北，甲方有权将车退还给李某，由此产生的一切费用甲方不负任何责任。债权债务关系还将延续”。因此，截至 2013 年 12 月 11 日，李某在未付清所欠租赁费用前，王某为了保障自己的合法权益，当然有权选择何时退还该车辆。

李某没有遵守协议的约定，未在 2013 年 1 月 30 日前付清 42 万元，且目前除了李某个人提供的相互矛盾的虚假陈述，无任何证据证明其将 42 万元付清，故即使车辆过户到王某名下，双方的债务关系也仍旧存在，这种关系属于民事纠纷，应当用民事法律调整。

3. 河北省某中级人民法院的判决并未阻断某公司的救济途径，其完全可以通过向李某追偿的方式，合法维护自己的权益。

本案中，某公司在某中级人民法院应诉时，答辩意见称：李某系承包某公司的工程、与某公司系长期合作的经销商。对此答辩意见某公司未举证予以证明，根据“谁主张，谁举证”的原则，法院让其承担了不利责任。但是某中级人民法院已经在判决书中给予了某公司救济方式，“上诉人如所述属实，可在对被上诉人承担责任后，向李某追偿”。

4. 本案中多名人员涉嫌犯罪，应当依法追究刑事责任。

在本案中，王某、李某、李某 2 等人为了非法占有某公司支付的结算款，将应当支付他人的劳务费用私自截留，隐瞒真相，多次向公安机关作假证明，栽赃嫁祸给王某，使被告人王某受到不当法律追究，其行为已经涉嫌伪造证据罪，应当依法追究。

## 四、案件启示

2020 年 6 月，检察机关对本案撤回起诉并依据《刑事诉讼法》第 175 条第 4 款的规定，以证据不足为由对王某作出不起诉决定。通过办理该案，本律师深切感到“做律师，一定要有正义感。一定要坚定维护司法正义，维护当事人的合法权益”。在办理该案过程中，来自各方面的压力不断，5 年的时间里，甚至于当事人也已因长期的监所生活产生了自我怀疑，所有人都不看好最终的结果。但是辩护人依然始终坚持无罪辩护，用铁一般的证据维护当事人的合法权益，维护法律的尊严。

纵观全案，无论是事实还是证据，均显示该案明显为经济合同纠纷，从租赁合同的签订至履行，包括向法院起诉，王某均未实施任何欺骗行为，已经履行完所有的义务，而某公司一再违约，拒绝承担法律责任，显然违背了诚实信用的契约精神，王某向某公司主张违约责任是合法合理的。

回溯历史上地方保护主义导致的一系列错案，这些案件既在事实上站不住脚，也大都会存在程序违法，严重破坏了我国司法的统一性、权威性和独立性，影响了司法效率和司法公正，是当前司法改革不得不面对的重要难题。值得庆幸的是，高层已经注意到这些问题，最高人民法院 2018 年11 月5 日在学习贯彻习近平总书记重要讲话会议中强调，坚决防止将经济纠纷当作犯罪处理，坚决防止将民事责任变为刑事责任。

本案中，王某作为一名民营企业家，多年来勤恳、合法经营租赁业务，因依法起诉违约方维护自己的合法权益而受到不公正公平的处理。司法应当维护合法经营者的合法权益，营造公平正义的司法环境，以保障民营经济持续健康发展。维护司法正义，维护当事人合法权益，让每一个合法经营的人都免受不法侵害，是每一个司法从业者的责任，更是律师的重要责任。

# 门某职务侵占不起诉案

梁延昊

## 一、基本案情

门某作为A公司副总裁，因故与所管理的部门人员百余人集体离职，由此导致A公司对其任职期间的财务问题进行审计倒查，最终以其隐匿所属部门实际完成的一个项目，并将项目合同偷偷外签给其实际控制的第三方B公司、致使项目应收合同款200余万元被其非法占有为由，以职务侵占罪报案。A公司同时还对门某属下其他多名离职员工提出多项罪名的刑事报案。

案件侦查期间，门某在侦查机关讯问时称对涉案合同外签等事实完全不知情。门某在被羁押的第14日被批准逮捕后，其家属希望增加委托一位刑事律师与其之前已委托的律师一并参与辩护。门某家属和我见面后，我根据之前介绍的案件情况对案件法律认定和初步辩护思路进行了交流，得到了家属的认可，确定了委托关系，成为门某的主要辩护律师。

## 二、案件焦点

本案中，门某在离职前后与A公司产生较大矛盾，在侦查阶段对A公司报案的事实称完全不知情，双方对抗程度较为激烈。从介入诉讼开始，门某及其家属就非常明确地要求律师进行无罪辩护。我在了解案件的基本事实后，认为本案的焦点在于：合同外签是客观事实，门某称自己对此不知情与事实不符且对辩护本身不利。而合同外签的原因是A公司进行财务处理的一种手段，并非门某个人要非法占有相关合同款。本案应当抓住合同外签的真实原因这个“牛鼻子”展开无罪辩护。

此外，鉴于本案案情的特殊性和委托人对涉案事实的态度，在诉讼程序上如何安排辩护的“出击点”和“出击时机”，把握好辩护的节奏与策略，同样也是一个焦点。一是辩护律师在侦查阶段尚无法完全获悉案件事实，在不知道控告细节及侦查机关掌握的证据的情况下，如何掌控好辩护的攻防节奏，确保辩护不出现闪失，值得探讨；二是犯罪嫌疑人对涉案事实彻底否认，对辩护更有利，还是对基本事实如实承认的基础上，在行为性质和程度上作出合理辩解对辩护更有利，值得研究；三是对于事实不清的无罪辩护，辩护人是否应当进行积极举证；四是对于公司高管之间因为商场纷争、相互打压而引发的职务侵占等刑事案件，辩护人在做好案件辩护工作的同时，如何平衡及协助处理好案件辩护与当事人商业纷争之间的关系，在保证案件辩护效果的同时，最大限度地维护好当事人的其他正当权益，如公司股权、劳动待遇等也需要考虑。

## 三、办案思路与辩护意见

1. 侦查阶段末期，在门某已经被批捕的情况下，采取保守辩护。

司法实务中，职务侵占罪有很多种类型。本案在外在表现形式上符合“飞单”型职务侵占特征，即公司高管等人员利用职务便利，将本属于公司的业务和收入通过隐匿项目、合同外签等的方式非法占为己有，使公司遭受应得业务收入的损失。但根据我在接手案件初期对案件事实的了解，本案的实际情况并非如此，涉案合同外签实际上是公司财务处理的一种特殊手段。

面对侦查阶段末期接手案件，拟对案件进行事实不清的无罪辩护的实际情况，辩护初期，我首先要解决的是当期的辩护策略，即积极扭转案件事实与证据上的被动局面，还是采取保守策略，待案件进入审查起诉阶段再展开具体工作。这里涉及以下几方面的考量：

（1）公安机关针对 A 公司报案进行职务侵占罪刑事立案，正常判断的话，应当提供了对指控事实有利的相应证据和逻辑、理由，对此我们并不完全知情。

此种情形下，贸然进行反驳，有些无的放矢，弄不好还可能将案件引入歧途。

（2）门某本人在前期公安讯问中对涉案全部事实已经矢口否认，称不知情。其在面对突如其来的刑事拘捕和讯问时，因不知如何应对，而采取本能的抵制、对抗态度，对A公司控告的事实彻底进行否认，在心理上是可以理解的，但这种彻底否认的态度，实际上对案件辩护并不利。司法实践中，最好的自我辩护往往并不是"零口供"，而是在承认基本事实的情况下，进行合理的自我辩解。典型的例子如小偷盗窃被害人钱包，客观证据已经足以证实这个行为是存在的。这种情况下，如果小偷对偷钱包的行为完全否认，实践中通常会按照被害人陈述的钱包内的钱款数额认定盗窃金额。如果小偷承认确实偷了钱包，但其所供认的钱包内的钱款数额与被害人陈述的金额不一致，低于被害人陈述的金额，那么，如果没有其他证据支持被害人陈述金额的情况下，判决通常会认定小偷供述得较低的金额为盗窃数额。这是刑事诉讼中存疑有利于被告人的裁判规则的具体应用。也就是说，本案中，在客观证据已经能够证实门某对合同外签事项知情的情况下，门某却对此完全否认称自己不知情，对案件事实认定是非常不利的。正确的诉讼策略，应当是在承认基本事实的前提下，进行合理的辩解。

（3）即使门某当前的供述对案件不利，但在检察院已经批捕，案件已经进入侦查阶段尾声，我们又不掌握A公司具体报案事实及证据的情况下，我们不宜主动进行积极辩护，收集提交证据澄清相关事实。

综上几点，经与门某本人及家属沟通，他们同意我的辩护观点和策略，在侦查阶段末期暂时保持按兵不动，待案件进入审查起诉阶段，我们阅卷完毕之后再展开具体的辩护工作。当然，侦查尾声我们并不是什么也没做，而是就案件辩护思路和拟调查方向与门某，尤其是其家属多次进行全面细致的讲解、沟通。为案件下一步统一思想、具体辩护打下了良好的共识基础。

2. 审查起诉阶段，迅速阅卷，全面收集提交有利证据及无罪辩护的法律意见，积极扭转被动追诉局面并全程跟进。

按照前期既定的辩护策略，在我接手案件不到1个月的时候，案件正式移送检察机关审查起诉。我们辩护团队第一时间完成案卷审阅，对A公司的报案事实、证据及逻辑思路形成全面了解。在此基础上，通过与门某会见沟通及与家属共同的深入挖掘，在案件到检后20天内，我们收集整理了10余份证据材料，装订成册并制作清晰的证据目录，连同法律意见一并提交检察院，供办案检察官参考，并申请检察官对门某进行提讯。同时告知门某在检察官提讯时打消顾虑，如实说出案件事实。

检察官在收到我们提交的辩护材料后，果然到看守所提讯了门某，门某承认自己知道合同外签的事实，同时对外签原因进行了合理辩解。

根据我们提出的证据材料、法律意见及门某供述上的变化，案件在事实与定性上与A公司报案情况发生了整体逆转，无法认定门某具有非法占有相关合同款的故意和行为。检察机关据此将案件连续两次退回公安机关补充侦查。我们在每一次退补结束后，及时跟进提交补充法律意见，强化无罪辩护观点。

3. 无罪辩护的主要观点。

通过阅卷后收集的证据材料，结合侦查卷宗中已有的实际对案件有利的证据，我们提炼出本案的焦点问题是：门某有无在公司内隐匿项目并私自将合同外签；合同外签的原因是门某个人决定，还是公司决定；外签的目的是门某个人想要非法占有合同款，还是为了公司的其他经营安排。主要事实及结论观点如下：

（1）从涉案项目立项至案发，A公司自始至终对项目运行完全知情，门某及其部门人员没有隐匿项目。项目进行撤并项管理后，门某所属部门经理张某亦一直通过电子邮件及视频会议等各种方式向公司汇报项目运行情况。

（2）辩护人收集到的公司财务经理赵某某主动联系发起撤并项事宜的聊天记录、撤并项内部审批流程表等证据材料，足以证明将项目在A公司内部进行撤并项及把合同外签给B公司，是门某与A公司主管财务的副总裁王某共同商议后实施的公司行为，目的是A公司财务走账避税，不是门某等人实施的个人行为。

（3）相关电子邮件等足以证明门某等人在办理离职过程中，已经就涉案项目款结算事宜向A公司及B公司分别进行交接、安排，没有侵占相关合同款的主观故意及客观行为。A公司在知情的情况下不与B公司进行款项结算，责任不在门某等人。

综上，我们认为案件经过二次补侦，仍没有证据证实门某存在职务侵占罪要求的侵吞、窃取、骗取的手段行为；相反，大量证据证实A公司对涉案项目全程知情，包括对合同款的支付结算。本案认定门某构成职务侵占罪事实不清、证据不足。

4. 在进行无罪辩护的同时，协助门某及家属妥善处理相关纠纷，维护门某其他正当权益。

公司高管涉及职务侵占罪，不同于普通员工，往往有超越涉案事实及钱款之外的其他方面纠纷，包括公司控制权、相关股权、其他重大财产利益等。

本案涉及刑事犯罪很大程度上是A公司实际控制人及其他高管对门某及其所属部门集体离职的不满有关，是公司上层人员的恩怨纠葛。在案件辩护过程中，门某家属同时与A公司相关人员就门某持有的A公司股权、门某与A公司离职后劳动争议等问题多次进行沟通。其间，门某家属出于辩护效果的考虑，曾多次想要放弃门某相关股权等利益，以求得公司谅解，并就此征求我的意见。我随着案件辩护进程中无罪依据和观点的逐渐澄清，在建议门某家属不放弃和A公司协商联络的同时，并在沟通征得门某共识的情况下，告知门某家属在与A公司协商过程中应当坚持门某的正当财产权益，不做没必要的妥协与放弃。其理由有三：一是刑事案件已经进入审查起诉阶段，我们确定要进行事实不清的无罪辩护，所谓的和解、谅解对我们拟定的辩护目标关联性不大；二是通过收集提交的证据和法律意见，通过经验判断，我们对事实不清的绝对不起诉拥有一定的信心；三是相关股权等财产性利益，属于门某正当的应得利益，且与本案无关，应当坚持。

在我们的持续协助和建议下，门某家属在与A公司协商沟通相关股权处置等事项过程中，保持了“接触但不妥协”的基本原则，在不影响案件辩护的同时，维护了门某应得的正当权益。

## 四、案件启示

本案在审查起诉阶段通过两次退补侦查，两次延长审查起诉期限，检察机关依据《刑事诉讼法》第 175 条的规定，最终以事实不清、证据不足为由对门某作出不起诉决定。

通过本案的成功辩护，我们更加坚定了以下认识：

1. 批准逮捕远不是刑事案件的终点，辩护律师要通过对案件证据的全盘把握，充分运用法律专业知识和实践经验对案件事实与法律认定进行准确研判，并结合与当事人的沟通情况，该做无罪辩护的时候要坚定地选择进行无罪辩护。

2. 无罪辩护过程中，当事人坚定的无罪态度和家属的积极配合，是辩护能够取得预期效果的必要保证。无数的案件实践表明，如果当事人本人对无罪辩护的态度是犹豫甚至反复的，案件辩护过程中就会出现很多内耗和变数，所呈现出来的辩护表达和最终的辩护结果就会受到影响。而当事人的无罪辩护态度越明确，意志越强，最终取得无罪结果的可能性越大。

3. 针对事实不清的无罪辩护，单纯通过否定侦查证据的方式、通过无法排除合理怀疑的论证进行抗辩，往往难以取得预期效果。辩护人只有针对个案事实与特点，善于分析、抓准侦查证据的薄弱环节，合法、大胆地去收集、提交无罪证据，构建出完整的有罪证据不足甚至确定无罪证据体系，才可能真正瓦解有罪证据体系，达到事实不清的无罪辩护效果。

4. 在网络信息时代，辩护律师在办理案件过程中要特别注重电子证据的收集与应用，包括电子邮件、微信聊天记录及公司内部电子化通信记录、管理流程等。本案通过家属的协助，我们最终收集到的 A 公司内部通信软件中的聊天记录及流程管理记录等证据材料，便是证明涉案合同外签系由财务部门发起实施，并经公司领导层审批通过的最有力证据，尤其排除了所谓门某等人隐匿项目，并将项目合同外签占有合同款项的不当控告。

5. 职务侵占罪是公司经营领域的高发罪名，但很多时候并不是一个简单的刑事案件。案件背后往往是公司股东或高管之间为争夺公司控制权或者打击、报复竞争对手时使用的一个撒手锏，当事者之间往往同时存在其他诸多财产、股权及公司经营方面纠纷。本案就是此方面的一个典型案例。辩护人在办理此类案件过程中，要全面研判、通盘考虑案件全部事实及背景，准确把握、平衡案件矛盾焦点，最终实现在确保刑事案件辩护效果的前提下，最大限度地维护委托人的正当权益。该与公司妥协、和解的时候，要积极进行协商求得和解；该坚持利益的时候，要进行策略的坚持。

# 王某某虚开增值税专用发票无罪案

黄 山 司 楠

## 一、基本案情

2018年11月6日，王某某等人因涉嫌非法经营罪，被某市公安局直属分局刑事拘留；2018年12月12日，经某区人民检察院批准逮捕。2019年3月12日，公安机关以非法经营罪、虚开增值税专用发票罪，移送某区人民检察院审查起诉。2019年9月23日，某区人民检察院以非法经营罪依法提起公诉。2020年11月17日，某区人民法院以王某某犯非法经营罪判处有期徒刑8年，没收财产1100万元。2021年7月19日，某市中级人民法院二审以“事实不清、证据不足”发回重审。

本律师团队接受王某某家属委托，从侦查阶段着手开展辩护工作，经历了审查起诉阶段、一审阶段、二审阶段、发回重审阶段，在诉讼过程及最终结果上均取得不俗成效。

## 二、案件焦点

本案在不同诉讼阶段，由于证据收集情况及诉讼重点不同，以致案件争议焦点各不相同。

1. 侦查阶段：一是区分代理销售和非法经营行为；二是有无涉税犯罪问题。

2. 审查起诉阶段：一是非法经营数额及违法所得数额计算；二是涉税问题是否属于犯罪问题。

3. 审判阶段：一是违法所得数额问题；二是有无遗漏法定从轻情节问题。

## 三、办案思路与辩护意见

1. 在侦查阶段，重点解决部分行为定性和犯罪数额过大的问题。

该案在侦查阶段，公安机关认定王某某涉嫌非法经营（成品油）、虚开增值税发票等罪名，涉案金额40余亿元。本律师团队重点围绕上述问题开展辩护和证据搜集工作，最终公安机关起诉意见认定非法经营数额降至1.5亿余元，虚开增值税只认定一起200余万元。我们提出，王某某是“代为市场推广”，而不是非法经销，并阐述了五点理由：

（1）王某某是接受具有合法经营资质的成品油批发零售企业的委托，以上述企业的名义进行市场推广，其实际是代表委托企业向买家推销成品油。王某某及部分销售企业均表示，王某某是接受相关企业委托，以企业的名义代为进行市场推广，介绍买家向委托企业购买成品油，委托企业本身均具有合法的成品油批发零售资质。

（2）从货物走向看，王某某也处于代表合法企业市场推广的角色，而非成品油的经销商角色。相关成品油均由合法企业名下油库直接交付给王某某介绍的买家，买家也是按照委托企业的安排到油库提货，王某某自身并不购买成品油也不享有所有权，相关油库记录凭证应当可以证实。因此，王某某明显不符合经销商“先买后卖”并“享有货物所有权”的基本特点。

（3）从资金走向看，王某某仅是买卖双方完成交易的“鉴证人”，即买卖双方为确保资金和货物安全，委托王某某先行代收油款，王某某向委托企业确认收款后，委托企业允许买家顺利提货，买家提货后向王某某确认收货，王某某再将油款打给委托企业，并按照与委托企业的约定收取极低比例的劳务费，其明显是确保资金和交易安全的鉴证人，而非所谓的“经销商”。

（4）从利润情况看，王某某的利润远小于成品油经销商。王某某表示，委托企业允许其按照10—20元/吨标准收取劳务费，而一般批发零售成品油经销商的利润一般在200—500元/吨左右，是王某某利润的20—50倍左右。

以上足以说明，王某某仅是作为委托企业“推广员”的身份获取极小比例的介绍费，而不是通过倒卖成品油谋取高额利润，否则王某某的行为既有违常理也违背市场规律。

（5）王某某的市场推广行为并不违反国家相关禁止性规定，应当视为合法行为。《国务院对确需保留的行政审批项目设定行政许可的决定》，商务部制定的《成品油市场管理办法》等，仅规定成品油批发、零售企业需要获得行政许可和相应资质，但并未禁止成品油批发、零售企业授权个人，以成品油批发零售企业的名义从事成品油销售的市场推广，更没有对相关推广人员提出行政许可或资质要求。因此，王某某的市场推广行为，不存在“违反国家规定”的行为。

上述意见，被公安机关采纳，对于王某某与有资质的成品油购销企业的业务往来，全部从犯罪事实中予以排除。

2. 在审查起诉阶段：确保减少罪名，争取降低涉案数额。

针对涉税犯罪部分，我们提交新证据，协助检察机关理清整个成品油交易流程脉络。

针对公安机关移送的虚开增值税200万元的事实，根据阅卷情况，我们多次与犯罪嫌疑人会见，提交补充的新证据材料，详细理清案件事实脉络，明确了当事人与上游成品油批发零售企业和下游购买成品油相关消费企业之间的关系，证明犯罪嫌疑人并非涉税案件的主体，其既未开具相关税票也没介绍或协助他人开具相关税票。该辩护意见获得检察机关的认可，该罪名在审查起诉环节被排除。

3. 一审审判阶段：通过充分论证，促使一审法院认定了被告人自首情节。

我们认为被告人王某某在到案后如实供述了公安机关此前不掌握的其他罪行，依法应当认定为自首，具有法定的减轻处罚情节。

（1）公安机关在王某某到案前，并不实际掌握王某某等人的具体犯罪事实。

首先，根据受案登记表和立案决定书所示，公安机关虽对王某某以非法经营罪刑事立案，但案情记录中仅是因为发现王某某本人银行账户存在“资金分散流入、交易额巨大且频繁、资金快进快出”等异常情况，并未掌握具体犯罪事实或证据。关于王某某与曾某某之间的犯罪事实，均系王某某等人在2019年11月5日到案之后，根据王某某本人及他人供述的内容发现了具体犯罪线索并逐步调查核实的。可见，在王某某等人到案前，公安机关虽以非法经营罪立案但实际上并不掌握王某某与曾某某等人的具体犯罪事实，而仅发现银行账户存在异常。

其次，公安机关在王某某等人到案前所掌握的情况，已被证明并不存在犯罪事实。证据显示，公安机关在传唤王某某等人到案前，掌握的广东××走私成品油等线索，最终都被证明与王某某无关或是王某某合法的中介推广业务，不存在犯罪事实。可见，公安机关此前掌握涉及王某某的线索，完全与犯罪事实无关。

最后，对同案犯曾某某、陈某某“自动投案”的认定，也证明公安机关在3人到案前，并不实际掌握王某某与曾某某之间的犯罪事实，甚至不掌握同案犯曾某某等人的基本情况。相关犯罪事实都是在3人到案供述之后，逐渐收集证据之后查清的。

（2）王某某到案后如实供述的是公安机关还未实际掌握的本人“其他罪行”而不是“司法机关已掌握的同种罪行”。

辩护人认为，认定是否属于“已掌握的同种罪行”，应当根据以下两条标准判断：一是办案机关是否已经实际掌握；二是实际掌握的内容是否属于“罪行”，而不能简单地以办案机关在法律文件上记载内容为准。最高人民法院2010年12月颁布的《关于处理自首和立功若干具体问题的意见》第3条规定罪行未被通缉，也未录入全国公安机关信息网络在逃人员数据库的，应以司法机关是否实际掌握该罪行为标准。

第一，公安机关在王某某等人到案前，并未实际掌握王某某等人的罪行。公安机关此前既不掌握王某某与曾某某之间的犯罪事实，也没有掌握曾某某、陈某某等同案犯的基本情况。正是基于上述原因，曾某某和陈某某二人才被认定具有“自动投案”的情节，而认定自首。因此，在王某某等人到案供述前，公安机关实际上并未掌握王某某与曾某某之间的罪行。

第二，公安机关前期调查、掌握的内容和证据均被证明与犯罪事实无关，即不属于“罪行”。证据证实，公安机关基于王某某的个人银行账户存在异常遂开展调查，但当时并不确定具体犯罪事实，而此后调查掌握的内容也被证明与本案犯罪事实无关。虽然公安机关的立案决定书载明为“非法经营罪”，但当时调查掌握的事实和证据，实际上不是犯罪行为，自然不属于“已掌握的同种罪行”。

因此，鉴于公安机关此前调查掌握的事实不属于犯罪“罪行”，且之前也不掌握王某某与曾某某之间的犯罪罪行。因此，王某某等人到案后主动供述的与曾某某之间的犯罪事实，应当属于“如实供述司法机关尚未掌握的本人其他罪行”，而不是司法机关已掌握的同种罪行。

王某某在到案后供述了公安机关并不实际掌握的与曾某某之间的犯罪事实，而公安机关此前又未掌握王某某等人任何实际罪行，应当对王某某同样认定为自首，才符合法律规定和客观实际。

4. 二审阶段，我们认为原审会计鉴定与在案证据存在矛盾，聚焦违法所得计算有误的问题，获得二审法院的支持，该案被以事实不清、证据不足为由发回重审。

二审中我们提出，结合全案证据，王某某的实际违法所得数额不超过 50 万元，而不是原审所称的 1000 余万元，司法会计鉴定的收支差额不能直接认定为违法所得。

（1）在案司法会计鉴定不能客观、准确地反映王某某的实际违法所得数额。

第一，该鉴定意见第 1 项没有扣除王某某与曾某某之间的个人借贷和生意往来金额，使交易金额高于实际成品油中介的交易金额，与扣押账本记载的内容存在矛盾。

第二，该鉴定意见第6项没有考虑王某某与马某、陈某某等人之间存在个人往来借贷和其他合法经营的数额，既没有区分合法与非法也没有予以相应剔除，简单地根据账户间总交易额计算收支差价和资金转出比例6.69%，所得比例和数额明显高于实际数额和比例，缺乏客观性和准确性。

第三，该鉴定意见第7项表明“王某某向曾某某所购入油品是并入其他卖家所购油品共同存储销售”，实际上意味着该鉴定没有将曾某某和其他卖家的代销油量进行明确区分，也无法确定王某某为曾某某代销的成品油数量。

第四，该鉴定意见第7项中认定的王某某购入油品差价数额，是依据前述意见第6项6.69%的比例推算所得，但该6.69%的比例本身就是不准确的，由此推算出的差价自然也是错误的。同时，将王某某与他人的总资金转出比例，直接用于推算王某某与曾某某的油品差价，不能必然准确反映王某某与曾某某之间具体的数额和比例，明显不具有逻辑必然性和会计鉴定应有的科学性、准确性要求。

第五，会计鉴定的“收支差额”不能直接等同于刑法意义上的“违法所得”。

出庭的鉴定人在接受询问时也明确表示：其一，“收支差价”与“利润”或“收入”不是同一概念；其二，会计鉴定是基于送检材料中的资金都是购油资金为前提；其三，会计鉴定没有对资金性质进行鉴定，也没有扣除账户流水中的合法资金收支；其四，如果存在合法资金，则会直接影响鉴定结果；其五，如果存在超过会计鉴定记账周期因素如“预收款、应收款、应付款、预付款”等收支款项，也影响鉴定结果。而结合本案证据和成品油交易实际，王某某涉案相关账户大量存在先支后结或先结后支等超出会计鉴定记账周期的款项，还包括与马某碧等人地进行矿产、地产等合法经营资金。因此，辩护人认为本案会计鉴定中的“收支差额”的计算依据和材料本身存在诸多不确定因素，存在较大误差，更不能简单等同于“违法所得”。

此外，辩护人根据该鉴定收支差，推算出王某某平均单价利润超过475.9元/吨（10,453,224.9元÷21,963吨），而上游企业给他的优惠只有

200—300 元/吨，若达到鉴定所示差额，意味着王某某推销的成品油单价至少要高于正常市场价格 175.9 元/吨才可以，这与王某某推销的成品油一直低于市场价格的实际情况相矛盾，也明显不符合基本的市场规律。

（2）根据王某某及同案犯陈某某的供述和在案证人证言，能够确定王某某的中介费单价一般为 10—20 元/吨。王某某和陈某某的供述称，王某某的中介提成费用在 10—20 元/吨。同样是进行成品油买卖中介的黄某、蔡某某、李某某等人的证言也证实，他们在进行成品油的中介过程中，中介费也在 10—20 元/吨。因此，可以证实在成品油中介圈子里，一般都是以 10—20 元/吨作为中介提成价格。

（3）根据陈某某供述和扣押账本记载的内容，可以确定王某某给曾某某推销的成品油总量为 21,963 余吨。根据陈某某供述和扣押账本记载所示，王某某共替曾某某出售 0 号柴油共计 37 笔，21,963 余吨。根据前述 10—20 元/吨的中介单价计算，王某某违法所得在 21 万—43 万余元，这与王某某到案后一直供述的为曾某某卖油赚了二三十万元不超过 50 万元的内容相互印证。

综上，鉴于司法会计鉴定本身不能客观、准确、科学地反映王某某的实际违法所得。特别是该鉴定计算依据和方式存在明显瑕疵，计算结果存在重大误差的可能，其所谓“收支差额”与被告人供述、证人证言和账本等证据存在重大矛盾。辩护人认为应当综合同案犯供述、证人证言和扣押账本记录，结合王某某本人供述，根据有利于被告人的原则，就此认定违法所得数额。

## 四、案件启示

本案的辩护成效体现在诉讼全过程。在侦查阶段，侦查机关认定王某某涉嫌非法经营罪、虚开增值税专用发票罪等罪名，涉案金额 40 余亿元。本律师团队认为，王某某不构成虚开增值税专用发票罪，且大部分非法经营事实不能成立，并提交了相关证据，最终公安机关起诉意见书认定非法经营数额 1.5 亿余元，虚开增值税 200 余万元。审查起诉期间，根据阅卷情况，本律师团队坚持不构成虚开增值税专用发票罪的辩护意见，最终检察机关仅认定非法经营罪一罪。一审期间，本律师团队提出王某某具有自首情节，且违法所得应就低认定为50万元，最后法院虽认定了自首情节，但仍认定违法所得1500余万元，判处王某某有期徒刑8年。二审期间，本律师团队提出量刑过重且违法所得计算有误，二审法院最终裁定发回重审。重审后最终改判王某某有期徒刑5年6个月，违法所得数额50万元，财产刑大幅减少。

回顾办理本案过程，辩护人在梳理案件事实和证据的基础上，坚持全流程有效辩护，取得了良好的效果。在侦查阶段，充分论证了“有瑕疵的授权中介推销”和“无资质的成品油销售”的区别，使其绝大部分成品油销售业务并未被认定为非法经营犯罪，涉案数额得以显著降低；在审查起诉阶段，提出审慎认定虚开增值税发票的犯罪行为的意见，得以在起诉时减少一个罪名；在一、二审阶段，根据自首认定的有关司法解释精神、证据存疑有利于被告人的原则，使法院认定被告人具有自首情节，且违法所得大幅减少，最终取得了较低的刑期和财产刑。

在整个案件办理过程中，我们总结了以下几点感受：

一是对涉及部分专门知识或领域的问题，及时积极协助办案机关理清事实脉络，特别是阐明在共同犯罪中相互之间的地位、层级、作用、分工等，对于案件定性、事实认定、量刑等方面均有重大影响。本案中，成品油交易流程、业务推广是一个相对专业的领域，本律师团队和办案人员均不是很熟悉，为此我们多次咨询中石化、中石油等成品油企业，了解相关业务流程具体情况，并及时向办案机关反馈我们了解的情况，帮助办案机关了解成品油交易过程中的相关流程和分工，使该案在侦查环节最终确认的犯罪数额从40余亿元，下降到1.5亿余元，仅为侦查初始阶段的3.75%。

二是注意从细节上发现可能有利于当事人的重要从轻从宽情节。本案中，公安机关对于王某某犯罪线索取得内容和其到案情况的记录，我们是在经过多次会见和仔细阅卷过程中发现的。团队律师根据在案证据发现，广东公安机关移送的线索认为王某某可能涉及走私犯罪，而云南公安机关在抓捕王某某时相关呈请材料显示尚不掌握具体犯罪事实，所有客观证据，均是根据王某某主动供述后查实的，即由供到证，符合认定主动供述公安机关不掌握的犯罪事实的情况。

三是对于确信可以成立的事实，在各阶段都要尽力坚持完善。本案关于违法所得数额方面，在侦查阶段、审查起诉阶段及一审阶段都没有得到支持，但是律师团队始终坚信违法所得数额认定确有问题，为此，我们在侦查阶段多次申请公安机关调取相关证据材料，多次提交新证据；在审查起诉阶段，我们梳理了全案银行交易流水，对比了若干证人证言，将合法交易流水与涉案交易进行了仔细区分。在一审阶段，我们申请鉴定人出庭，通过法庭调查，当庭取得了对我方有利的鉴定人意见。上述各环节的工作，虽然未能在二审前各诉讼阶段获得支持，却起到不断完善辩方证据锁链的作用。在二审阶段，上述新证据、鉴定人意见及梳理明晰的交易流水等证据，形成了对辩方完整有利的证据锁链，获得了二审法院的认可。最终发回重审，并促使原审法院重审后依法改判，实现了本团队的辩护目的。

# 海南某公司骗取贷款无罪撤诉案

黄　山　司　楠

## 一、基本案情

海南某公司骗取贷款案，是在某市监委（纪委）办理陈某某受贿、挪用公款案过程中发现了案件线索，后由某区人民检察院于2020年6月12日提起公诉的案件。起诉书指控被告单位海南某公司犯骗取贷款罪，被告人陈某某犯骗取贷款罪、挪用公款罪和受贿罪。其中对单位犯罪的指控事实是，海南某公司及其原法定代表人，利用虚假工程资料，先后多次骗取银行贷款共计4700万余元，情节严重，已构成骗取贷款罪。

## 二、案件焦点

1. 本案是单位犯罪还是个人盗用单位之名实施犯罪？

2. 如何理解和适用《刑法修正案（十一）》关于“骗取贷款犯罪”的新规定？

## 三、办案思路与辩护意见

我们律师团队是在该案一审第一次开庭之后接受委托参与诉讼的。此时已有其他律师出庭辩护，鉴于这一现状，我们在不影响案件正常审理程序的情况下，采取为出庭应诉律师团队提供核心意见和辩护方向的方式，最大限度地纠正原有辩护观点，把罪轻辩护向无罪辩护转换。为此，先后拟定四份补充辩护词，交由出庭辩护律师提交法院，最终取得一审法院的认可，督促检察机关撤回对单位犯罪的起诉并最终作出不起诉决定。我们的主要意见包括以下几点。

1. 关于是单位犯罪还是个人犯罪的问题。

我们认为，本案系陈某某为谋取个人利益，盗用海南某公司的单位名义实施的骗取贷款行为，不应认定为海南某公司的单位犯罪。

（1）现有证据证明整个骗取贷款行为系陈某某个人决定并向单位隐瞒了真实情况。

第一，整个贷款过程单位完全不知情。会议纪要、证人证言等证据证实，涉案的虚假贷款合同的签订、申请、资金使用等环节，均未按照单位规定上会讨论或组织领导班子研究，公司其他领导均不知情，而是陈某某个人私自决定并安排人员实施的。

第二，涉案委托收款书、变更通知书等重要资金流转凭证的单位签章系伪造。在案鉴定意见证实，涉案的委托收款书、更名通知函等涉及资金最终流向的重要凭证上的海南某公司的公章均系伪造，亦表明该公司当时并未认可相关贷款行为。

第三，起诉书在对贷款诈骗事实的表述中也明确认定涉案多笔骗贷款项系陈某某“个人决定”。

可见，整个涉案贷款行为未依规上会讨论，公司其他领导不知情，且使用假公章等行为，均表明被控骗贷行为系陈某某个人私自决定并故意向单位隐瞒。

（2）海南某公司在骗贷行为中，没有获取任何利益，反而承担了巨大债务和风险，说明陈某某并非为该公司的单位利益实施骗贷行为。

证据显示，在整个骗贷过程中，仅有陈某某和娇某公司从中受益，陈某某本人借此收受贿赂并意图达成个人业绩，娇某公司则获得大额无息垫资基金。而海南某公司却要承担还本付息的巨大债务风险，最终结果也是由该公司负责偿还全部贷款和本息，并承担了2000余万元的经济损失。可见，在整个骗取贷款行为中，海南某公司不但没有牟取和获得任何利益，反而承受了巨大经济损失。

（3）陈某某盗用海南某公司的单位名义实施骗取贷款犯罪，应按自然人犯罪定罪处罚，不应追究单位的刑事责任。

根据最高人民法院《关于审理单位犯罪案件具体应用法律有关问题的解释》（法释〔1999〕14号）第3条的规定："盗用单位名义实施犯罪，违法所得由实施犯罪的个人私分的，依照刑法有关自然人犯罪的规定定罪处罚。"本案中，陈某某向单位隐瞒真实情况，个人决定骗取贷款给关联公司使用，并从中牟取利益，最终导致海南某公司承担巨大债务责任的后果，明显属于司法解释关于个人盗用单位名义实施犯罪的情形，应当按照自然人犯罪追究责任。

2. 在尚没有相关司法解释出台的情况下，提出并充分论证本案应该适用《刑法修正案（十一）》关于"骗取贷款犯罪"的新规定。

当时，《刑法修正案（十一）》虽已出台，但还没有具体的司法解释。为了使《刑法修正案（十一）》的新规定适用于本案，辩护团队充分学习并引用全国人大常委会法工委、最高人民法院、最高人民检察院在各类官方媒体、期刊上发布的相关讲话或文章，结合本案进行充分论证阐述。

（1）引用相关具有司法解释性质的个案批复。团队律师查找引用最高人民法院的批复中明确表示，即使骗取贷款"数额特别巨大，但提供足额真实抵押，未给银行造成损失，不会危及金融安全的，不构成犯罪"。最高人民法院答复广东省高级人民法院《关于被告人陈岩骗取贷款请示一案的批复》（［2011］刑他字第53号）中明确写明，被告人陈某虽然采用欺骗手段从银行获取贷款的数额特别巨大，但其提供了足额真实抵押，未给银行造成损失，不会危及金融安全。因此，陈某的行为不属于《刑法》第175条之一规定的"有其他严重情节"，不构成犯罪。举轻以明重，如果仅是因为数额特别巨大，既没有造成实际损失，还有真实足额抵押，没有危及金融安全的，更不属于情节特别严重的情况。我们结合本案实际指出，海南某公司涉及的4700万元贷款，均已按时还本付息，未造成银行任何损失，且相关贷款均由上级央企（世界500强企业，资产规模数千亿元）提供真实有效的担保。因此本案可以适用该批复精神。

（2）仔细查阅最高人民检察院对“骗取贷款犯罪”最新权威解读。团队律师经查阅资料发现，《人民检察》2021年4月下半月第二期（总第838期）发表了孙谦撰写的《刑法修正案（十一）的理解与适用》，在“第七条第（三）项关于金融信贷领域犯罪”中关于修改后的骗取贷款罪认定问题明确表示：没有“造成重大损失”则不符合该罪的构成条件，无论是否有其他特别严重的情节，均无法构成该罪的基本犯，更不能直接适用加重犯的法定刑，因此不能直接以第二档刑罚中的“有其他特别严重情节”定罪处罚。团队律师认为，该理解和解读精神与最高立法机关的立法解读及最高审判机关的批复精神一致，再次表明本案中被告单位不构成骗取贷款罪。我们恳请一审法院将上述文件作为研究处理本案的重要参考，以及作为建议同级检察机关撤回起诉的重要依据。

（3）将最高立法机关出版的立法解读，作为辩护的有力抓手和关键依据。2020年12月26日全国人大常委会通过《刑法修正案（十一）》，该修正案对骗取贷款罪的入罪标准进行了重大修改。此后，全国人大常委会法工委刑法室编写颁布了《刑法修正案（十一）解读》，明确了“骗取贷款罪”的入罪标准和“其他特别严重情节”的把握标准。该解读第11条中多次明确强调“向银行等金融机构融资过程中存在违规行为，使用了欺骗手段获得资金，但归还了银行资金，未给银行造成重大损失的，不作为犯罪处理”；“实践中对于偿还了银行贷款，或者提供了足额真实担保，未给银行造成直接损失的，一般不应追究的刑事责任”；“其他特别严重情节一般应当以造成重大损失为条件”。据此可见，最高立法机关的立法释义对于“骗取贷款罪”的入罪标准已做修改，包括认定“其他特别严重情节”，一般都要满足给金融机构“造成重大损失”为要件。本案中，海南某公司在贷款时提供了上级央企确认的真实有效的担保，贷款后均按期还本付息，偿还了全部贷款，未给银行造成任何实际损失（该事实情节亦得到起诉书确认），故不应认定为

“骗取贷款罪”。

（4）面对检察机关坚持适用旧的司法解释的主张，本团队根据“从旧兼从轻”的刑法适用原则，提出不应再追究被告单位海南某公司“骗取贷款罪”的刑事责任。即使不考虑本案中证明“单位决定”“单位获益”的证据明显不足，以及对于“个人盗用单位名义实施犯罪”的追责问题，仅根据修改后“骗取贷款罪”入罪标准的变化，按照“从旧兼从轻”的刑法适用原则，也不应再追究海南某公司的刑事责任。

## 四、案件启示

最终检察机关撤回起诉并对海南某公司作出不起诉决定，使该企业既避免了承担巨额退赔和财产刑，也避免了被列入重大工程“黑名单”，确保企业得以正常稳定经营。

海南某公司骗取贷款案，系当地第一例依据《刑法修正案（十一）》关于骗取贷款罪的有关修改规定，撤回起诉并作出不起诉决定的案件。我们律师团队虽然在该案第一次庭审后介入案件，但我们与出庭应诉律师团队配合默契，抓住了最后的宝贵机会。根据当时刚刚出台的《刑法修正案（十一）》的有关最新规定，以及全国人大常委会法工委立法工作人员编写出版的《关于刑法修正案（十一）的解读》、最高人民法院和最高人民检察院相关领导的对《刑法修正案（十一）》的相关权威解读及有关文件，提出了具有充分依据的辩护意见。

在办理此案过程中，由于案件的特殊性，辩护工作压力极大，但是我们律师团队经过反复研究，认为本案单位犯罪不能成立，坚持改变之前出庭律师团对罪轻的辩护意见，并提出多份理由充分、依据翔实的补充辩护意见，取得合议庭的高度关注，在第一次开庭之后，先后又组织两次开庭，专门对单位犯罪问题开展法庭调查和辩论，争取到了宝贵的再次阐述辩护意见的机会，并最终扭转了本案单位犯罪处理的走向，以检察机关撤回起诉并作出不起诉决定圆满结束。

# C 公司互联网售彩非法经营撤销案

贾朝阳

这是笔者承办的一起某互联网公司涉嫌非法经营罪案件。

通过有效的“审前辩护”，辩护人使公安机关改变了前期的错误认识，没有继续推进刑事程序，涉案高管之一 R 某得以在除夕来临之际走出看守所的高墙，“回家过年”，与家人团聚。

虽然该案尘埃落定，但“非法经营罪”仍然像一把“达摩克利斯之剑”一样高悬在千百个同样踩踏过“互联网销售彩票”这一灰色地带的网络公司头上。感慨系之，笔者特以该案为例，详细分析讨论“互联网售彩”行为涉罪的相关问题，以期对这一问题的讨论和理解更加深入。

## 一、基本案情

随着“互联网+”商业模式的不断发展，为满足广大彩民“足不出户买彩票”的需求，从20世纪末开始，全国各地多家体彩中心、福彩中心的代销商（包括个体代销商和代销公司两类，以下统称“出票方”）开始从事通过互联网销售彩票的业务。该业务的基本模式为：“出票方”与信息网络技术公司签订合作协议，由网络公司开发移动客户端（手机App），网民注册账户后，可以在线浏览各地与平台合作的“出票方”福利、体育彩票信息并直接下注购买彩票。每期彩票开奖完毕后，彩票平台公布中奖号码，并对获奖100万元以下的中奖者提供“自动兑奖”服务——由“出票方”通过购彩平台先行兑付彩民，之后再与相关彩票中心进行结算。网络公司作为技术服务提供者向签约的“出票方”依约定比例收取5%—8%的服务费。

上述互联网购彩原理与用户通过“淘宝”“美团”等软件购物、订餐原理基本相同，区别只在于所购为“彩票”这一特殊标的，如图1所示。

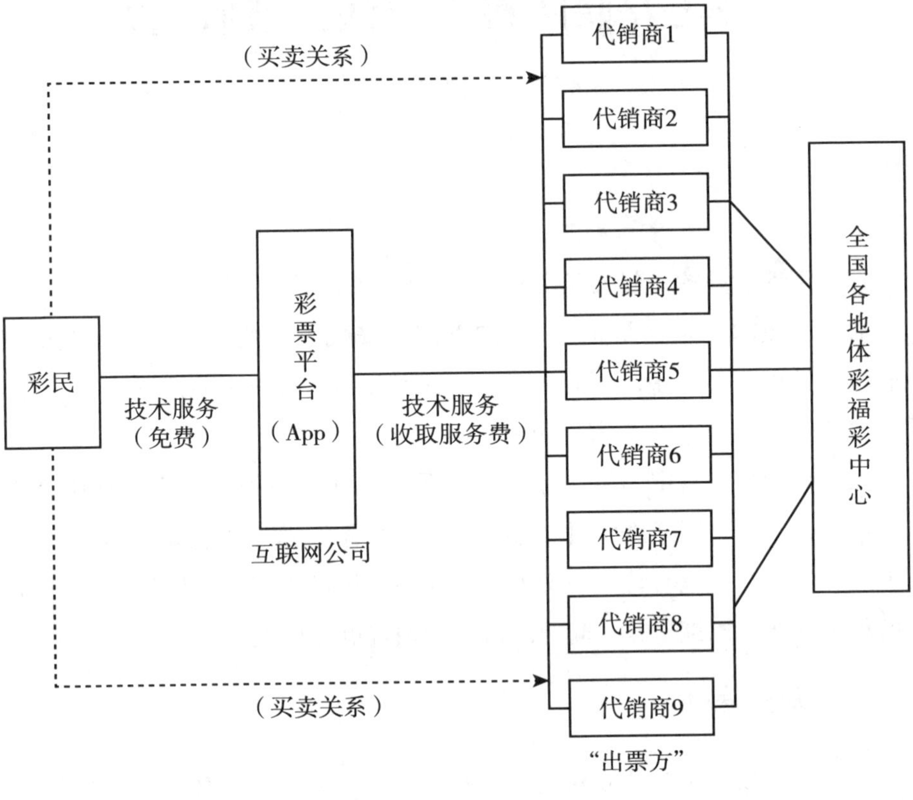


**图1　互联网购彩原理**

涉案C公司就是依照上述模式开展互联网售彩业务的。2016年以来，该公司利用网络技术优势，开发了“人人赢”“天天中”等移动客户端，与散在全国各地的多家“出票方”签订《彩票技术合作协议》，使全国各地彩民在以手机号码注册后便可通过支付宝、微信等第三方支付机构在线下注购买彩票。

2018年8月16日，财政部、民政部、国家体育总局修订《彩票管理条例实施细则》（自2018年10月1日起施行），在其第7条第1款中增加一项作为第5项，将擅自利用互联网销售的福利彩票、体育彩票界定为“非法彩票”，C公司遂停止开展该项业务。但2018年10月修订的实施细则生效后，

C公司注册地公安机关仍以涉嫌非法经营罪为由对该公司及相关工作人员立案侦查，拘捕包括高管在内的多人。

## 二、案件焦点

C公司通过与“出票方”开展“互联网售彩”合作业务，收取服务费的行为是否构成非法经营罪？

## 三、办案思路与辩护意见

依据我国《刑法》第225条之规定，非法经营罪是指违反国家规定，故意从事非法经营活动，扰乱市场秩序，情节严重的行为。所谓非法经营，是指以下四类行为：（1）未经许可经营法律、行政法规规定的专营、专卖物品或者其他限制买卖的物品的；（2）买卖进出口许可证、进出口原产地证明以及其他法律、行政法规规定的经营许可证或者批准文件的；（3）未经国家有关主管部门批准非法经营证券、期货、保险业务的，或者非法从事资金支付结算业务的；（4）其他严重扰乱市场秩序的非法经营行为。在本案中，C公司的业务是为彩票销售提供互联网技术服务，并未实施《刑法》第225条第1项至第3项所规定之行为，故只能考虑其经营活动是否属于“违反国家规定”的“其他严重扰乱市场秩序的非法经营行为”，从而基于《刑法》第225条第4项之规定构成非法经营罪。

笔者认为，从非法经营罪的成立要件来看，C公司以及相关“出票方”的经营活动并没有在刑法意义上违反“国家规定”，C公司并不因参与或帮助“出票方”的非法经营活动而构成非法经营罪的共犯；从行为的实质危害性来看，C公司经营活动也欠缺应当科处刑罚的法益侵害性和社会危害性，因此其不能构成刑法规定的非法经营罪，详述如下。

1. C公司以及“出票方”的行为并未违反“国家规定”，不符合非法经营罪构成要件的该当性。

《刑法》第225条明确规定，认定非法经营罪以行为人的行为“违反国家规定”为前提。根据《刑法》第 96 条之规定，刑法中的“违反国家规定”，是指“违反全国人民代表大会及其常务委员会制定的法律和决定，国务院制定的行政法规、规定的行政措施、发布的决定和命令”。为避免不当扩张刑事处罚的范围、确保刑法的谦抑性和补充性，2011 年 4 月 8 日最高人民法院《关于准确理解和适用刑法中“国家规定”的有关问题的通知》（法发〔2011〕155 号）提出：应当审慎认定刑法中“国家规定”的范围。其中，“国务院规定的行政措施”应当由国务院决定，通常以行政法规或者国务院制发文件的形式加以规定。对于违反地方性法规、部门规章的行为，则不得认定为“违反国家规定”。该通知第 3 条还特别强调，在审理非法经营犯罪案件时，要依法严格把握《刑法》第 225 条第 4 项的适用范围，不能草率地以行为人违反国家规定为由，认定其实施了“其他严重扰乱市场秩序的非法经营行为”。尤其值得提出的是，为贯彻党中央依法保障和促进民营经济健康发展，最高人民检察院于 2018 年 11 月 15 日发布《规范办理涉民营企业案件的 11 个执法司法标准》，强调严格适用非法经营罪，防止刑事打击扩大化，对民营企业的经营行为，法律和司法解释没有作出明确禁止性规定的，不得以非法经营罪追究刑事责任，具体包括：严格按照刑法规定理解和适用非法经营罪中的“违反国家规定”；严格按照法律和司法解释，慎用《刑法》第 225 条第 4 项“其他严重扰乱市场秩序的非法经营行为”的兜底条款，对于法律和司法解释没有明确规定，办案中对是否认定为非法经营行为存在分歧的，应当作为法律适用问题向最高人民法院请示；严格把握认定标准，坚决防止以未经批准登记代替“违反国家规定”的认定。

通过对现行法律规定的系统检索和研究，我们可以清晰地看到：迄今为止，我国尚无全国人民代表大会及其常务委员会制定的法律或者国务院制定的行政法规明确禁止通过互联网销售彩票的行为。“互联网售彩”只是以财政部为主导的相关部门规章所禁止的“违规”行为，与“非法经营罪”中入罪要件的“国家规定”相去甚远（见图 2）。

**行政法规**

**部门规章**

**1991年12月9日**

《国务院关于加强彩票市场管理的通知》（国发〔1991〕58号）（现行有效）
第二条　发行彩票的批准权集中在国务院。
第七条　未经国务院批准，一律不得发行彩票。
（对于互联网售彩问题尚未提及）

**2001年10月30日**

《国务院关于进一步规范彩票管理的通知》（国发〔2001〕35号）（2015年11月27日已失效）
一、彩票发行的审批权集中在国务院，任何地方和部门均无权批准发行彩票。
二、财政部负责起草、制定国家有关彩票管理的法规、政策；管理彩票市场，监督彩票的发行和销售活动。

**2002年3月1日**

财政部《彩票发行与销售管理暂行规定》（财综〔2002〕13号）
第十条　禁止利用因特网发行、销售彩票。

**2007年12月24日**

财政部、民政部、国家体育总局《关于彩票机构利用互联网销售彩票有关问题的通知》
（重申不得利用互联网发行销售彩票）本通知下发前，已经利用互联网开展彩票销售业务的彩票机构及其网站，自通知下发之日起，一律停止利用互联网销售彩票。

**2009年5月4日**

国务院发布《彩票管理条例》（国务院令第554号）（现行有效）（无专门提及互联网售彩问题）

**2010年9月26日**

财政部印发《互联网销售彩票管理暂行办法》
第四条　未经财政部批准，任何单位不得开展互联网销售彩票业务。

**2012年1月18日**

财政部、民政部、国家体育总局《彩票管理条例实施细则》
（未提及互联网售彩问题）

**2015年4月3日**

财政部、公安部、国家工商行政管理总局、工业和信息化部、民政部、中国人民银行、国家体育总局、中国银行业监督管理委员会《关于利用互联网销售彩票行为有关问题的公告》（2015年第18号）
三、利用互联网销售彩票业务必须依法合规。……未经财政部批准，任何单位不得开展互联网销售彩票业务。

**2016年4月28日**

财政部、公安部、工商总局、民政部、体育总局《关于做好查处擅自利用互联网销售彩票工作有关问题的通知》
二、严禁彩票发行销售机构及其代销者擅自利用互联网销售彩票。……三、严厉查处网络公司等单位和个人擅自利用互联网……

**2018年8月8日**

财政部、中央文明办、国家发展改革委、工信部、公安部等十二部委联合发布公告（2018年第105号）
进一步规范彩票市场秩序，综合治理擅自利用互联网销售彩票行为……

**2018年8月16日**

财政部、民政部、国家体育总局修改《彩票管理条例实施细则》（10月1日起施行）
二、在第七条第一款中增加一项，作为第五项：（五）擅自利用互联网销售的福利彩票、体育彩票。

图2　相关规定

如图2所示，从20世纪90年代初到21世纪初将近20年的时间，国务院关于规范福利彩票、体育彩票发行销售的文件先后只有3个。

（1）1991年12月9日发布的《国务院关于加强彩票市场管理的通知》（国发〔1991〕68号）（现行有效）；

（2）2001年10月30日发布《国务院关于进一步规范彩票管理的通知》（国发〔2001〕35号）（2015年11月27日已失效）；

（3）2009年5月4日颁布的《彩票管理条例》（国务院令第554号）（现行有效）。

且不论前两个“通知”是否属于严格意义上的“行政法规”，但3个文件中均未就“互联网售彩”问题进行过具体规定。但财政部却早在2002年的《彩票发行与销售管理暂行规定》（财综〔2002〕13号，现已失效）就开始专门就“互联网售彩问题”进行具体的规制——“禁止利用因特网发行、销售彩票”。此后的规定虽然逐年频繁、细化，联合相关执法部门也越来越广泛，但始终将这一问题停留在“部门规章”规制的层面（这里也暂且不论财政部主导下的多次“通知”和“公告”是否属于严格意义上的“部门规章”），而没有上升到“行政法规”规制的高度。即使作为本案入罪依据的由财政部、民政部与国家体育总局于2018年8月联合修订的《彩票管理条例实施细则》也只是部门规章而非国务院颁行的行政法规。

所以，既然修订后的《彩票管理条例实施细则》和之前众多的部门“通知”“公告”至多是部门规章，且C公司在修订后的《彩票管理条例实施细则》施行前就已经不再参与互联网销售彩票业务，自然就不得以其违反该实施细则为由，认定其违反“国家规定”，构成非法经营罪，至多可以认定其是违反了之前“通知”“公告”规定的违规行为。

2. C公司客观上欠缺发行、销售彩票的行为，同时也不可能构成非法经营的共犯。

我们还注意到，与彩票销售相关的现行法律规定和司法解释中，《关于办理赌博刑事案件具体应用法律若干问题的解释》（法释〔2005〕3号，自

2005年5月13日起施行）似乎可以成为C公司及相关“出票方”入罪的依据。但在本案中，同样不能依据该条司法解释认定C公司构成非法经营罪。

上述司法解释第6条规定，只有未经国家批准擅自“发行”或者“销售”彩票的，才可能构成非法经营罪。在本案中，与C公司合作的广州x公司、江西y公司以及上海z公司等单位均与相关彩票代销商以及各地体福彩中心签订了合作协议，都是具有彩票销售资质的“出票方”。C公司与这些“出票方”合作，显然并未实施“发行”彩票的行为，同时，其为“出票方”的合法销售行为提供技术服务与支持也不应被等同为“销售”行为本身。

事实上，对本案中的各方民事法律关系稍加仔细考察就不难发现，真正在销售彩票的并非C公司，而是与C公司合作的各个“出票方”。在本案中，“出票方”与C公司之间具有委托合同关系，即C公司受“出票方”的委托，通过“人人赢”等彩票平台向彩民提供与“出票方”公司对接的数据接口，使彩民可以通过这些互联网平台向“出票方”购买彩票。而真正的彩票买卖关系，则发生在彩民和“出票方”之间。由此可见，在本案中，“销售”彩票的其实只是与C公司合作的“出票方”，彩民与C公司之间并不存在民事上的彩票买卖关系，从而就不能认为是C公司在“销售”彩票。事实上，C公司在与“出票方”公司签订的《彩票技术合作协议》中也明确约定，C公司不参与“出票方”的彩票销售业务。C公司、“出票方”和彩民这几方当事人之间的民事法律关系清晰地表明，C公司在本案中实际上并未实施“销售”彩票的行为，故不能依据前述司法解释的规定，认定其构成非法经营罪。

同时，C公司不仅没有自己实施发行或销售彩票的行为，其也不能因参与或帮助“出票方”的非法经营行为而构成非法经营罪的共犯。因为根据刑法中的共犯从属性原理，只有当实行犯本身实施了具有刑事违法性的行为时，对之提供支持和帮助的，才可能构成共犯。如前所述，与C公司合作的众多“出票方”均是具有相应彩票销售资质的“出票方”，所售彩票均为真实的福利彩票和体育彩票。“出票方”的彩票销售行为本身就欠缺刑事违法性，不符合非法经营罪的构成要件，自然不能认定C公司因为对“出票方”的彩票销售行为提供支持和帮助而构成非法经营罪的共犯。

3. 从社会危害性的实质考察，C公司并未侵害非法经营罪所保护的法益。

在现代法治国家中，国家对于公民基本权利的干涉必须遵循比例原则，即这种干涉必须是实现特定正当目的的必要措施。刑罚是国家对于公民基本权利最为严厉的干涉，因此，刑法具有谦抑性和补充性，其必须是国家维护合法权益的最终手段。换言之，只有当无法以其他方式维护正当利益时，才能对行为人科处刑罚。刑法的这种谦抑性和补充性，也使对刑事违法性的认定具有不同于其他部门法律的独特性，特别是不能将行政违法性等同于刑事违法性。在判断行为人的行为是否具有刑事不法、是否构成犯罪时，必须从实质的角度考察，相应行为是否确实具有法益侵害性和社会危害性，是否达到了应当科处刑罚的不法程度。

综上所述，C公司的行为虽然在形式上表现为未经国家有关部门批准而为互联网彩票销售提供网络技术服务，但是，这充其量只能表明其经营活动具有行政违法性，尚不能据此得出其行为具有刑事违法性、应构成刑事犯罪的结论。要认定C公司构成非法经营罪，还必须结合该罪所保护的法益，考察C公司的经营活动是否具有实质的法益侵害性，体现出了应当被科处刑罚的社会危害性。在我国《刑法》中，非法经营罪被规定为扰乱市场秩序的犯罪，根据体系解释的基本原理，该罪所保护的法益应当是社会主义市场经济秩序。与此相应，只有当行为人的行为能够被评价为严重扰乱市场秩序的非法经营行为时，才能认定其构成本罪。本案中，C公司虽然通过设置“人人中”等网络平台为彩票销售业务提供技术服务，但是，与之合作的广州x公司、江西y公司以及上海z公司等“出票方”均与相关彩票代销商签订有合作协议，彩民通过C公司的彩票平台所购得的也确实是由国家统一发行和管理的真实、正规的体育和福利彩票，相应彩票销售收入中的绝大部分（90%

以上）也都最终进入了各省体彩、福彩中心和中央财政的账户。国家发行体育、福利彩票的根本目的在于筹集资金资助社会公益事业和福利事业，彩民通过C公司的网络平台购买正规彩票，无疑增加了中央和地方能够用于公益和福利事业的资金，从而实现了国家允许开展彩票业务的目的。换言之，C公司通过设置网络彩票平台，促进了正规彩票的销售，有利于扩大中央和各地的财政收入，有利于筹集社会公益资金促进社会公益事业与福利事业的发展。既然如此，就不能将其行为视为具有高度社会危害性的刑事不法行为。事实上，我国迄今为止的司法实务也仅将擅自非法发行、销售“私彩”的行为评价为非法经营活动并对之科处刑罚。因为这些行为才具有扰乱国家对彩票业务的经营和管理、严重妨害彩票市场秩序的社会危害性。本案中，C公司的经营业务与擅自发行、销售“私彩”的行为具有显著的差别，难以认定其具有应当予以刑事处罚的法益侵害性。

当然，通过互联网销售彩票，即便所销售的是正规彩票，也仍然可能导致部分社会问题。譬如，若不对此加以限制，就容易放任彩民的好赌心理，导致其痴迷购买彩票，从而扭曲发行彩票旨在促进社会公益事业和福利事业的初衷。正是为了防范这种风险，财政部才多次单独或联合其他部门，明确禁止未经其批准，擅自利用互联网销售福利彩票与体育彩票。但是，虽然互联网彩票销售业务存在这种危险，却也不能以此为由，倒因为果，认定C公司的经营活动具有实质的刑事违法性，构成非法经营罪的理由。

综上所述，在本案中，C公司的经营活动从形式上并未违反刑法意义上的“国家规定”，也并不因参与或帮助他人的非法经营活动而构成非法经营罪的共犯；从本质上欠缺应当科处刑罚的法益侵害性和社会危害性，因此不能认定C公司构成非法经营罪。

## 四、案件启示

毋庸置疑，时至今日，“互联网+”的商业模式不仅勃兴于民间，渗入我们的日常生活，其也是中央大力号召和鼓励的创业方向。

然而，互联网是不是什么都可以“+”？毒品不能加，枪支弹药不能加，淫秽物品不能加……这些凭借普通生活常识就可以得出准确答案。但金融产品可不可以加？彩票可不可以加？如何加？这些问题的答案似乎不再那么清晰和明确。巨大的商机和模糊的政策下，许多民营企业家莫衷一是、如履薄冰的探索中，有些人一夜暴富成名，成为创业精英；有些人则突遭飞来横祸，身陷囹圄。于是，我们看到了一波尚未平息一波又来侵袭的“P2P”雷暴潮延续十余年之久，我们看到了类似本案“互联网售彩”等种种“非法经营罪”。我们还看到，在乱象丛生的背后，是政策和执法标准时而沉默、暧昧，时而又激进、“变脸”的怪象。

是的，在“互联网售彩”问题上，我国相关政策也一直缺乏稳定、清晰的界定。如本文所论，从立法轨迹看，国家始终把对“互联网售彩”的规制限定在一个较低的层级上——财政部主导的“部门规章”，最高立法层对这一新生事物始终避而不谈，不愿直接介入；在部门规章的层面也并未将其斥为洪水猛兽，而只是强调要经过“审批”，依规进行。但实践中“有关部门”又始终没有正式打开审批的大门，据业内人士传说也曾审批过一两家，究竟花落谁家，无从查考。相当程度上，也正是这种摇摆的做法和“暧昧”信号催生了全国各地为数众多的“出票方”和互联网公司开始“摸着石头过河”。

不知是否巧合，2022 年以来接手的几个案件几乎都与民营企业家有关。而办案中让人感慨最多也哭笑不得的是，当事人的诉求出奇得一致。不管案件最终怎么办，先想办法让人“出来”吧！不只是渴望高墙外的自由，不只是渴望“回家过年”与亲人团聚，更加忧心如焚的是——这样在“里面”待着，企业就彻底毁了！

是的，高墙内的他们不是只有一堆空壳公司的江湖骗子，他们有实实在在的产业，有数百、数千甚至数万人的员工，一朝身陷囹圄，一切陷入停摆和更加恶性的循环之中……

近年来，保护民营企业家合法权益的呼声日益高涨，从个案的纠正到最高层级的讲话、政策以及一部部司法解释的推出也释放着积极的信号。然而，具体到个案中往往并不那么简单。“门好进”“脸好看”并不等于“事好办”。有时还能清晰感受到在大力号召的主旋律之下，反其道而行之的诡谲和暗流涌动。

作为刑辩律师，如何在这样的时代背景下为当事人争取最大化的合法权益，需要的是不仅是专业、精准的法律判断和分析，还要有不厌其烦、坚持不懈和斗智斗勇的精神和技巧。风雨如晦，鸡鸣不已；筚路蓝缕，以启山林。这也是刑辩律师的使命所在吧。

# 林某危险驾驶无罪撤诉案

裴　埌　张　峰

## 一、基本案情

林某因涉嫌危险驾驶罪被起诉。北京市东卫律师事务所接受北京市法律援助中心的通知，指派裴埌律师、张峰律师担任林某案件一审阶段的辩护人。

承办律师在接受案件时还了解到，受援人即被告人在审查起诉阶段已认罪认罚并接受检方的量刑建议，这意味着该案的辩护空间已经非常有限。

深入了解案情后，在开庭前以无罪辩护的策略和方案与办案机关多次交流沟通，最终取得开庭前检方撤回起诉的辩护结果，受援人对承办律师的工作表示充分肯定，特送锦旗以表感谢。

## 二、案件焦点

律师接受委托后，虽然知道被告人已经认罪认罚并接受量刑建议，但是深入了解案情后，发现本案指控事实和证据存在不少问题，并且直接涉及犯罪的成立与否问题。在此情况下，律师是否应当提出无罪辩护，被告人是否同意律师如此辩护成为本案的焦点。

## 三、办案思路与辩护意见

1. 接到指派案件后，受援人已认罪认罚并接受检方的量刑建议。

辩护律师接到指派，通过起诉书了解到该案属于醉驾型危险驾驶案件。

通常，为此类案件提供辩护服务时，被告人是否饮酒、酒精检测结果是否达到入刑标准这两个问题属于辩护的重点。酒精检测结果大于等于 80mg/100ml 即可构成醉驾型危险驾驶罪。

根据起诉书指控，被告人呼气式酒精检测结果为 248mg/100ml，抽血检测结果为 147.8 mg/100ml，两项检测结果均已达到入罪标准。而且被告人在审查起诉阶段已签署认罪认罚具结书，同意检方量刑建议，希望通过认罪认罚来争取从轻处罚。

2. 经深入了解案情，辩护人发现本案被告人饮酒量存疑。

辩护人阅卷后，对在案证据进行了深入研究，发现被告人口供与在案的证人证言等证据在其饮酒量多少这一事实上不能相互印证。就这一事实，辩护人向被告人多次沟通案发时的细节问题，最后确定被告人本人实际不清楚其饮酒量为多少，只能大概估计是一瓶啤酒。按照办案经验，如果其饮酒量少于一瓶啤酒，那么血液中酒精含量的结果可能会达到酒驾的标准，不一定能达到需要承担刑事责任的醉驾标准。针对被告人饮酒量这一焦点，现有在案证据不能达到排除合理怀疑的标准，按照有利于行为人的原则，在审判时应做有利于行为人的推定。在被告人饮酒量不能确定的情况下，酒精含量检测结果成为该案能否对被告人定罪处罚的重要证据，也成为辩护律师辩护时的重点。

3. 醉驾型案件定罪的重要标准是血液中酒精含量的鉴定结果，在案证据显示据以定罪的证据存在取证程序违法的问题。

根据规定，认定被告人是否属于醉驾的依据为血液酒精含量检验鉴定意见。审核鉴定意见需要对检材取证、送检、鉴定等多个环节是否合法进行审查。在该案中辩护人发现，对被告人抽血取证时形成的当事人血样提取登记表存在涂改痕迹，此处记录得不严谨或许是一个线索，需要深入审查取证时是否存在问题。依照司法解释规定，公安机关在查处醉驾案件时应同步拍照、录音或者录像。本案从法院复制的案卷材料中，附有 3 个光盘，光盘中为公安人员执法记录仪在本案执法过程中拍下的同步录音录像，其中共 49 份视频，记录了本案查处执法与抽血取证的过程。辩护人对同步录音录像审查后发现本案存在违法使用含醇类消毒液抽血取证、抽取血液样本量不足、送检血液未进行抗凝处理、血液未进行低温保存等问题。承办律师结合大数据案例检索，反复推敲案件中的各个辩护点，最终确定以“违法使用含醇类消毒液抽血取证”作为主要辩护点。

本案中，办案人员对被告人抽血提取检材时用的消毒液是“安尔碘”（俗称碘酒）。依据国家强制性标准《车辆驾驶人员血液呼气酒精含量阈值与检验（GB19522—2010）》，其中明确禁止在酒驾案件抽血取证时使用醇类药品消毒。安尔碘的乙醇（酒精）含量为65% ±5%，已接近医用酒精的乙醇含量（70%—75%），在抽血时使用安尔碘做消毒液可能会对抽取的血液造成污染，皮肤表面微量的酒精混入抽取的少量血液中，可能会对血液中的酒精含量的检测结果产生重大影响。血液中的酒精含量检验鉴定意见需要根据按规定提取的血液检材作出，本案对被告人抽取血液取证时存在严重的违法问题，工作人员违法取证可能已对抽取的血液检材已造成严重污染，依据被污染的检材做出的检验结果可能不准确，不能证明案发时被告人血液中准确的酒精含量。该鉴定意见的准确性，决定着被告人是否需要面临刑罚处罚，以及是否会有受刑罚后引发的工作生活上其他影响。经辩护人分析，若从鉴定意见依据的检材被污染，鉴定结论可能不准确入手，则很有可能说服法院在审判时不采信该鉴定意见证据。

4. 经研究论证，辩护人决定以无罪辩护的策略，选择开庭前即与办案人员谈判沟通，为被告人尽早争取最有利的结果。

找到有力的辩护点后，采取什么辩护策略才能发挥出最好的有效辩护效果？辩护人起初对该案选定两套辩护方案：（1）无罪辩护；（2）罪轻辩护，量刑争取免予刑事处罚。不同的诉讼策略，可能会直接导致案件不同的结果。首先，司法机关工作人员在案件的侦查阶段、审查起诉阶段已做了大量的工作，无罪辩护的成功率可能较低。其次，被告人已认罪认罚，辩护人选择无罪辩护的策略会导致被告人认罪认罚不能被认定，审判后的量刑可能高于检察机关的量刑建议。选择罪轻辩护，争取免予刑事处罚的量刑，应当是风险较小的方案，但被告人会留下受过刑事处罚的记录。面临无罪辩护可能导致的诉讼风险，承办律师与律所内多位刑事辩护专家进行深入研讨，针对本案诉讼策略的选择问题进行论证。结合本案案情，审判时距离案发间隔时间较长，已无法再次抽血取证，若在案据以定罪的鉴定意见不能采信，控方客观上应无法再就鉴定意见补充证据。最后，经被告人同意，辩护人决定采取无罪辩护的辩护策略。

确定辩护策略后，为能达到说服法官的辩护目的，还需要对全案辩护点进行取舍，对采用的辩护观点还需进行主次的顺序安排，以系统详细的辩护方案与办案人员沟通。最后本案辩护方案确定为：以取证中程序违法作为主辩护点。为达到主辩护点的辩护效果，配合以下工作：选出案卷光盘中录音录像证据最能真实清晰记录违法取证的片段，将视频片段的所在位置、时间、内容等进行整理提取形成书面材料，将相似案例的无罪判例形成检索报告，附明相关法律规定；以被告人自首到案、未造成危害结果、案件部分事实不清等作为辅助辩护点，综合形成系统的辩护方案。

为尽早争取有效辩护的结果，辩护人选择开庭前即与办案机关沟通，希望先说服法官，进而达到与检方谈判的目的。提前亮明辩护方案，以无罪辩护的策略争取检方在开庭前撤回起诉。经多次谈判沟通，案件承办法官及检察官均接受了辩护人提出的无罪辩护意见。一审开庭前，检察院决定撤回起诉，案件承办法院作出准许撤回起诉裁定书。

## 四、案件启示

我们在开庭前以无罪辩护的策略和方案与办案机关多次交流沟通，最终取得开庭前检方撤回起诉的辩护结果，受援人对承办律师的工作表示充分肯定，同时表示对法律援助律师为其争取到的辩护结果非常满意，特送锦旗以表感谢。

# 王甲受贿无罪案

刘　洋

## 一、基本案情

2007年，时任D银行董事王甲与时任D银行T分行行长助理的王乙相识。2009年12月至2012年10月，王甲与王乙共同生活，且双方约定各自办理离婚手续后结婚。王乙还把其银行卡交给王甲，将工资、奖金等收入转入该银行卡中供二人共同生活使用。

2009年年底至2010年年初，D银行开展公推选拔后备干部，王甲遂向D银行党委书记唐某、D银行纪委书记林某推荐王乙，王乙参加公推并入选后备干部。其间，王乙给予王甲包括工资、奖金在内共计人民币189.5万元，后王甲用该款及王甲本人积蓄购置××家园房产一处，用于二人共同生活。

2010年9月，为筹备二人两个孩子的出国留学费用，王乙向朋友借款120万元，汇入王甲名下的银行卡中，供筹备两个孩子出国留学费用。

2009年2月至2010年11月，D银行某分行下属支行在办理业务过程中违规操作，造成巨额资金损失风险。2010年12月，D银行开展内部违规调查，时任D银行某分行党委副书记的王乙面临被追究相关责任的风险。王甲向时任D银行党委书记唐某、纪委书记林某及银监会干部孙某说情，希望在处理上分清责任，对王乙免予或从轻追责，王甲将其参加相关会议得知的调查处理信息告知王乙。2012年1月，王乙受到通报批评。

2011年8月、10月，王乙安排助理将获得的风险金奖励30万元、40万元分别汇入王甲账户。

2011 年、2012 年王乙先后两次起诉离婚，因王乙妻子以自杀等过激行为不同意离婚，王乙无奈以撤诉告终。

2012 年 9 月，王乙向他人借款 230 万元，作为双方子女留学筹备费用，并通过转账方式转给王甲账户，2012 年 10 月，王甲与王乙结束关系，不再同居。

案发后，B 市人民检察分院经审查认为，王甲为王乙在职务晋升以及追责处罚上谋取利益，并收受王乙贿赂 600 余万元，构成受贿罪，向 B 市某中级人民法院提起公诉。B 市某中级人民法院经审理后，认定其中 189.5 万元为王甲收受王乙的贿赂款，对其余款项未予认定。后 B 市人民检察分院向 B 市高级人民法院提起抗诉。

## 二、案件焦点

王甲与王乙共同生活期间，王乙给付王甲的钱款能否认定为王甲受贿?

## 三、办案思路与辩护意见

本案基本事实清晰，在王甲、王乙二人共同生活期间，王乙将工资、奖金、借款等钱款基本上都交给王甲的事实供、证清晰。因双方是以夫妻名义共同生活，在尚未领取结婚证的情况下，双方的收入及其他财产，虽不是婚姻法意义上的夫妻共同财产，但如认定王甲支配使用王乙钱财的行为性质上是权钱交易，尚未达到证据确实、充分的标准，无法排除二人是在以“夫妻名义”共同生活期间，双方在经济和情感上自愿付出的合理怀疑。据此，辩护人确立了王甲不构成受贿罪的无罪辩护思路。

辩护思路一：王甲与王乙共同生活多年，二人共同生活期间的财产混同，属于“共同共有财产”，双方事实上的婚姻关系排除了以“权钱交易”为特征的行受贿性质的合理怀疑。根据庭审查明的事实，2007 年王甲与王乙相识，经过两年的交往，2009 年 8 月双方确立了恋爱关系，并共同商定各自离婚，组建新的家庭。王甲在 2009 年 12 月办理了离婚手续。后双方开始以

“夫妻名义”共同生活，王乙先后两次向法院起诉离婚，充分证明王甲与王乙是为了结婚组建新的家庭而以“夫妻名义”共同生活的，已经形成了事实婚姻关系，与未在一起共同生活的情人关系有明显区别。

辩护思路二：案件证据材料显示，在王甲与王乙共同生活期间，王乙为担负共同生活费用、二人子女出国留学费用等，基本上将工资、奖金等全部收入汇入了由王甲使用的王乙账户中，由王甲负责支付共同生活费用及两个孩子出国留学费等开支。除日常共同生活费用的支出及两个孩子出国留学费用支出外，王甲还为王乙儿子在国外重病的急救、国内康复等支付了数十万元救治医疗费用。也就是说，从 2009 年 12 月二人开始以“夫妻名义”共同生活起，客观上，双方的财产已混同，实质上双方财产已是共同共有财产。

辩护思路三，根据最高人民法院《关于人民法院审理未办结婚登记，而以夫妻名义同居生活案件的若干意见》第 10 条之规定，“同居生活期间双方共同所得的收入和购置的财产，按一般共有财产处理”。因此，虽然双方未办理结婚登记，但二人同居生活期间，王乙汇入王甲账户的钱款依法属于双方共同所得的收入，属于一般共有财产，这种民事上的共同共有关系足以排除双方之间的行受贿关系。

辩护思路四：王甲与王乙之间的情感是客观存在的，双方之间在共同生活中产生经济往来系双方真实情感的表现，不属于权钱交易下的“感情投资”。

最高人民法院、最高人民检察院《关于办理贪污贿赂刑事案件适用法律若干问题的解释》第 13 条第 2 款规定，国家工作人员索取、收受具有上下级关系的下属或者具有行政管理关系的被管理人员的财物价值 3 万元以上，可能影响职权行使的，视为承诺为他人谋取利益。该款规定的下级对上级的“感情投资”，是与受贿人职务行为关联的“投资”，“投资”的对象是国家工作人员手中的权力，给付的财物则是针对权力的对价，其本质仍然是以权换钱的权钱交易行为。但是，本案中，王甲与王乙的感情是真实客观的，在二人共同生活期间王乙给付王甲的钱款已经转化为一般共有财产，而非下级对上级“感情投资”。其一，王甲与王乙自2009年8月确立恋爱关系，从2009年12月至2012年10月，双方是在建立感情基础上共同生活的。其二，二人共同生活期间的收入及财产混同，王乙将工资卡等工资奖金收入交予王甲并由其支配使用，将借款转入王甲账户，不属于王甲索取、收受具有上下级关系的下属或者具有行政管理关系的被管理人员的钱款，即不属于“感情投资型”受贿。其三，涉案的189.5万元、120万元、70万元、230万元等王乙收入，全部是在双方共同生活期间的一般共有财产，而非行贿钱款。其四，王乙是基于恋人感情、共同生活开支需要给予王甲钱款，并非看中王甲手中的权力，如果王乙要对王甲出于谋取利益需要进行“感情投资”行贿，其完全可以在2007年相识以后就开始实施，而不必等到2009年两人正式确立恋人关系共同生活后。其五，特别重要的事实是，2012年上半年王甲不再担任D银行董事，王甲的职务已经不再对王乙具有任何职务上的便利，王乙已无必要继续对王甲进行“感情投资”。但王乙仍然向王甲书写了保证书，在2012年9月筹措230万元用于孩子留学费用，是王乙基于感情因素给予王甲款物的典型例子。本案显然不属于司法解释规定的“感情投资”受贿。

辩护思路五：王甲推荐王乙并非利用职务便利为王乙谋利。

1. 2010年，D银行开展高管人员后备干部推荐选拔工作。推荐选拔的人选范围较广，可以由各部门多方推荐。本案中，王甲向董事长推荐王乙，符合组织程序，董事长在其证言中也证实当时“对王甲讲举贤不避亲”，王甲只是向上级做了后备人选的口头推荐，并没有利用其职务便利为王乙谋取任何利益。

2. 在D银行内部对王乙处理过程中，王甲只是从工作角度，提出“是不是应当分清责任进行处理”“追究责任应当区别考虑”等意见，王甲的意见并非帮助王乙减轻责任，不属于利用职务便利为王乙谋利的行为。

3. 退一步讲，即使将王甲的行为认定为帮助王乙，但现有证据也不能排除王甲系出于感情对王乙提供了帮助，不应认定为“权钱交易”的帮助谋利行为。王甲与王乙在共同生活以后形成了“事实婚姻”，王甲为王乙说好话、求情，是人之常情。在本案没有任何证据证明王甲利用职务上便利为王乙提供帮助、谋取利益，而达成权钱交易收受贿赂的合意的客观情况下，不应认定王乙用共同生活的一般共有财产行贿王甲。

另外，本案除对受贿罪提起抗诉外，抗诉机关在庭审中还对本案财产部分提出了抗诉意见，抗诉机关引用《最高人民法院关于刑事裁判涉财产部分执行的若干规定》（以下简称《刑事财产执行规定》）第 10 条第 1 款、2 款“对赃款赃物及其收益，人民法院应当一并追缴。被执行人将赃款赃物投资或者置业，对因此形成的财产及其收益，人民法院应予追缴”的规定，提出一审判决对王甲使用受贿款项购买的房屋及理财所得为按照司法解释规定予以追缴，一并提出了对相关财产及收益予以追缴的抗诉意见。

对此，辩护人提出财产辩护意见。辩护人明确提出抗诉机关对于追缴房产的抗诉理由不能成立。辩护人指出，从抗诉机关引用的条文可以看出，《刑事财产执行规定》只适用于判决书主文判决的事项的执行问题，只适用于刑事判决的执行阶段。而本案系二审案件，本案判决尚未生效，尚不涉及执行问题，《刑事财产执行规定》对本案并不适用。从案件事实看，用于购房的 189.5 万元也不是王甲受贿违法所得，且购房的大部分款项来源为王甲的积蓄，房产为王甲、王乙二人共同共有财产，对该房产不应予以没收。退一步讲，假使二审判决按照一审判决主文确定的财产刑判决罚金 20 万元以及没收 189.5 万元违法所得，也必须在二审案件生效后，案件进入执行阶段，执行机关按照判决主文确定的罚金和没收违法所得的内容予以执行，而不应对房产及其他收益予以追缴。

## 四、案件启示

B 市高级人民法院经审理采纳了辩护人的辩护意见，认为王甲与王乙二人长期同居生活，在双方财产存在混同的情况，应当考虑二人具有重组家庭的计划和感情基础，在此情形下，情人一方为另一方在事业提拔和责任追究方面建言献策、通风报信、出面斡旋，虽有违纪之嫌，但不构成犯罪。王甲及王乙主观上并未将其视为一种交易，而是情感因素驱使下的自愿付出，因此不属于对国家工作人员职务行为廉洁的收买，王甲收受王乙给予的609.5万元不应认定为受贿，驳回了检察机关的抗诉。同时，鉴于案涉款项未认定为受贿款，对抗诉机关所提的对王甲所购房产及理财予以追缴的抗诉意见也未予采纳。

笔者通过本案的办理深刻感受到，在办理受贿类职务犯罪时，一定要牢牢把握受贿罪的本质，即受贿罪是不同利益主体之间的权钱交易，受贿罪保护的法益是国家工作人员职务的不可收买性。因此，不能在不考察法益是否被侵害的情况下，仅以国家工作人员收受财物就一概认定为受贿罪。

在考察谋利与收钱之间的对应关系，判断是否构成受贿罪时，应当特别注意行贿人与受贿人是否存在特定的关系。一般行贿、受贿案件中，无论收受财物与谋取利益之间的时间线被拉得再长，甚至是行贿、受贿双方约定国家工作人员在职时“办事”、退休后收钱，谋利与收钱之间的对应关系仍是不言自明的，不需要特别证明。但当行贿、受贿双方存在特定关系时，就不能简单从谋利行为与收受财物行为的时间先后顺序判断对应性，应当结合客观事实和证据进一步予以查明。

该案例作为典型案例先后入选了最高人民法院《刑事审判参考》及《职务犯罪审判指导》，并入选了人民法院案例库。该案所确立的对特殊关系下行受贿行为认定的裁判规则及对涉案款物处置的原则对类案的处理具有较大的指导意义。

# 温某某危害珍贵、濒危野生动物无罪及国家赔偿案

杨 舒

## 一、基本案情

2020 年 8 月，温某某的女儿潘某某千里迢迢从海南来到北京，找到东卫律师事务所，反映其父亲曾任海南省万宁市某村的村委会书记、主任，因涉嫌组织、领导黑社会性质组织罪被羁押，其母亲、弟弟、叔叔均在案，案件即将进入审理阶段。笔者团队在与潘某某沟通后，决定接受委托，由笔者作为潘某某母亲温某某的辩护律师。

温某某是一位只有小学文化水平的海南农村妇女，平时主要是在家照顾老人孩子。2019 年 5 月 3 日，温某某的丈夫潘某某因涉嫌组织、领导黑社会性质组织罪被抓获，公安机关在搜查潘某某与温某某的住处时，搜查到玳瑁标本，同日便以涉嫌危害珍贵、濒危野生动物罪（之前罪名为：非法收购珍贵濒危野生动物制品罪，《刑法修正案（十一）》改为危害珍贵、濒危野生动物罪）将温某某也抓捕到案。后在公安机关调查中发现，温某某名下账户经手了几笔涉案款项，就对其增加了一项掩饰、隐瞒犯罪所得罪，在审查起诉时公诉机关又将掩饰、隐瞒犯罪所得罪变更为参加黑社会性质组织罪，以温某某涉嫌危害珍贵、濒危野生动物罪以及参加黑社会性质组织罪两罪起诉至法院。

## 二、案件焦点

辩护人经过连夜加班加点地阅卷，并前往看守所会见听取了温某某的辩解后，发现本案确实存在很多事实不清、证据不足的情况，遂确定了无罪辩护的辩护方向，案件的主要争议焦点如下：

1. 关于温某参加黑社会性质组织罪，事实不清、证据不足、法律适用错误。（1）全案是否构成黑社会性质组织罪存疑。例如，指控涉黑组织的组织性特征主要体现在以村委组织架构和村内亲缘关系的基础上；而经济性特征指控的豢养组织成员，也多为村民或家庭成员；最主要的行为性特征，结合指控的其他组织内犯罪看基本都是轻微暴力或以暴力相威胁，达不到黑社会的暴力程度。（2）指控温某某参加所谓的黑社会性质组织的证据不足。首先，温某某没有任何一起组织内的违法犯罪的指控事实；其次，温某某只是家庭主妇，平时照顾老人、自家三个小孩，以及离异小叔家的孩子，没有时间精力再去管男人们在外面的事情；最后，没有任何证据证明温某某对其经手的数量不多的资金性质及来源有明知，其也只是用于生活日常开销、小孩上学等用途。

2. 关于温某某涉嫌危害珍贵、濒危野生动物罪，指控事实不清，证据不足。（1）公诉机关指控温某某2016年购买了一只玳瑁标本，但温某某唯一提及购买“玳瑁”的笔录所载是，在2004年还是2006年她带着孩子们在东山岭游玩时花十几元钱买的一个“玳瑁玩具”。该笔录所载时间、购买物品均与指控的时间、物品不能对应。（2）该份笔录系孤证，在案也没有其他证据能予以印证，孤证不能定案。（3）温某某指认玳瑁程序违法，玳瑁并非扣押现场指认。（4）玳瑁鉴定程序违法：检材并未进行密封存证，检材的来源被污染，鉴定报告及补充鉴定均不能作为定案依据。

## 三、办案思路与辩护意见

2020年9月，海口市中级人民法院召开庭前会议，辩护人提交了包括非法证据排除、调取证据在内的十余份申请。经过了13天焦灼的庭审后，2020年12月22日一审判决温某某犯参加黑社会性质组织罪，判处有期徒刑二年六个月，犯危害珍贵、濒危野生动物罪，判处有期徒刑一年六个月，数罪并罚判决执行有期徒刑三年。

一审判决后，全案33人不服，提出了上诉。在上诉理由中除了一审提及的事实不清、证据不足的理由外，本案还存在关键性程序问题：一是一审庭审中起诉书前后出现两个版本，且并没有公诉机关变更起诉书的正式文件；二是一审的合议庭组成人员中有一名人民陪审员任期届满，已不具备陪审员资格。故2021年1月29日海南省高级人民法院以一审法院违反法律规定的诉讼程序为由，裁定撤销原判决，发回海口市中级人民法院重审。

本案是海南省“扫黑除恶”专项行动后发回重审的第一案。

历时近一年的重审一审，还是维持了对温某某原一审的判决。温某某不服，提出上诉。在重审二审期间，2022年4月9日最高人民法院、最高人民检察院颁布了《关于办理破坏野生动物资源刑事案件适用法律若干问题的解释》（以下简称《破坏野生动物资源的解释》）。该解释第6条调整了危害珍贵、濒危野生动物罪的起刑点，为价值2万元以上，不再唯数量论，而是以价值衡量。即2万元是起刑点，是法律上的绝对无罪，而不是情节显著轻微无罪。温某某被指控的危害珍贵、濒危野生动物罪中涉及的一只玳瑁经鉴定价值为6000元，远低于《破坏野生动物资源的解释》中的起刑点2万元。因此，属于法律上无罪的情形。

辩护人立刻向海南省高级人民法院提出应当按照“从旧兼从轻”的刑法原则，适用该《破坏野生动物资源的解释》，宣告温某某危害珍贵、濒危野生动物罪无罪。彼时温某某已被羁押2年11个月有余，已远超重审一审判决温某某犯参加黑社会性质组织罪单一罪名的有期徒刑二年六个月。同时，辩护人向海南省高级人民法院多次申请取保候审，又向海南省人民检察院多次反映温某某被超期羁押请求检察监督。但直到2022年5月2日，温某某按照重审一审数罪判决被羁押满三年后才得以取保候审。

最终，海南省高级人民法院在重审二审判决中采纳了辩护人的观点，依据《刑法》第12条、第341条，《破坏野生动物资源的解释》第6条及《关于适用刑事司法解释时间效力问题的规定》第3条，判决温某某危害珍贵、濒危野生动物罪无罪。

对于超出羁押期限的这半年，笔者又代理了温某某申请国家赔偿案。但海口市中级人民法院（2022琼01法赔2号）认为，国家赔偿适用法定赔偿原则，即只有《国家赔偿法》明确规定属于国家赔偿范围的事项，才纳入予以赔偿的范畴。我国国家赔偿遵循"无罪羁押赔偿原则"，"二审部分无罪"并未纳入国家赔偿范围，便以此为由决定驳回温某某国家赔偿的申请。后我们又向海南省高级人民法院提出复议，海南省高级人民法院虽然因适用法律错误为由撤销了海口市中级人民法院2022琼01法赔2号决定，但仍然驳回了温某某的国家赔偿申请。

## 四、案件启示

对于二审改判部分无罪超期羁押是否也应当给予国家赔偿呢？

1. 根据《关于办理刑事赔偿案件适用法律若干问题的解释》（以下简称《刑事赔偿案件解释》）第6条："数罪并罚的案件经再审改判部分罪名不成立，监禁期限超出再审判决确定的刑期，公民对超期监禁申请国家赔偿的，应当决定予以赔偿。"2023年顾雏军案中，其获得国家赔偿正是依据该司法解释的规定，即再审判决部分无罪的，依法对超期监禁的刑期予以赔偿。

2. 二审部分无罪超期羁押也应通过立法纳入国家赔偿范围。

目前，不论从法律规定层面还是从司法实践层面，均未将二审部分无罪超期羁押纳入国家赔偿范畴。

《国家赔偿法》并未直接规定二审部分无罪超期羁押应当赔偿。

最高人民法院《关于二审将一审数罪中的部分罪名撤销后被告人被羁押的期间超过刑期的情形是否属于国家赔偿范围的答复》指出，二审撤销一审数罪中的部分罪名，致被告人被羁押期限超过判决确定的刑期，既不属于

“对没有犯罪事实的人错误逮捕”的情形，也不属于“依照审判监督程序再审改判无罪，原判刑罚已经执行”的情形；最高人民法院《关于国家赔偿法实施中若干问题的座谈会纪要》第13条第1款亦规定，“第一审人民法院判处被告人成立数罪，第二审人民法院撤销其中部分罪名，实际羁押期限超出生效刑事判决确定刑期的，国家不承担赔偿责任”。

目前的司法观点和判例中，也未将二审部分无罪超期羁押认定为应当给予国家赔偿。

但笔者认为，不应当将二审部分无罪超期羁押排除在国家赔偿范围外，应通过修改《国家赔偿法》予以解决。

1. 《国家赔偿法》第17条第2项规定，“对公民采取逮捕措施后，决定撤销案件、不起诉或者判决宣告无罪终止追究刑事责任的”。本条款主要规定的是逮捕后、判决生效之前这一阶段，即判决未生效，如判决无罪或改判无罪，导致错误羁押的，仍然属于国家赔偿范畴。并没有因为判决是否生效或改判的是生效判决还是未生效判决而有所区分。

2. 国家赔偿主要是针对无罪的赔偿，但在《国家赔偿法》中并未对无罪作出是全部无罪还是部分无罪的明确规定。那么，无罪就应当包含数罪中的部分无罪情形。

3. 《刑事赔偿案件解释》第6条是在司法解释的层面肯定了再审阶段部分无罪属于国家赔偿的范围。同理，在二审期间改判无罪，也应列入赔偿范围。

4. 对于司法机关而言，将二审部分无罪超期羁押纳入国家赔偿范围可以促进审判机关尽可能及时发现可能存在无罪的情形，并在发现有可能超期羁押的情况下尽快果断对被告人变更强制措施，减少错案积案，让正义“速必达”。

# 轻罪篇

# 邹某某贩毒申诉、再审改判及国家赔偿案

顾永忠　黄　山

## 一、基本案情

1. 原审裁判情况

2004 年 12 月 20 日，福建省泉州市中级人民法院（以下简称泉州中院）作出（2004）泉刑初字第 122 号刑事判决，以贩卖毒品罪，判处邹某某无期徒刑，剥夺政治权利终身，并处没收个人全部财产。

邹某某不服，提出上诉。2005 年 12 月 21 日，福建省高级人民法院（以下简称福建高院）作出（2005）闽刑终字第 176 号刑事裁定，维持原判。

2. 接受委托代理申诉情况

邹某某服刑期间，先后向福建高院及相关部门提出申诉始终无果。无奈之下其从狱中慕名向北京东卫律师事务所寄信求助。本律师团队审阅后认为该案原审判决确实存在明显的适用法律不当的问题，遂决定以法律援助的形式，无偿代理邹某某的刑事申诉和在再审程序中担任辩护人。此时，邹某某已被错误羁押 10 年有余。

其后，本律师团队先后多次自费前往邹某某服刑的福建龙岩监狱与其会见了解案件情况，向福建高院申请阅卷审查案件细节，向最高人民检察院和最高人民法院反映本案相关情况。此外，向福建高院提交申诉代理意见，并与承办法官进行沟通阐明申诉和再审理由。

3. 再审情况

经最高人民检察院提出再审检察建议，最高人民法院按照审判监督程序

于2017年6月19日作出（2017）最高法刑监3号《关于原审被告人邹某某贩卖毒品申诉一案的函》，要求福建高院对该案进行复查。福建高院于2018年1月9日作出（2017）闽刑监3号再审决定书，决定对该案进行再审。2018年4月10日，邹某某在被羁押5117天后得以取保候审。2018年8月7日，福建高院作出（2018）闽刑再3号刑事判决，认定邹某某的犯罪事实清楚，证据充分，但对邹某某适用法律不当，应予纠正。据此，依法撤销福建高院（2005）闽刑终字第176号刑事裁定；撤销泉州中院（2004）泉刑初字第122号刑事判决中对邹某某的定罪量刑部分；判决邹某某犯非法经营罪，判处有期徒刑2年，并处罚金3万元。

4. 案件的法律与社会效果

2019年3月12日，邹某某申诉案入选十三届全国人大二次会议第三次全体会议最高人民检察院年度工作报告，作为“对发现的冤错案件及时提出抗诉、再审检察建议，纠错的同时深刻总结教训”的典型案例之一，引发舆论界的广泛关注与肯定，诸多中央媒体广泛报道了该案。

5. 代理申请国家赔偿的情况

2018年9月27日，本律师团队在邹某某的请求下，继续为其无偿代理国家赔偿申请，向福建高院申请国家赔偿。福建高院于2018年11月28日作出（2018）闽法赔6号国家赔偿决定，以定罪量刑由重改轻，不属于再审改判无罪的情形为由，驳回邹某某的国家赔偿申请。但福建高院以司法救助形式向邹某某支付了15万元救助金。

2019年年初，本律师团队继续无偿代理邹某某向最高人民法院赔偿委员会申请国家赔偿。最高人民法院赔偿委员会依法受理并审查该案，并于2019年2月21日当面听取了邹某某及代理律师的意见，福建高院提交了书面答辩意见。2019年6月21日，最高法院作出（2019）最高法委赔×号国家赔偿决定书，维持了福建高院（2018）闽法赔6号国家赔偿决定。

## 二、案件焦点

1. 本案在刑事申诉和再审阶段，面对的焦点问题是，原审判决在法律适用上是否存在错误?

2. 本案再审改判后，面对的争议焦点问题是，在现行国家赔偿法律框架下，此类经再审“重罪改轻罪”的案件造成原审被告人“超期羁押”的情形是否应当予以国家赔偿?与此相关，如何理解和适用“再审改判无罪原则”?

## 三、办案思路与辩护意见

### (一) 在申诉准备阶段：严谨细致开展准备工作

1. 以严谨的态度，开展准备工作。接到邹某某的求助信和申诉材料后，本律师团队全面查询检索案件裁判文书和相关资料，经深入研究后，认为邹某某案原审判在法律适用上存在明显错误，应当依法纠正。

2. 以法律援助形式，无偿代理案件申诉。邹某某是在服刑期间看到媒体关于本所顾永忠律师与其他多名律师，为福建宁德缪某华一家五口冤错案件无偿代理申诉和辩护，取得无罪判决和国家赔偿的报道后，写来求助信并希望给予法律援助的，据此，本律师团队决定采取法律援助的形式，无偿代理邹某某的申诉案件。

3. 充分估计困难，最大限度地寻求理解和支持。面对本案原审判决的错误和当事人多次申诉无果的不利局面，在申诉准备初期，就充分估计各种可能面对的困难和阻力，努力与有关方面进行沟通寻求理解和支持，确定申诉的主要问题和渠道、方式。

### (二) 在申诉再审阶段：厘清案件事实，确定申诉再审焦点

1. 厘清原审案件事实，重视其中时间节点。

对原审判决提出申诉，首先要解决原审事实认定问题。原审裁判认定的案件事实是：“被告人邹某某于2003年8—10月，在同案被告人黄某某未能提供购买盐酸氯胺酮注射液时需要的相关资格证明，不具备购买经营资格的情况下，仍帮助寻找盐酸氯胺酮注射液货源，先后3次以每盒9元的价格分别从傅某某、何某某（另案处理）处购得盐酸氯胺酮注射液25箱计7500盒150,000毫升，并以每盒10.5元的价格转卖给黄某某，从中加价获利11,250

元及黄某某之前多预付的货款5000元，合计得利16,250元。后黄某某将购得的盐酸氯胺酮注射液加价转卖给同案被告人陈某某并将氯胺酮注射液提炼成氯胺酮晶体，由陈某某予以贩卖。”对此事实认定，经审查案件证据材料，并与申诉人进行核实，本律师团队认为，对案件事实本身并无争议，但高度重视其中涉及有关事实发生的时间节点和人物关系，为其后聚焦法律适用问题做好铺垫。

2. 聚焦“国家规定”的变化时点与原审被告人实施涉案行为的具体时段，锁定原审判决法律适用错误的关键所在。

一是通过梳理相关“国家规定”的时间轴线，推翻原审对涉案盐酸氯胺酮注射剂的“毒品”定性。

2001年5月9日出台的《关于氯胺酮管理问题的通知》规定，目前已批准的氯胺酮制剂有注射剂和粉针剂，按处方药管理，在医疗机构凭医生处方使用，零售药店不得经营氯胺酮制剂，即氯胺铜制剂属于国家专营、专卖物品。

但2003年9月28日出台的《关于氯胺酮制剂管理工作的通知》，将盐酸氯胺酮注射剂纳入第二类精神药品管理范围，并明确该通知生效时间是2003年11月1日。

据此可见，2003年11月1日前，盐酸氯胺酮注射液仅属于国家专营、专卖物品，在医疗机构凭医生处方使用，但并未纳入第二类精神药品管理范围。

邹某某与他人倒卖盐酸氯胺酮注射液的时间为2003年8—10月，当时仅属于国家一般管制药品，而不属于第二类精神药品管制范围。因此，原审以申诉人行为时尚未生效的规定，将盐酸氯胺酮注射液认定为二类精神类药品（毒品定性），明显属于适用法律不当。

二是通过涉案药品性质的变化，论证申诉人倒卖行为的对象不是“毒品”。

基于邹某某等人倒卖盐酸氯胺酮注射液时，尚不属于“毒品”性质，因此其行为自然不能适用毒品犯罪的相关法律和司法解释，更不能以所谓“贩卖毒品犯罪”追究其刑事责任。但因盐酸氯胺酮注射液属于国家管制药品，在未经许可的情况下，倒卖盐酸氯胺酮注射液，会干扰国家对盐酸氯胺酮注射液的正常管理秩序，可能构成非法经营罪。

三是明确指出原判法律适用不当，定罪量刑完全错误，应当通过再审依法纠正。

基于以上理由，本律师团队明确指出，原审判决以贩毒罪对邹某某定性并判处无期徒刑，适用法律明显错误。应当通过再审加以纠正。

福建高院采纳了律师申诉代理及辩护意见，再审判决撤销原判。同时认为邹某某的行为属于非法经营行为。根据《刑法》第225条的规定及最高人民检察院、公安部《关于经济犯罪案件追诉标准的规定》，个人非法经营数额在人民币5万元以上或者违法所得数额在1万元以上的，应以非法经营罪追究其刑事责任的规定，重新判决邹某某的行为构成非法经营罪，判处2年有期徒刑。至此，申诉、再审案到此终结。

### （三）申请国家赔偿阶段：充分论证“再审改判无罪”的理解与适用问题

邹某某一案的再审判决虽然纠正了原审错误，但在此之前，邹某某已服刑14年之久，扣除再审判决以非法经营罪对其判处的2年有期徒刑，其实际已“超期”服刑12年之多。对此是否应当予以国家赔偿，成为其改判获释后面对的重大、突出问题。其本人理所当然地认为国家应当对其予以赔偿，并希望我们继续为其提供法律帮助。从情理上和法理上讲，我们也认为国家应当对其予以赔偿，但是通过研究国家赔偿法，检索国家赔偿有关案例，并咨询法学界和实务界有关专家，我们清楚地意识到，在现行法律框架下和司法实务中，此种情况获得国家赔偿尚无先例，并且面临诸多法理和法律障碍。但我们既非常同情邹某某，同时又想在法律上和实务上有所探索和突破，便在明确告诉实情的情形下，继续代理邹某某向人民法院申请国家赔偿。为此，我们试图从以下两个方面取得突破。

其一，对“再审改判无罪”才能获得国家赔偿的法理原则探求新解。我们认为，“再审改判无罪”应当是指原生效判决确定的具体罪名被改判无罪或被撤销的情形，而不是笼统地指原生效判决涉及的案件被再审判决确定全案无罪。如此理解该项原则，可以认为邹某某案符合《国家赔偿法》第17条第3项所规定的依照审判监督程序再审改判无罪应当予以赔偿的情形，即原审判决对其判决的贩毒罪已被再审判决撤销，意味着就贩毒罪而言他是无罪的，对因此而判处的刑罚应当予以国家赔偿。当然，在具体赔偿时，应当对再审判决确定的新罪名而判处的刑罚予以扣除。比如邹某某案件原审判决定以贩毒罪判处其无期徒刑，再审撤销原判时其已经服刑14年，本来应当按照14年予以赔偿，但因其被改判为非法经营罪并判处2年有期徒刑，最后对其应当按照12年赔偿。通俗地说，这样做实际上是“一码归一码”，公平合理。相反，如果因其再审被判2年有期徒刑而拒绝对其多服的12年刑期予以赔偿，则极不公平。

其二，从立法的精神实质看，对类似邹某某的案件予以国家赔偿完全符合国家赔偿法的立法精神。根据《宪法》第41条的规定，国家赔偿制度的核心依据是公民由于国家机关和国家工作人员履行公务活动而受到侵犯并造成损害。邹某某因司法机关的错误判决，本应服2年有期徒刑即可，却被判无期徒刑并实际多服12年刑期，对此予以赔偿完全符合《宪法》关于国家赔偿的立法精神。

遗憾的是，我们为此付出的多方努力，未能收到成效。最高人民法院赔偿委员会最终维持了福建高院不予赔偿的决定。但是，我们有理由期待，随着法治的不断进步和人权司法保障水平的不断提升，这个问题最终一定会解决。

## 四、案件启示

回顾本案，虽然未能如愿申请到国家赔偿，但通过申诉、再审使邹某某的错判得以纠正，对我们而言也是可以自我安慰的。此外，该案申诉成功也产生了积极的法律和社会效果。当然由本案引发的国家赔偿问题，也受到舆论的关注和有关方面的重视。本律师团队在代理申请国家赔偿过程中，曾举行过专题研讨会，邀请立法机关、司法机关有关部门的相关人员以及国家赔偿法领域的专家学者与会，大家一方面表示在现行法律框架下此种情况难以获得国家赔偿，另一方面又都认为未来国家赔偿法修改应当解决这一问题。

# 李某贪污罪成功改判案

郝春莉　刘　洋

2024年10月，笔者收到李某涉嫌贪污发回重审案的一审判决，最初指控贪污金额达数千万元的案件，经过发回重审，一审法院以职务侵占罪判处李某有期徒刑3年，判决现已生效。

该案系上级监委移交至当地监委办理的重点案件，案情疑难复杂，辩护的难度和压力巨大。辩护人自审查起诉阶段接受委托，在长达两年半多的时间里，持续跟进，全面辩护，在李某一审被以贪污罪判处有期徒刑10年的情况下，辩护人顶住压力，坚持轻罪辩护，竭尽全力维护当事人的合法权益，经过一审，二审，发回重审，历经四次开庭，最终在发回重审后的一审中，检察机关全面采纳辩护人的辩护意见，不仅将指控罪名变更为职务侵占罪，更大幅减少了指控数额，从原指控的7000余万元，降低为230余万元。最终法院判处李某有期徒刑3年，案件获得了有效辩护的结果。

## 一、基本案情

公诉机关指控：2011年，李某实际控制的WH公司与国药集团下属公司K公司（国有控股公司）签订《投资合作协议》，双方共同成立SD公司，其中K公司占股60%，WH公司占股40%。《投资合作协议》约定，K公司委派人员担任SD公司董事长，WH公司委派人员出任总经理。后经WH公司委派，并经K公司同意，李某担任总经理。

李某在担任总经理期间，为了解决公司不能正常报销的接待费用，成立了CD物流公司，以虚开运输发票的方式套取SD公司资金2300余万元。其中，230余万元用于李某个人使用。

李某在担任总经理期间，成立“PB体系”公司，通过虚增交易环节的方式，套取SD公司资金达7000余万元。

公诉机关认为，李某在国有控股公司担任总经理期间，利用职务上的便利，通过虚开运输费发票虚增交易环节的方式，套取SD公司资金共计7000余万元，涉嫌构成贪污罪。

## 二、案件焦点

1. 李某是否属于受国有公司委派到非国有公司从事公务的“国家工作人员”？

2. 李某成立“PB体系”公司的行为是否属于虚增交易环节套取资金？

## 三、办案思路与辩护意见

就贪污罪而言，首要解决的就是贪污罪的主体身份问题，被告人是否属于国家工作人员，能否认定其构成贪污罪的核心；其次就是具体行为的性质以及数额认定的问题，这是能否实现量刑减少的关键。

辩护人经过仔细阅卷、会见后发现，李某不属于国家工作人员，并不具有贪污罪的主体身份，不应以贪污罪对其定罪。

在事实层面上，检察机关指控其通过虚增交易环节的方式，套取SD公司资金7000余万元明显与客观事实不符。李某至多是通过成立“PB体系”公司从事与SD公司相同的营业行为，并与SD公司发生关联交易，是非法经营同类营业的行为，鉴于其不具有国家工作人员身份，不符合贪污罪的主体要件，对该事实也不应定罪处罚，相应金额应当从犯罪数额中扣除。

围绕上述辩护思路，辩护律师重点发表了以下意见：

1. 李某不属于受委托管理、经营国有财产的国家工作人员。

第一，SD公司并非国有公司。《刑法》第382条第2款规定的国有公司、企业必须是纯粹的国有公司、企业，即国家全资的公司、企业，而不包括国家占有一定股份的合资公司、企业。本案中，SD公司是由国有控股公司K公司与WH公司共同出资成立的，其中，K公司持股60%、WH公司持股20%，SD公司明显不属于国家全资设置的公司，不属于《刑法》第382条规定的“国有公司、企业”。

第二，李某与SD公司也不存在承包、租赁、临时聘用关系。

2003年《全国法院审理经济犯罪案件工作座谈会纪要》规定，“刑法第三百八十二条第二款规定的‘受委托管理、经营国有财产’，是指因承包、租赁、临时聘用等管理、经营国有财产”。本案中双方签订的《投资合作协议》明确，K公司作为大股东，派员担任董事长，而李某作为小股东的股东代表，受小股东推荐担任总经理。其作为SD公司的总经理，明显系小股东推荐作为股东代表担任，与SD公司不存在任何承包、租赁、临时聘用的关系，李某并不符合受委托管理、经营国有财产的情形。

2. 李某也不属于经国有单位提名、推荐、任命、批准等，在国有控股、参股公司及其分支机构中从事公务的人员。

首先，K公司不具有委派的主体资格。2010年最高人民法院、最高人民检察院《关于办理国家出资企业中职务犯罪案件具体应用法律若干问题的意见》第6条第1款规定的国有公司必须是国家全资的公司，是纯粹的国有公司，不包括国有控股、国有参股等混合所有制的公司、企业。本案中，K公司只是国有控股公司，并非全资国有公司，显然不具有委派的主体资格。

其次，本案也不存在委派的行为。根据《投资合作协议》和《SD公司章程》，SD公司的总经理是由小股东推荐，并由董事会聘任。大股东K公司对SD公司的总经理没有提名、推荐的权利。尽管李某在被续聘担任SD公司总经理的过程中，经过了K公司总经理办公会的研究并出具了同意函，但基于K公司并没有提名、推荐的权利，K公司该种“同意”仅是程序上的批复行为，是被动的、程序意义的同意，并非积极的提名、推荐或委派，该种“同意”只具有形式意义，不具有委派的实质特征。

3. 李某不属于经国家出资企业中负有管理、监督国有资产职责的组织批准或者研究决定，代表其在国有控股、参股公司及其分支机构中从事组织、领导、监督、经营、管理工作的人员。

辩护人在阅卷时注意到，K公司曾于案发后向调查机关出具了一份情况说明。该情况说明显示，2015年李某担任总经理，经过了总经理办公会（党政联席会）的批准或讨论决定。

首先，辩护人指出，该情况说明所称的总经理办公会（党政联席会）仅在该情况说明中出现，案卷材料中调取的所有K公司总经理办公会的会议记录及会议纪要，从没有体现过“党政联席会”的字样。而且，该情况说明出具的时间是2021年11月，是在案发以后形成的，不能以此证明李某2015年担任总经理是经过了党政联席会的批准。

其次，退一步而言，即使该总经理办公室同时为党政联席会，该次会议所做的讨论或者决定也只是形式上的批准，不属于法律意义上的委派。根据公司章程的规定，总经理是由小股东委派，李某作为小股东代表，被委派担任总经理，始终代表民营股东，并不代表任何国有单位，根本不具有国家意志的直接代表性，李某担任总经理与上级党政联席会没有必然联系，李某对上级党政联席会无任何职责、义务关系，党政联席会的同意，并非法律意义上的委派。

综上，李某不属于国家工作人员，不应以贪污罪对其定罪量刑。

4. 李某通过成立“PB体系”公司与SD公司发生交易，是为了落实时任董事长“将WH公司业务交由第三方承接，确保SD公司配送利润”的指示和安排，目的是保证SD公司及大股东K公司的利润不受损失，“PB体系”公司是代替WH公司延续原有的交易模式与SD公司开展业务，并非虚增交易环节套取利润，依法也不构成贪污罪。

辩护人指出，WH公司与K公司签订协议后，李某按照协议的要求，将其经营的YY公司的业务资源逐步转移到了SD公司，并在对赌期内完成了K公司对利润率的要求。在对赌期结束后，李某依照协议约定注销了YY公司。为了增加SD公司的业务收入，李某主动提出将其经营的其他同类业务也逐步转移至SD公司，经SD公司股东会研究，同意先由WH公司承接，并确定了交易价格等要求。由此形成了WH公司与SD公司进行交易的模式。

在该模式运行一段时间后，因涉及关联交易，SD公司时任董事长王某提出改变合作模式，要求将“WH公司的业务转移至非关联方开展，确保给SD公司留出合理的配送利润，完成预算指标”。

由于相关业务转移至第三方后，不能保证第三方确定与SD公司进行交易，为了落实董事长的要求，也避免业务流失，李某与SD公司主要业务管理人员共同商议成立“PB体系”公司，通过“PB体系”公司继续与SD公司开展业务，实际上是延续了以往WH公司与SD公司的业务模式，并非公诉机关指控的通过虚增交易环节套取SD公司利润。

客观上，经过“PB体系”公司与SD公司的业务，SD公司赚取了丰厚的利润，2014～2019年，短短五年的时间，K公司每年的可分得利润从400万元增长至5247万元，增长了13倍之多，从这些数字能够直观地看出，“PB体系”公司与SD公司进行交易期间，为SD公司带来了丰厚的回报，使大股东K公司每年的可分得利润逐年上升，超额完成了利润率指标要求。

因此，李某主观上不具有非法占有国有财产的故意，客观上也没有实施虚增交易环节套取国有资产的行为，更没有给国有公司造成损失，李某的行为不构成贪污罪。

客观上，李某未如实向SF公司披露其与“PB体系”公司的关系，通过“PB体系”公司开展与SD公司同类的经营业务，并与之产生关联交易，确实违反了《投资合作协议》有关竞业禁止和关联交易的规定约定，至多是非法经营同类营业的行为，但因该行为发生于2014～2019年，李某当时不属于国家工作人员，同样不具有非法经营同类营业主体资格，对该行为不应以犯罪论处。

## 四、案件启示

鉴于案件的主体和指控犯罪金额有较大的问题，案件发回重审后，在重审一审的审理过程中，检察机关变更了指控罪名，将贪污变更为职务侵占，并大大降低了指控数额。在此基础上，辩护人与检察机关通过充分沟通，就本案定罪、量刑达成一致意见，促成了被告人李某在重审阶段认罪认罚，检察机关出具了认罪认罚具结书，法院最终按照检察机关变更后的罪名及量刑建议，对被告人李某作出了有期徒刑 3 年的刑事判决。

综观两年多的辩护工作，我们深深感受到，只有在辩护中找准方向、制订好辩护策略，加强与检察官、法官的沟通交流，坚持不懈，才能在辩护工作中破局和推进。

首先，找准辩护方向、制订好辩护策略是案件实现有效辩护的基础。一方面，辩护人通过认真细致的工作，梳理案件材料，对事实、证据做到全面掌握，找准辩点和方向，为制订好辩护策略提供有力的支持；另一方面，也要学会换位思考，站在检察官、法官角度来考量案件。“知己知彼、百战不殆”，通过换位思考，摸清控方的指控逻辑和法官的审判思路，对已经形成的辩护策略查缺补漏，不断完善。

其次，加强与检察官、法官的沟通是实现有效辩护的关键。辩护人的辩护观点只有得到检察官、法官的认可，才可能实现有效辩护。实现与检察官、法官的有效沟通，一方面在沟通前要明确沟通的目的和重点，避免盲目沟通，影响沟通效果；另一方面在沟通中也要注意方式、方法，沟通既是观点的交流，也是谈判的过程，但毕竟不是辩论赛，更重要的是要求同存异。在沟通后要根据沟通情况，及时对辩护策略进行调整，及时提供书面意见，以便进一步交流。

最后，敢于坚持、依法辩护是实现有效辩护的前提。在本案辩护过程中，也遇到了诸多的困难，比如，一审中检察院、法院都不重视辩护人的辩护意见，二审初期法官不同意开庭的强硬态度，都给辩护人带来非常大的压力，但辩护人敢于坚持，善用技巧，继续沟通和争取，竭尽全力去化解难题，在不断沟通中取得有效进展，不仅实现了二审开庭，更实现二审开庭后发回重审，最终在重审一审中，检察机关变更起诉罪名，刑期也大幅下降，取得了有效辩护的结果，维护了当事人的合法权益。

# 蹇某某故意伤害防卫过当案

毛洪涛

## 一、基本案情

2017年，笔者正在S省R市办理一起涉嫌经济犯罪案件。笔者不顾当事人已被更换羁押五地而带来的不便与艰辛，坚持认真履行一名辩护人的职责，从而赢得了当事人的认可与信任。在笔者又一次去会见时，当事人向笔者提出，与其同监室的一名在押人员蹇某某，涉及一桩“命案”，被一审法院以故意杀人罪判处了无期徒刑，案件在经上诉后已被发回重审，当事人对笔者讲“这绝对是一起冤案”，强烈请求笔者帮帮蹇某某。迟疑之下，笔者决定先会见蹇某某听听情况。但在会见后，笔者认为这个案件确实有问题，虽然委托人家庭困难，律师费只能等他以后有机会再付了，但作为一名律师，心头一份神圣的职业使命感让笔者还是决定接下这个案件。

在与蹇某某沟通后了解到案件事实经过是：2014年8月的一天晚上11时左右，被害人牛某爬竹梯从窗户进入蹇某某家中的厨房房顶。厨房房顶的南侧和西侧为铝合金玻璃窗封闭，北侧为墙壁、东侧为通往卧室及客厅的拐角。牛某系从西侧的一扇呈开启状的窗户进入。蹇某某发现厨房房顶有人影，数次问对方是谁均没有得到回应。于是，蹇某某拿钢叉到厨房房顶朝牛某的头部打了两三下（此时牛某是蹲姿）。牛某被打后起身将蹇某某推倒，并立刻朝西侧窗户跑去，蹇某某同时用钢叉扎向牛某，叉中了牛某的腰部。牛某在从西侧窗户逃跑的过程中，从窗户摔落地面。蹇某某发现后拨打了“110”和“120”，但牛某最终仍医治无效死亡。死因的鉴定结论是：牛某符合高坠重度颅脑损伤死亡，蹇某某殴打牛某头部的伤势较轻，不构成死亡原因。案发后，公诉机关指控蹇某某涉嫌故意杀人罪，向法院起诉。

一审法院作出判决认为，“被告人在发现被害人时，被害人并未实施任何危及其生命的不法侵害，被告人持钢叉殴打被害人的行为不符合正当防卫的前提条件，故该辩解及辩护意见不能成立，本院不予采纳。但鉴于被害人深夜酒后擅自进入被告人家中，对于本案的发生具有一定过错，依法可酌情对被告人从轻处罚”，最终法院认定被告人犯故意杀人罪，判决无期徒刑，剥夺政治权利终身，并处没收个人全部财产。

被告人不服一审判决提出上诉，二审法院认为“原判认定上诉人持钢叉殴打致被害人死亡的事实不清，证据不足”，故裁定撤销原判，发回重审。

## 二、案件焦点

蹇某某的行为是否应认定构成正当防卫？抑或牛某的死亡是一场意外事件？

## 三、办案思路与辩护意见

接手本案后，笔者多次会见了蹇某某，听他多次反复讲述事发当晚现场情况以及其与牛某各自的行为，脑海里像播放电影一样不断想象当时的场景。为了更加直接全面地努力还原事实，笔者根据蹇某某提供的情况去案发地进行了查勘。在那里，通过认真查看现场，对案发当时的光线、角度以及现场物品有了更加全面的了解与感受，笔者的脑海里的场景碎片逐渐拼凑成了完整的画面。笔者越发真切地体会到，在一个月黑风高的午夜，自己家的房顶夹层突然出现一个男人，在被击打后还能还手将蹇某某推倒在地夺窗而逃的时候，蹇某某会有怎样的下意识反应。况且，笔者在现场发现被害人牛某在逃跑时，是踩空了窗户下面的竹梯摔倒导致其死亡，而蹇某某发现牛某摔倒后立即当场拨打“110”和“120”。此时的笔者强烈地意识到，蹇某某完全没有杀人的故意，笔者要为他做最大的努力。

随着对涉案事实及在案证据的不断深入了解，笔者与另一名辩护律师每每陷入深思，蹇某某的行为是否应认定为正当防卫而不承担刑事责任？根据在案死因鉴定意见，蹇某某对牛某的击打造成的头伤较轻，不是导致死亡的原因，而牛某的死亡是由于“高坠重度颅脑损伤”，所以牛某的死亡是否为一场意外？在此基础上，笔者团队分别从正当防卫与意外事件两个角度进行独立辩护。

（一）观点之一：正当防卫

我国《刑法》规定，为了使国家、公共利益、本人或者他人的人身、财产和其他权利免受正在进行的不法侵害，而采取的制止不法侵害的行为，对不法侵害人造成损害的，属于正当防卫，不负刑事责任。正当防卫明显超过必要限度造成重大损害的，应当负刑事责任，但是应当减轻或者免除处罚。对正在进行行凶、杀人、抢劫、强奸、绑架以及其他严重危及人身安全的暴力犯罪，采取防卫行为，造成不法侵害人伤亡的，不属于防卫过当，不负刑事责任。多年以来，在司法实务中，正当防卫制度一直被束之高阁，“只要造成伤害，必须承担刑责”成为一项裁判规则，导致无论是法院还是检察院对正当防卫往往敬而远之，很多时候明知道存在正当防卫情节，也会为了平息所谓“被害人及家属”情绪，一句“毕竟人死了”或“毕竟人伤了”，成为搅和稀泥的惯用手法。但法律应得到正确的适用，方能彰显其价值与尊严。我们作为辩护人认为，根据本案实际情况，应当客观考虑蹇某某的行为构成正当防卫。理由如下：对于蹇某某而言，在半夜11时许，家中房顶有人突然闯入，从当时的光线和角度来看，蹇某某根本无法判断对方是否携带武器，面对被对方推倒的行为，处于极度紧张与害怕心理的蹇某某也难以明确判断对方的行为是“逃跑”还是“攻击”，以及在被对方推倒后，对方是否会有进一步的伤害行为，是否有同伙加入，是否会对本人及家人的生命安全造成极大威胁，在对方进行加害之时，上述危险都伴有发生的可能，所以蹇某某此时用手中的钢叉再次扎向牛某，符合社会一般公众面对此类威胁时的正常反应。同时，也应当综合考量当时被害人牛某与被告人蹇某某双方的力量对比，不仅要考虑已经造成的损害，还要考虑造成进一步损害的紧迫危险性和现实可能性。彼时，被害人牛某处于暗处，而被告人蹇某某及家人处于明处，蹇某某只能通过大声呵斥和胡乱敲打的行为进行自我保护，在被害人被发现之后，蹇某某的力量在被害人面前是赤裸暴露，然而被害人牛某的力量却是蹇某某全然无知的，被害人究竟是要盗窃，抢劫，还是伤害杀人？被害人是否蓄谋已久，筹划良多，准备充分？对于被告人及家属即将面对巨大的无法判断的危险，我们不应当苛求被告人必须采取与不法侵害基本相当的反击方式和强度，更不能苛求在一种极端危险与紧迫的环境下，要求被告人作出完全正确的预判。因此，综合蹇某某当时所面临的不法侵害的性质、手段、强度、危害程度，以及其所实施防卫行为的时机、手段、强度、损害后果等情节，考虑双方力量对比，立足蹇某某防卫时所处的情境，结合社会公众的一般认知作出判断，我们认为应认定蹇某某构成正当防卫，蹇某某的行为不构成犯罪。

（二）观点之二：意外事件

我们作为辩护人对于本案被害人死亡的结果属于意外事件的观点认为：根据在案的死因鉴定意见显示，蹇某某使用钢叉打击被害人头部的行为不足以造成其头部 18cm × 8cm 范围内的粉碎性骨折，即不足以造成被害人的死亡，被害人的死亡系其摔落地面造成。蹇某某无法预见到被害人酒后行为冲动，径行爬上窗台并被梯子绊倒高空坠落，蹇某某没有过失，其行为与被害人高空坠亡的结果之间没有刑法上的因果关系，因此，本案应系意外事件，根据《刑法》第 16 条的规定，被告人的行为不构成犯罪。

## 四、案件启示

本案经过一审法院重新审理后作出判决，没有采纳笔者团队提出的“蹇某某没有过失，其行为与被害人高空坠亡的结果之间没有刑法上的因果关系”的意见；同时，对于我们提出的应认定蹇某某“系正当防卫”的意见进行了评述：“经查，（1）被告人的行为是否具有防卫性质，正当防卫是法律赋予公民的一项权利，任何公民在面对国家、公共利益、本人或他人的人身、财产和其他权利遭受正在进行的不法侵害时，均有权对不法侵害者采取必要的行为。本案中，案发现场的房屋系商住一体结构，案发时间为晚上 11 时许，营业时间已经结束，被害人私自侵入该房屋，在被告人发现，并向其发出口头询问，直至走到其附近，其一直蹲藏于水泥花盆后，并未离开。被告人遂用带有三股钢叉的钢管猛击被害人头部数下，被害人站起来推倒被告人并跳窗逃跑时，被告人将钢叉掷向被害人，钢叉插入被害人背部，被害人后坠落于地面。我国宪法和法律规定公民的住宅不受侵犯，禁止非法侵入公民住宅，被害人私自侵入他人住宅，侵犯了被告人的住宅安全，被害人在家人及财产面临威胁的情况下，用钢管击打被害人，可以认定其行为系为制止正在进行的不法侵害，具有防卫性质。（2）被告人的行为是否属于防卫过当。根据《刑法》的规定，正当防卫明显超过必要限度造成重大损害的，属于防卫过当，应当负刑事责任。本案中，被害人实施不法侵害时，未携带、使用任何器械，虽有推倒被告人的行为，但该行为系逃跑，而非实施攻击；因此，被告人面临的不法侵害并不特别紧迫和严重，而其持有三股钢叉的钢管数次击打被害人头部，并在被害人逃跑时用钢叉投掷，造成一人死亡，应当认定被告人的行为明显超过必要限度造成重大损伤。综上，被告人的行为属防卫过当。”根据上述认定，一审法院重新审理判决蹇某某构成故意伤害罪，判处 8 年有期徒刑。

可以看出，本案从一审法院第一次判决完全无视不法侵害的存在，草率认定“被害人深夜酒后擅自进入被告人家中，对于本案的发生具有一定过错”到发回重审后法院认为“被害人私自侵入他人住宅，侵犯了被告人的住宅安全，被害人在家人及财产面临威胁的情况下，用钢管击打被害人，可以认定其行为系为制止正在进行的不法侵害，具有防卫性质”，应当说是迈出了关键一步。但是对于是否超出必要限度，法院还是选择了保守立场。对于改判 8 年的结果，我们作为辩护人依然不满意，但是从无期徒刑到有期徒刑 8 年，对于被告人和家属来说，这已经是绝望中的最大希望，他们选择了接受；而对于律师来说，唯有尊重被告人和家属的选择。

近年来，一系列社会关注的焦点案件，一步一步推动了正当防卫制度适用在司法实务中的激活。从2017年的山东于欢刺死辱母者案，再到2018年昆山反杀案，正当防卫的司法适用逐步走出僵局。2018年年末，最高人民检察院发布第十二批指导性案例，首次以案例形式明确正当防卫的界限标准，2019年最高人民检察院再发典型案例，明确案例的典型意义为“检察院办理刑事案件，高度重视犯罪嫌疑人、被告人及其辩护人所提正当防卫或防卫过当的意见，对于所提意见成立的，及时予以采纳或支持，依法保障当事人的合法权利”。2020年8月28日，最高人民法院召开新闻发布会，发布最高人民法院、最高人民检察院、公安部《关于依法适用正当防卫制度的指导意见》及典型案例，至此，“正当防卫法”在千呼万唤之中，终于应运而生，正当防卫终于在隐忍多年后，成为捍卫“法不能向不法让步”法治精神的重要标杆。

作为一名法律人，有时候会想，我们离法治理想还有多远，我们离真正的激活正当防卫制度还有多少路要走，可能就如同本案一样，从无期徒刑到有期徒刑8年，已经走了坚实的一大步，但是距离无罪，却还有很长的路要走。但我坚信，随着《关于依法适用正当防卫制度的指导意见》的正式发布，全面激活与适用正当防卫制度必将早日得以实现。

# 齐某某、刘某某涉黑“摘帽”案

毛洪涛　王　君

## 一、基本案情

2020年4月，全国扫黑除恶专项治理工作在如火如荼地进行。G县的一对老夫妻焦急万分地与笔者团队律师见面，夫妻俩老泪纵横，泣不成声，告诉我们，他们夫妻俩的女儿刘某某与女婿齐某某双双被刑事拘留已长达半年之久，公安机关的侦查工作已进入尾声，并且经向上级部门请示研究认定案件属于黑社会性质组织犯罪，齐某某、刘某某夫妻二人被认定为涉嫌组织、领导黑社会性质组织罪的主犯。此外还涉嫌其他多罪。在这样一顶“黑帽”的重压之下，全家人犹临灭顶之灾，本来和谐、平静的生活秩序大乱，两个正在求学的孙儿均已产生严重的厌学情绪，家中近百岁的老爷爷几近哭瞎了双眼。

经初步了解，涉案事实框架呈现在律师团队的面前。2005年12月，齐某某注册成立H担保公司，从事住房公积金贷款担保、企业贷款担保、小额贴息贷款担保、创业贴息贷款担保等担保业务。从创业之初，齐某某便带领公司全体员工放弃轻松与闲暇，任劳任怨，顶烈日、冒严寒，年复一年加班加点促企业发展。到2019年案发时，H担保公司的全年担保业务量早已超过10亿元，成为本地乃至全省知名的担保公司，尤其为政府创业贴息贷款政策的深入实施作出了突出贡献。然而，正当H担保公司的担保业务进行得如火如荼，企业发展蒸蒸日上的时候，D市G县公安局突然对公司数十名员工实施抓捕，经侦查后认定，“在2015至2016年期间，H担保公司作为保证人担保的多笔企业贷款到期，在代偿一定数额贷款本息后，为向借款人和反担保人追偿，齐某某纠集多人，有组织在G县及周边地区采取寻衅滋事、非法拘禁、非法侵入住宅等方式催收欠款，逐渐形成了以齐某某为首的黑社会性质组织，该组织为非作恶，欺压、残害群众，获取了高额经济利益，致使多人倾家荡产、生活流离失所，严重破坏了他人的正常生活秩序和社会生产秩序，实施的违法犯罪行为在D市造成了重大影响”。突如其来的变故，导致H担保公司共计44人涉嫌犯罪，其中，11人被羁押，33人被取保候审，公司的办公电脑、财务账目、工作资料全部被扣押，齐某某与其妻子刘某某均被羁押，数千万元资产被查封、冻结、扣押。办案机关“打财断血”行动之迅速，使得民营企业H担保公司一夜之间轰然倒下，被迫关门停业，“奄奄一息”，当地整个担保行业人心惶惶。

根据家属介绍的情况，团队律师初步判断该案存在违背国家最高司法机关多次发文强调的办理涉黑恶案件不得拔高、凑数的基本原则的情形，案件如果不能得到客观、正确的处理，毁灭的将不只是这一个家庭，而且会造成恶劣的社会影响。

## 二、案件焦点

黑社会性质组织应当如何认定？本案涉案人员与行为是否符合法律规定的黑社会性质组织的四个特征？齐某某、刘某某究竟实施了什么行为，是否应承担组织、领导黑社会性质组织的刑事责任？

## 三、办案思路与辩护意见

接受委托后，毛洪涛律师、王君律师及团队另一位律师分别与3名当地律师分担第一、第二、第三被告人的辩护律师，迅速进入了工作。当时全国均处于严格的疫情防控状态，给律师办案带来了诸多不便，但我们积极克服困难，坚定信心要依事依法为维护各自当事人的合法权益而尽最大努力。

面对此类重大疑难复杂的刑事案件，律师单枪匹马、单打独斗是万万不行的，根本不可能在有限的时间内保质保量完成错综复杂的各种事务，结果必然是事事不深入、事事不全面，最终一事无成。只有团队统筹规划，分工协作，有策略、有智慧、有计划地开展工作才能真正实现全面而有效的辩护目的，才能不忽悠、办实事。我们分别与自己的团队专班成员全身心投入了本案的辩护工作。

针对本案，我们确定了“明目标、分阶段、抓重点、强辩护”的策略，要求所有人员必须心往一处想、智往一处谋、劲往一处使，分阶段逐步实现辩护目标，团队协作为执行正确的辩护策略奠定了有效辩护的基础。

（一）第一阶段：全力以赴摘“黑帽”，避免错案

如前所述，本案构成黑社会性质组织犯罪在侦查阶段已成定论，在律师介入时即将移送检察院审查起诉。所以，我们战术性放弃在侦查阶段对黑社会性质的辩护，该阶段的重点是通过会见充分了解案情，待案件移送至检察院可以阅卷后再针对黑社会性质开展辩护工作。因黑社会性质一旦成立，不仅在刑罚上会从严从重，相关财产也将面临“打财断血”，具体个罪的辩护也会更加艰难。其他公司员工也同样会因案件主要人员受到的较重刑罚而受到牵连，在此情形下，再针对具体的寻衅滋事、非法拘禁等单个罪名是否成立进行的辩护也将不具有实质的意义和效果，所以我们决定第一阶段的首要目标是全力以赴“摘黑帽”。

虽然最高人民检察院和最高人民法院三令五申在扫黑除恶专项斗争中禁止拔高凑数，但是此类现象还是偶有发生，本案亦是如此。为了及时避免错误认定黑社会的问题，我们根据涉案实际情况，主要从两个角度开展辩护工作：一方面，结合“四大特征”从法律专业的角度展开充分论证；另一方面，从普通老百姓的角度，用通俗易懂的道理、简洁明了的语言来分析和阐述本案不是黑社会。

功夫不负有心人，事实证明第一阶段的辩护策略是正确的。G县检察院本着实事求是的态度，充分听取我们辩护律师的意见，与我们进行了多次非常详尽的沟通，坚持客观公正，严格把握法律政策界限，严把审查关，采纳

律师意见，在向法院提起公诉之前否定了公安机关的涉黑认定，解决了“拔高凑数”的问题，使全案“摘黑帽”。

### （二）第二阶段：力争第二被告人早日回家，让老有所依、少有所养

刘某某是齐某某的妻子，在此前公安机关认定的涉嫌组织、领导、参加黑社会性质组织罪，寻衅滋事罪，非法拘禁罪，非法侵入住宅罪，诈骗罪中，刘某某在所有嫌疑人中排名第二。如果公安机关的认定最终成立，刘某某可能面临 10 年以上有期徒刑的刑罚。夫妻二人若均被处以重刑，则家中老人无人照顾，孩子无人抚养。所以，尽最大努力让刘某某早日回家成为我们第二阶段辩护的目标。

王君律师作为刘某某的辩护人挑灯夜战详细阅卷后发现，在涉黑罪名被排除之后，刘某某涉嫌寻衅滋事罪、非法拘禁罪、非法侵入住宅罪、诈骗罪四个罪名，其中，寻衅滋事的事实，刘某某仅参与了一起；非法拘禁的事实，刘某某亦参与一起；非法侵入住宅的事实属于情节显著轻微，可以不追究刑事责任；诈骗罪的认定则明显错误，与刘某某无关。四个罪名中，量刑最重的是诈骗罪，如果能辩护成功刘某某不构成诈骗罪，则第二阶段目标有望实现。

将当事人的事情当成自己的事情去做，穷尽一切办法，依法为当事人争取合法权益，是律师应有的品德。王君律师认真研究在案证据，及时撰写律师意见，收集整理刘某某没有参与诈骗一事的证据材料，连续出差数日，多次往返于法院和检察院，与法官和公诉人讲事实、摆证据，谈法律，说情理。最终在辩护人的努力下，在法院和检察院的公正司法下预期的办案目标得以实现，检察院采纳了律师意见，在开庭之前变更起诉，撤销对刘某某诈骗罪的指控，刘某某的排名从第 2 位降到了第 11 位。

我们在办理此类案件过程中深刻感受到，刑事案件的有效辩护不仅仅在庭审上，庭前辩护也十分关键和重要。在庭前将律师的观点有理有据、开诚布公地与办案人充分沟通，在一定程度上影响着刑事辩护的成败。

### （三）第三阶段：全面深入辩护，实现当事人利益最大化

“夜深朔风浸骨寒，批改合意月半弯。遥想手作付前方，倦极神飞竟不眠”，此种意境与我们办理本案的经历何其相似。在寒冷的早春夜晚，窗外风声不断，我们挑灯夜战，在公司浩瀚的存档资料中一页页翻看，查找证据、修改辩护意见，不知不觉夜已深。第一、二阶段的辩护目标实现后，作为辩护人必须做好充分的准备对指控的罪名进行全面辩护。为此，我们出差 D 市和 G 县共计 20 余次，多次连续数日吃住在 G 县，加班加点做好会见、调查取证和沟通工作，经过不懈努力，我们取到了多份有利于被告人的证据。在庭审中，据理力争，辩护意见得以充分表达，进行了一场智慧加专业的精彩辩护。

## 四、案件启示

在庭审过程中，除了第一被告人齐某某外，其他所有被告人均认罪认罚。因庭前辩护得充分，本案尚未开庭即初步实现了第二阶段的辩护目标，在庭审中，排名已处于第 11 位的刘某某选择了认罪认罚，自愿接受法律的处罚，愿意承担自己应承担的法律责任，最终人民法院数罪并罚判处刘某某有期徒刑 1 年 4 个月，2021 年春节前刘某某回到了家中，与近百岁高龄的祖父、年迈的父母双亲以及年仅 10 岁的幼女团聚。原排在第 3 名的蒋某某被指控非法拘禁罪、寻衅滋事罪、非法侵入住宅罪，经过庭前和检察院、法院的多次系统沟通及庭审中的细致深入辩护，最终认定成立两个罪名，数罪并罚判处的刑期与认定一罪的刑期大致相当，实质上实现了依法减少罪名压缩刑期的良好预期。在其之后的各被告人也都受到了较轻处罚。在庭审结束后，第一被告人齐某某经深思熟虑决定自愿认罪认罚，法院最终数罪并罚对其判处有期徒刑 12 年。至此，因全案“摘黑帽”，被查扣冻的数千万元资产中，除小部分与案件有关被处置以外，其他合法财产权益均依法得到保护。虽然齐某某最终被判处 12 年有期徒刑，但这也是我们律师作为其辩护人经过庭审之前的多次详细沟通、庭审中据理力争及庭审后努力争取的结果。人民法院采纳了

辩护人的意见，认定追加起诉的虚假诉讼罪不成立。在齐某某决定认罪认罚的前提下，检察院和法院采纳辩护人意见，给予了齐某某最大幅度地从宽量刑。通常涉黑案件处罚都会较重，齐某某从可能被认定“涉黑”而判处较高刑罚到最终被判处12年有期徒刑，实属不易。

本案中，检、法两机关客观理性的办案态度也获得了全体诉讼参与人的敬意。在涉黑与否的审查上，G县检察院严格把握审查标准，严格遵守罪刑法定、疑罪从无和证据裁判原则，在涉黑涉恶的认定上既不拔高也不降格，准确定性，保证了起诉质量，彰显了检察机关打击黑恶势力犯罪的决心和担当。同时办案中始终贯彻“在办案中监督，监督中办案”的理念，根据办案中发现的问题，向相关单位提出检察建议，积极推动创新社会治理，该案的办理实现了法律效果、政治效果、社会效果的有机统一。G县法院在本案的审理中，组织严谨细致、保障力量充分、疫情防控措施得力，与看守所远程提讯系统连线顺畅，对取保候审的被告人及旁听人员审查严格，一切井然有序，高效高质顺利完成了庭审工作。在本案办理过程中，G县法院亦充分保障了律师的辩护权利，在会见、阅卷、沟通、认罪认罚签署过程的同步录音录像制作等方面依法为律师提供了极大便利，并且充分听取律师意见，客观地对涉案被告人给予了判罚。

在扫黑除恶专项斗争中，国家最高司法机关亦多次发文强调，办理涉黑恶案件，要“不拔高、不降格、不凑数”，“坚持依法办案，坚持法定标准，坚持以审判为中心，加强法律监督，强化程序意识和证据意识，切实做到宽严有据，罚当其罪，实现政治效果、法律效果和社会效果的统一”，我们作为当事人的辩护人，作为法律工作者，坚决拥护党中央扫黑除恶的决定，同时也没有忘记，恪尽己责，维护委托人合法权益是我们的职责。在本起案件中，我们作为辩护人做到了依法履行职责，竭尽所能，让案件得到了在别人看来“不可思议”的辩护效果，让自己的努力和专业最大限度实现了当事人的合理期待，这一切是值得欣慰的。

# 太原警察执行公务致人死亡案

柴冠宏

## 一、基本案情

2014年12月13日16时10分，太原市公安局小店分局龙城派出所接到“110”指挥中心通知，位于该市龙城大街的“龙瑞苑”建筑工地北门发生“保安与民工打架事件”。接到出警指令，民警王某某、郭某某带领两名辅警乘坐警车赶到现场。意想不到的是，出警过程中10多名民工与警察发生冲突，其中一名妇女周某某抱住王某某的腿，王某某将其按倒在地，并用脚踩住头发。周某某在被拉回派出所后死亡。

2014年12月20日，该事件被死者亲属诉至媒体，新华网报道称：“年关将至，一则‘警察打死讨薪女农民工，死亡后仍遭脚踩头发’的消息在网络广泛流传，引起网民广泛关注。该消息称，当事农民工因讨薪与工地保安发生冲突，农民工被带进派出所后挨打，其中一人死亡，一人被打断4根肋骨。”同时配发了王某某脚踩周某某头发的图片。之后，中央电视台“新闻直播间”、“面对面”、“新闻1+1”以及全国各地电台、电视台连续报道，使该事件被全社会高度关注。2014年12月30日，王某某被检察机关以“滥用职权”罪批准逮捕。2015年1月7日，北京、山东等地十多名公益律师组成法律援助团赶赴太原，为死者家属无偿提供帮助，要求司法机关严惩相关警察。

由于事涉“警察暴力执法”和“民工讨薪”两个敏感社会问题，山西省委主要领导对案件查处十分重视，要求办案单位迅速作出回应。太原警方也公开通报表示要彻底清除“害群之马”，全面整顿作风纪律，并将12月13日定为“执法警示日”。与此同时，“12·13”事件也引起全国警察群体的关注，自发通过自媒体公众号发表各种评论，呼吁司法机关公正办案，保护警察执法权，与死者家属以及维权律师的诉求形成鲜明对峙。

2015年1月29日，央视一套“焦点访谈”公布了“12·13”案件的部分视频录像和细节，称案件系治安纠纷所致，而非“讨薪”引发。

2015年1月31日，京华时报记者通过太原市政府新闻办了解并发布“12·13”案件最新进展，湖北同济法医学司法鉴定中心出具的“法医学鉴定意见书”认为，死者周某某系“因钝性暴力致闭合性颈部损伤（颈椎骨折、颈椎间盘断裂、颈髓挫伤），死于急性呼吸循环功能衰竭”。检察机关随即决定，对犯罪嫌疑人王某某、郭某某涉嫌故意伤害罪继续侦查。

至此，“12·13”案件持续成为舆论关注的热点，包括学者、律师、警察在内的各个阶层、各种自媒体（微博、微信公众号）对此案的定性和法律适用展开激烈讨论。既要接受舆论监督，又要保持依法独立办案，当地办案单位面临着互联网时代前所未有的考验。果然，太原市人民检察院对该案加快审查，于2015年2月25日迅速向太原市中级人民法院提起公诉，指控王某某等3名警察犯故意伤害（致人死亡）和滥用职权罪。

## 二、办案思路与辩护意见

### （一）检察机关的指控

起诉书指控：2014年12月13日16时10分许，在太原市小店区龙瑞苑工地务工的王A、李某等4人购物回来，欲从工地北门返回生活区，因4人未按工地管理要求佩戴安全帽和胸牌，被值班保安马某阻拦，双方因此发生冲突。马某给保安队长荣某打电话称其被打，王A也给其父亲（王B）打电话称其被保安殴打。荣某和王B、死者周某某夫妇等工友先后赶到，在保安室内双方仍争执不断，保安队长先后两次拨打“110”报警。

接到警情后，太原市公安局小店分局龙城派出所值班主班民警王某某、副班民警郭某某，带领辅警胡某、实习生姬某，乘坐警车于2014年12月13

日17时5分许到达现场。王某某、郭某某在了解报案原因、核实报案人身份后，要求值班保安指认殴打人员，值班保安指认了王A和李某，王某某责令李某出示身份证，李某未积极配合，双方发生言语冲突。在民警将李某带上警车时，王B、周某某等人进行阻拦，王某某给王B戴上手铐。民警将王A、王B、李某及用手机拍摄现场的工友王C带上警车，死者周某某坐在警车车门踏板上进行阻拦，公安实习生姬某将周某某从车门处拉开，周某某对实习生民警进行推打，王某某上前阻止，周某某抓挠王某某颈部，王某某揪住周某某头发使其坐在地上，周某某将王某某的警裤撕破并用双手抓住裤兜附近。其间，王某某、郭某某数次要求周某某放手，周某某坚持不放。双方僵持近7分钟，王某某再次要求周某某松手，遭到拒绝后，遂扭按周某某头部，使其躺倒在地。之后，王某某用脚踩住周某某的头发，持续约23分钟。在上述过程中，郭某某对王某某脚踩周某某头发等行为未提醒和制止。待增援民警赶到现场后，王某某决定将周某某抬上警车带回派出所。

2014年12月13日17时52分许，到达派出所后，郭某某朝王A腹部击打两拳，又与王某某、备勤辅警任某在未安装监控的房间或卫生间内分别殴打了王A、王B、李某和现场用手机摄像的民工王C。2014年12月13日18时许，姬某等人将周某某抬入值班室。王某某、郭某某未经请示审批，对王A、王B、李某、王C办理了留置手续并关进了留置室。当日18时20分许，郭某某建议王某某拨打“120”急救电话，对周某某进行救治，王某某安排姬某拨打了“120”急救电话。当日18时39分许，“120”急救人员赶到后，诊断周某某临床初步印象为救前呼吸心搏骤停。后山西省荣军医院确认周某某死亡。经湖北同济法医学司法鉴定中心鉴定，周某某系因钝性暴力致闭合性颈部损伤，死于急性呼吸循环功能衰竭；王B损伤程度构成轻伤一级。

起诉书称：该事件发生后，被告人王某某脚踩周某某头发的图片、视频被各大网站广泛转载，网民大量点击和跟帖，众多媒体持续跟踪报道，引起社会广泛关注，严重损害了国家机关的声誉，造成了特别恶劣的社会影响。公诉机关认为，王某某在执行公务过程中，故意伤害他人身体致一人死亡，滥用职权造成了特别恶劣的社会影响，提请人民法院以故意伤害罪、滥用职权罪对王某某数罪并罚。

### （二）办案思路与辩护准备

那是一段备受煎熬的日子。

2014 年 12 月 31 日上午，太原市第一看守所。听完王某某叙述自己出警的整个过程，我心里那份沉重和压抑久久无法摆脱。去太原的路上我翻看了网上所有关于这个事件的报道，虽然无法了解事件的前因后果，但是那张“胖警察脚踩躺倒在地的妇女头发”的图片确实相当刺眼，讨薪妇女被警察打死了，无论谁看了都会立即引起愤怒。眼前的王某某却是一脸无辜，“十几个民工围上来吵闹，那个女的闹得最凶，场面越来越乱，我只想着立即控制住，把嫌疑人带回派出所再解决”。那么，又是什么原因导致“十几个民工围上来吵闹”呢？又有什么理由必须踩住已经倒地的妇女的头发呢？看来问题比想象的还要复杂，我认识到接下来的辩护工作很有可能会把自己连同“12·13”案件一并推向舆论的风口浪尖。

不能参与和回应任何网上的争论，只有认真、细致地为开庭做准备——研究、辨析证据，还原案发现场和案件事实，是寻找、确定辩护角度的重要前提。值得庆幸的是，“12·13”案件的在案证据中，案发现场的监控录像、执法记录仪录像以及来自现场目击者用手机拍摄的录像都被提取作为证据使用，这些视听资料证据的客观真实性远远高于被害人和证人证言的言词证据，开庭审理中可以直接被采信认证，减少不必要的争议。我和另一辩护人孙水泉律师决定找一家影视后期制作工作室，用高科技手段将现场监控录像放大，提高其清晰度，把执法记录仪录像和手机拍摄录像的片段与之同步、合成，在不作任何剪辑、修改的基础上，制作一个影像与声音、字幕结合的高清晰度视频录像证据。另外，为了直观研究王某某摁倒周某某的动作是否合理、适度，我还专门制作了一个慢动作播放短片。

在中国人民公安大学出版社书店，我查找到了《〈公安机关人民警察现场制止违法犯罪行为操作规程〉释解与运用》，紧接着我马不停蹄地前往中国人民公安大学去拜访这本书的作者、国际警务执法学院副院长刘宏斌教授，结合案例当面讨教警察现场执法的“处置措施与合理限度”。根据刘教授的建议，我还决定向当事民警王某某的所在单位、太原市小店区公安分局提出书面意见，要求其按照《公安机关人民警察现场制止违法犯罪行为操作规程》第46条规定启动调查程序，尽快对“12・13”事件出具调查报告。

根据起诉书的指控，案发现场“周某某抓挠王某某颈部，王某某揪住周某某头发使其坐在地上，周某某将王某某警裤撕破并用双手抓住裤兜附近，王某某数次要求周某某松手，遭到拒绝后遂扭按周某某头部使其躺倒在地”。王某某的行为显然符合《公安机关人民警察现场制止违法犯罪行为操作规程》关于“徒手制止”的规定。为了搞清楚公安民警“徒手制止”轻微暴力违法犯罪行为的动作规范，我专程来到辽宁公安司法管理干部学院，找到警务技能培训教官吴晓东老师进行请教。接着我根据吴老师的推荐，来到中国人民公安大学图书室借阅由公安部人事训练局编著、制作的“擒拿格斗技能”视频教程，证明王某某作为警察须接受警务技能训练，在现场执法中遭遇抱腿、抱腰等违法犯罪行为可以采取有效解脱和制服动作，“拧颈解脱”是合理、适度的徒手制止方法。

为了分析“12・13”案“众多媒体持续跟踪报道，引起社会强烈关注”与“严重损害了国家机关的声誉，造成了特别恶劣的社会影响”之间的关系，我申请某公证处对2015年1月30日之后的网络舆情观点进行统计、梳理，继而进行证据保全公证。统计结果显示，随着“焦点访谈——不该发生的非正常死亡”的播出，网民对“12・13”案件事实的前因后果有了新的认识，其观点与之前相比发生了重大变化，对王某某等涉案民警现场执法的理解与支持占了绝对多数。用媒体大数据分析“12・13”事件对太原市公安机关以及人民警察的形象是否产生恶劣影响，可以有针对性地反驳起诉书指控的事实和理由。

摆在眼前的最后一个问题是，王某某“徒手制止”使用的“扭按”动作与周某某颈部损伤的因果关系。我和孙水泉律师来到山西省医科大学法医鉴定中心请专家提供咨询，用力学原理来论证王某某与周某某互相对抗导致身体损伤的必然性，我进一步认识到，这种身体对抗的本质就是警察“徒手制止”的合法行为与嫌疑人阻碍执法的违法行为之间的对抗。

随着对案件事实的分析研究和对警察职业特性的深入思考，我逐步确定并越来越坚定了“无罪辩护”的信心。为了印证我的认识，我到山西太原、北京海淀等地与基层派出所的一线民警进行座谈，听取他们对警情处置、如何应对阻碍执法的亲身感受和建议。坦率地讲，基层民警面对超复杂、高强度工作所表现出来的奉献精神深深感染了我，对我的法庭辩护也产生了巨大影响。

2015 年 5 月 6 日，我在太原市中级人民法院组织的庭前会议上提交以上证据，并提出一项重要申请，请本案的鉴定人出庭接受质证。经过一番协商，我的请求，特别是展示“12·13 案件合成视频证据”的意见得到了主审法官的支持。

（三）法庭审理与律师辩护

2015 年 5 月 18 日，在认真准备和周密安排下，太原市中级人民法院开庭审理“12·13”案。人大代表、政协委员以及当地司法机关、院校专家的代表参加了旁听，中央电视台、太原市电视台等媒体全程关注报道。当然，对庭审活动最为关注的还有中国的警察群体，有旁听者会第一时间通过微信群传递各种庭审花絮和进展。

初夏的太原气温初升，而法庭内却似乎已到了酷暑季节。由公诉人、被害人及其代理律师组成的控方与被告人及其辩护律师组成的辩方时有摩擦，使得诉讼参加人和旁听群众不时感受到法庭的紧张气氛。

在审判长的主持下，法庭有条不紊地对案件事实进行调查。控辩双方对王某某等 3 名被告人和被害人亲属进行了交叉询问，公诉人使用 PPT 在法庭的电子大屏幕上依次展示了视听资料、鉴定意见、证人证言、勘验检查、辨认笔录、物证，以及本案造成社会恶劣影响的舆情分析等证据，最后提交了各被告人构成犯罪应当承担刑事责任的相关法律、行政执法规范性文件。

视听资料证据播放历时 3 个多小时，基本完整再现了案发经过。其中手机录像视频记录了王 A、李某等人与工地保安发生冲突、保安报警后保安队长荣某、王 A 父母王 B、周某某等十多名民工来到现场的过程；案发现场高空监控录像视频和执法记录仪还原了王某某等人乘坐警车来到现场、询问报案事实，欲将王 A、李某带回派出所但受到王 B、周某某阻挠，周某某撕扯王某某警裤继而抱住王某某腿部、王某某揪住周某某头发双方僵持 7 分钟、几名民工在周边用手机拍照、呼喊“警察打人”，以及怂恿周某某“别丢开，他不敢动你”，王某某几次警告周某某“松手”并将周某某按倒在地、王某某脚踩周某某头发持续 23 分钟，4 名增援警察乘车赶到，共同将王 A、王 B、周某某等人带离现场的整个过程。由于工地监控画面较小，没有声音，警方的执法记录仪有些片段未能录上，旁听人员对事情经过的细节部分仍不能完全了解。

公诉人接着宣读了《湖北同济法医学司法鉴定中心法医学鉴定意见书》关于周某的尸检报告，随后，公诉人申请法庭通知出具上述意见的鉴定人、湖北同济法医学司法鉴定中心刘良教授出庭作证。“鉴定意见”认为周某某系因钝性暴力致闭合性颈部损伤（颈椎骨折、颈椎间盘断裂、颈髓挫伤），而死于急性呼吸循环功能衰竭。刘良教授向控辩双方一一解答了何为钝性暴力、如何致周某某颈部损伤，特别是本案中钝性暴力具体指的是哪个动作、是单向力导致还是外力合成导致损伤等问题。刘教授认为，导致周某某颈部损伤的动作是“屈曲旋转”，但是他坦率地承认在办案单位提供的视频中并未完全看到整体连贯的动作，只是根据损害后果所做的法医学推断。

这时，法庭上出现了令人震惊的一幕：王某某含着眼泪，几乎是用祈求的声音向鉴定人刘良教授提问：“如果我抓住周某某的头发向下摁时，周某某放弃抵抗顺着我发力的方向顺势倒下，会不会产生现在的损害后果?”刘良教授回答“如果顺势而倒，的确不可能产生颈椎部位受损的严重后果”。话音刚落，旁听席出现一阵窃窃议论，我知道这个提问已经产生了良好效果。我不失时机地进行补充发问，提请合议庭特别关注鉴定人对这个问题的解答，同时对“鉴定意见”发表了综合质证意见：王某某与周某某的身体对抗，其本质就是警察“徒手制止”的合法行为与嫌疑人阻碍执法的违法行为之间的对抗，造成违法嫌疑人身体损害的结果是周某某应当预见到的。

根据法庭安排，王A、李某等被害人一方证人相继出台作证，我的策略是，牢牢把握之前播放的录像视频证据，从执法现场冲突升级的几个细节入手，揭露各个证人向侦查机关出具的虚假证词，继而引申到这些证人向网络媒体提供虚假陈述、误导社会公众的事实。

2015年5月22日，法庭辩论开始，王某某为自己做了一个半小时的辩护发言。他言辞朴素，条理清晰：“我们是依法执行公务，不是去和任何人吵架或打架去了，我们和双方当事人谁也不认识，没有任何个人恩怨。我们警察的执法需要尊重，更需要公民的配合和服从，执法的合法性和正当性是我们不构成违法犯罪的关键。司法机关不应该单纯得像处理老百姓打架一样，只要出现死伤后果就给民警定罪，这对我们很不公平。”说到最后，王某某情绪低落，声泪俱下，坐在他旁边的被告人郭某某也一边听，一边哭，旁听席上，很多人也在唏嘘感叹。

接下来该我发表辩护意见了，法庭根据我的要求，安排了一个特别程序，允许我首先展示自制的“案发现场录像合成视频”。我一边播放一边讲解，用30分钟时间将案发过程回放一遍，为接下来的辩护发言做了很好的铺垫。近20年来，我一直把脱稿辩护演讲作为自己追求的法庭辩护最高境界，“12·13”案又是一次全新的尝试，由于案情更加复杂，需要思考和研究的问题更多，因而我投入的精力和感情也更多。下面是根据法庭辩护而整理的辩护词。

尊敬的审判长、审判员：

被亿万人关注的太原“12·13”案件，终于在太原市中级人民法院开庭审理。我十分感谢法庭在整个庭审过程中严格遵守法定程序，充分保障诉讼参与人诉讼权利，体现了公平与公正，我也希望并且相信法庭能够把公平和公正坚守到作出最后的判决。

刚才我们向法庭播放了一组经过合成的视频证据，希望法庭和诉讼参与各方能够通过视频对“12·13”案发现场的事实有一个梳理，将现场每一张面孔、每一个声音都牢记下来，特别是不要把事件发生的先后顺序搞颠倒，如果把顺序搞颠倒了，很可能是非就颠倒了，责任也就颠倒了。下面我从三个方面发表我的辩护意见。

1. 王某某对妨害公务的周某某采取徒手制止措施是受法律保护的正当执法行为，不具有社会危害性，因此不构成任何犯罪。

太原市人民检察院的起诉书和公诉人当庭发表的公诉词对王某某和郭某某等人在“12·13”案发现场所实施的执法活动、处置措施给予了肯定，对此我很欣慰。辩护人认为王某某不构成故意伤害罪的基本观点是：王某某对妨害公务的周某某采取徒手制止措施不具有社会危害性，是受法律保护的正当执法行为。下面从两个方面阐述理由。

（1）合法性和必要性。犯罪的本质特征就是行为具有社会危害性。如果某个行为符合法律规定、受法律保护，那么即便造成了损害后果也不承担刑事责任，比如我国刑法关于正当防卫和紧急避险的规定。结合本案事实，辩护人认为王某某在现场执法过程中，对周某某所采取的处置措施，就是不具有社会危害性、受法律保护的正当行为。其一，有法律、法规的明确规定。人民警察处理治安案件到达现场的第一要务就是“迅速恢复秩序”，法律法规有明确规定（引用《人民警察法》第5、6、35条和《治安管理处罚法》第50条），我手里拿着的这本《公安机关人民警察现场制止违法犯罪行为操作规程》第4条更是明确规定，人民警察现场制止违法犯罪行为采取的处置措施受法律保护。其二，警情需要。通过视频证据我们把“12·13”案发现场的警情做一个归纳就会发现如下特点：一是王B、周某某一方人多势众，身份不明；二是法律意识、规则意识淡薄，根本认识不到强行进入工地和殴打保安的违法性；三是与警察情绪极端对立，对警察的要求和命令不屑一顾；四是周某某的突然加入，无所顾忌地对警察谩骂、抓挠撕扯使现场情况更加复杂，正如王某某、郭某某所说，像周某某这样的女人很少见。事态发展到最后，就是周某某紧紧抓住王某某的裤子不松手，王某某刚开始被迫挪动脚步，最后只好抓住头发将其控制。刚才公诉人讲在接下来长达 7 分钟的时间，“现实危险已经消除”，辩护人不同意这种说法。视频证据显示，这 7 分钟现场情况并不平静，有不断高喊“警察打人”起哄的；有拿着手机到处拍摄，扬言要传到网上进行挑衅威胁的；甚至还有民工站到周某某跟前说“别丢开他，他不敢动你”进行怂恿的，最关键的是，周某某紧抓警察裤子阻碍执法的行为属于持续状态。因此，现场的紧张气氛远不是我们坐在这个舒服的法庭内能想象得到的，王某某选择时机进行解脱完全必要。其三，符合执法规范。王某某对周某某采取处置措施完全符合《公安机关人民警察现场制止违法犯罪行为操作规程》的要求，先提出警告后徒手制止。周某某双手紧抓王某某裤子阻碍执法属于轻微暴力，王某某可以进行徒手制止。我们注意到王某某向周某某连声命令“放开，放开”，然而周某某坚定地说“不松，就是不松”，周某某果真说到做到，就是不松手，于是我们便看到了下面的情况，王某某徒手将周某某摁倒进行解脱，王某某的措施完全正当、合法。

（2）相当性和适度性。所谓相当性，就是指王某某采取的徒手制止措施的强度与周某某实施的违法侵害行为的强度相当。周某某两只手紧紧抓着王某某的裤子，而王某某抓着周某某的头发往下摁，“徒手制止”对付轻微暴力，这两个动作的强度是相当的。今天上午辩护人当天播放了一段视频资料，公安部人事训练局制作的警务训练教材“擒拿格斗教程”，我个人认为它就是警察徒手制止违法犯罪行为人的技术规范，完全可以实战应用，比起“教程”中的“拧颈解脱”，王某某对周某某所采取的动作是非常轻微的，可以证明强度相当。所谓适度性，就是采取徒手制止行为所用暴力的适度性。警察在执法过程中使用暴力是国家法律许可并且保护的。王某某用两只手抓住周某某的头发，没有击打动作，也没有起诉书指控的“扭”的动作，而是用了一个顺势往下压的动作，这个事实有现场民工徐某和实习警察姬某、目击者王某甲、杨某某可以证明，可见被告人王某某的动作不属于暴力过度。既然王某某处置措施强度相当，暴力适度，那么周某某的死又说明了什么呢？

这里有一个大家都忽略了的原因，也是导致周某某颈部损伤的重要原因，就是周某某妨害公务拒绝服从警察命令、持续抵抗的行为导致她颈部损伤致死。王某某连声命令“放开，放开”，周某某坚决地说“不松，就是不松”。视频显示，在王某某将周某某摁倒的最后一刻她才松开紧抓裤子的双手。用鉴定人刘良教授的话说：如果周某某及时松手，顺着按压力量的方向倒下去完全可以避免伤害结果发生。

综上所述，王某某对周某某采取的处置措施是合法的、适度的，是没有任何社会危害性、受法律保护的，因此不构成故意伤害罪。

2. 关于公诉机关指控王某某滥用职权罪的五种行为，辩护人经过分析认为，违法情节轻微，尚没有达到追究刑事责任的标准。

（1）将违法嫌疑人王 B 等人带回派出所后没有经过批准，采取了违法留置措施，应当属于滥用职权违法行为，但是情节显著轻微。

（2）辩护人不认同公诉人关于王某某和郭某某在出警现场存在粗暴执法、激化矛盾的滥用职权行为。在这里辩护人不得不对警察的职能和职业特点作一点分析，来澄清人们对警察执法的错误认识。警察是什么？他们是国家暴力机器的重要组成部分，警察代表的是国家的权力和法律的权威，他们在执行职务过程中以及采取执法措施时具有明显的国家性和强制性。警察的职业形象具有严肃性，体现为纪律严明，警容严谨，形象威严。警察的工作语言带有命令性，在执法现场提出的每一项要求都是必须执行的。我们或者可以把这样一种现象理解为警察的职业病，但是这就是在制止违法犯罪行为的现场从事执法行为的警察。我们通过视频回放，发现郭某某和王某某刚开始是心平气和地去了解情况，然而十多名民工表现得情绪异常激动。不是王某某等出警警察激化了矛盾，而是十多名民工凭借人多势众引发事端，警察不得已采取了严厉的口头制止措施。公诉人将王某某根据警情需要发生的态度转变认定为“粗暴执法”毫无道理。我们同意王某某的说法，当时的言语不够严谨和规范，但是充其量是违纪问题。

（3）关于脚踩头发侮辱他人的问题，辩护人认为王某某采取的是对嫌疑人后续控制措施，在当时是必要的，只是现在看来行为不够文明，传到网上影响扩大便成了侮辱他人，这是王某某意识不到的。

（4）所谓泄愤报复殴打嫌疑人，这一点辩护人不持异议。

（5）关于违法传唤王C的问题，我们注意到在现场王C本来并不是执法对象，本应配合警察执法，但是王C在现场有手持手机对着警察恶意拍照的行为，严重干扰了警察执法，所以辩护人并不认为将王C带回派出所是滥用职权。值得一提的是，警察对嫌疑人采取留置措施，或者叫带回派出所继续盘问，按照规定可以“先带回，后审批”，所以王某某的这个措施不构成滥用职权。

3. 关于“12・13”案造成了特别恶劣的社会影响，损坏国家机关声誉的问题。辩护人坚决反对这种错误认识，起诉书把它作为被告人犯滥用职权罪的定罪或者量刑条件，是不能成立的。

（1）“12・13”案之所以在网络上掀起轩然大波，与死者家属等人谎言欺骗记者，个别媒体在不明真相的情况下借题发挥，一些别有用心的“公益人士”肆意制造一个又一个新闻事件，恶意炒作推波助澜有直接关系。用谎言包装一个悲情故事，利用敏感的社会问题招来社会的广泛关注，这种恶果不是王某某造成的。

（2）一些不负责任的记者用视频截图制造轰动效应，让公众在不了解事件的来龙去脉、前因后果的情况下产生错误判断，形成一边倒的舆论导向，造成恶劣影响。这不是“12・13”案的真相，也就不可能是“12・13”案的真实舆情。辩护人当庭举证显示，中央电视台2015年1月29日“焦点访谈”播出“不该发生的非正常死亡”节目之后，“凤凰视频”网站有1411位网友跟帖，可以发现真相揭露后有关“12・13”案的舆情发生了根本的变化，“支持警察执法，谴责受害人周某某和王B抗法行为”的网友占到了76%。事实上，关于本案的舆情还在继续发生着变化，随着判决作出，相信更多的人会作出正确的判断并得到有益的启示。

尊敬的各位法官，警察执法过程中存在的问题确实很多，但是警察的权威不容削弱，警察的合法权益需要保护，我们的管理体制，我们的国民教育，我们的媒体，我们的司法判例一定要尽其所能，为保障和维护警察执法权作出努力，如果听任各种侵警袭警事件、挑战警察权威的事件不断发生，我们的国家，我们全社会是要付出代价的！希望合议庭能够根据事实和法律对本案作出公正判决！谢谢各位法官！

我的辩护发言在庭审结束后的第三天，以“王某某无罪辩护词——人民警察正当行使执法权受法律保护”为题，在微信公众号等网络上迅速传播，短短10天阅读量近千万次，点赞10万多。一位旁听者在微信群发表了这样的评价：“柴律师发言结束，抛开观点对错不论，若单讲论辩技术，堪称一流。其语气沉重，最后在引用某知名警界专家对警民关系的担忧时，就像宋词所写‘竟无语凝噎’，七尺男儿，眼含泪水，颇能动人心魄！”

“12·13”案庭审得到了广泛关注和司法界的称赞，一位旁听者如此评价：“五天庭审结束，相信对站在不同立场的所有人，都是一次生动的法治课。整个法庭进程安排恰当，重点、焦点选取适当，法庭上各方充分淋漓地表达了不同观点，一些不规范的言行被及时制止，体现了法庭中立、公正、威严的风范。合议庭成员五天未喝一口水，端坐如山，反应敏捷，全神贯注。为我山西法律界人才济济而高兴，为太原中院‘12·13’案合议庭精彩的庭审驾驭技巧和忘我的敬业精神而欣慰！”

## 三、案件启示

2016年11月10日，经过长达一年半延期审理，太原市中级人民法院作出（2015）并刑初字第31号刑事判决书，纠正了检察机关的指控罪名，以“过失致人死亡”和“滥用职权”罪，从轻判处王某某有期徒刑5年。王某某未提出上诉，该案至此结束。

自“12·13”案案发以来，全国各地公安队伍通过该案件开展了各种形式的执法整顿和研讨活动。我们这个正在走向法治的国家和社会需要怎样的警察，需要怎样的警民关系；警察队伍如何严格、规范执法，树立执法权威；当涉警侵权事件发生后，公安机关如何及时介入调查和应对舆论，让警察的公信力不受影响等，这些现实问题引起了广泛思考和讨论。受“12·13”案启发，辽宁公安司法管理干部学院吴晓东老师经过深入思考和研究，创编了“警察现场执法的语言控制”，在全国各地进行讲授，取得了很好的效果。

就在“12·13”案开庭审理前夕的2015年5月2日，黑龙江省绥化市庆安火车站发生一起警察开枪制服犯罪嫌疑人致其死亡的事件：农民徐某合带着母亲和3个未成年的孩子出行，在庆安火车站与警察发生冲突，将自己的女儿扔向警察，并抢夺警械枪支，被值班警察李某斌开枪击毙。枪击事件发生后同样引起舆论的广泛关注，争议不断。公安部和当地公安机关第一时间组成专门调查组展开调查，2015年5月14日作出认定并向公众通报结果：民警李某斌开枪是正当履行职务行为，符合人民警察使用警械和武器条例及公安部相关规定。“庆安枪击”事件被认为是“12·13”案之后公安机关应对舆论关注热点事件、引导公众认识、及时平息网络争议的成功案例。

“12·13”案已经成为中国警察执法权保障的标志性案例。

“沉舟侧畔千帆过，病树前头万木春。”回首“12·13”案的始末，人民公安队伍建设全面加强，社会公众对警察执法的认识渐趋理性，法律尊严不断得到彰显，我国的法治建设可期可待。

# 杨某涉黑、涉恶犯罪“摘帽”案

贾朝阳

近日，我收到了一份涉黑涉恶案的一审判决。被告人杨某和家属权衡之后，决定接受判决结果，不再提起上诉。

此案侦查阶段，当地公安机关以组织、领导黑社会性质组织罪，非法拘禁罪，寻衅滋事罪，虚假诉讼罪，强迫交易罪五宗罪将杨某移送审查起诉。检察机关审查后“降格”为恶势力集团、非法拘禁罪、寻衅滋事罪提起公诉。一审法院判决仅以非法拘禁罪、寻衅滋事罪两罪判处有期徒刑 4 年 6 个月。

虽然这个判决结果距离真正的公平正义还有距离，但从量刑看，司法机关不仅为杨某摘去了“黑帽子”，而且最终也没有按照“恶势力集团 + 非法拘禁罪 + 寻衅滋事罪（多次）”的标准“顶格”判处至少 10 年有期徒刑。

辩护了一年多的案件终于尘埃落定，本案又是一个典型的争议型涉黑涉恶案件，值得总结一下。

## 一、基本案情

杨某系西北某县居民。2015 年 10 月，他从网上看到北京某“P2P”平台的宣传后，按照对方宣传的商业模式开始与其合作，在本县为该平台寻找借款客户，然后负责这些客户的后续催收。

根据合作协议，如果出现客户拖欠 P2P 平台借款，该平台会从杨某交付该平台的保证金中扣除相应的数额。后来果然出现个别客户欠款不还的情况，杨某通过电话、亲自上门催讨以及诉讼均无法有效催收。

2016年杨某又从网络上看到北京一家“债不愁”公司的宣传资料。该公司声称其培训的讨债方法系合法、有效的“阳光讨债”，在公安部备过案，申请过专利等。杨某信以为真，交了10万元的“加盟费”，并按照该公司的“培训方案”在本县成立了当地的“债不愁”讨债公司（挂牌未注册），雇用了当地社会人员徐某某等人作为讨债人员讨要之前P2P平台的欠款，同时也承揽一些个人委托的讨债业务。

该公司传授的讨债方法是——让讨债人员穿上印有“债不愁”字样的统一服装24小时跟随欠债人，但绝对不允许使用暴力、威胁的手段。杨某一直认为这种讨债方式是合法的“阳光讨债”。①

但杨某很快发现，这种讨债方式效果并不像预想那样奏效。公司挂牌以后仅成功讨得一笔他人委托的债务。所以杨某也不再热衷于“债不愁”的运作。杨某自始没有给徐某某等讨债人员发放过工资（按约定，讨债人员的收入来自讨债所得的“提成”）。

后徐某某等人又主动找到杨某，请求给些“业务”做。杨某便继续委托徐某等人向P2P平台欠款客户及自己的一些债务人讨债。徐某某等人先后六次用“跟帖”、在债务人家中静坐、滞留、做饭等方法讨债，其中一次还在债务人居住小区悬挂侮辱性的标语横幅，喷漆等方式方法讨债，但始终未使用暴力、威胁方法。其间，也有部分被讨债人向公安机关报案，但公安机关或是以系民事纠纷为由不予受理，或仅对讨债人员作出行政处罚。

因徐某某等人通过“跟帖”方式仅讨得一笔债务。对其余仍未能讨取的债务杨某自己继续进行催讨，其中对文某某提起了民事诉讼；对汤某某提出用猪仔抵债的请求，杨某开始不愿意，后勉强同意以20余头猪仔抵项9000元的本金和利息（实际刨除变卖成本，杨某仅得3000余元）。

2018年1月，“扫黑除恶”正式在全国范围展开。被杨某用“债不愁”方法追讨欠款的一些客户为躲避还款向公安机关报案，杨某于2019年8月

① 当时关于以“跟帖”、滋扰方式讨债属于“软暴力”的司法解释尚未出台。

7日因涉嫌组织、领导黑社会性质组织罪，寻衅滋事罪，非法拘禁罪被当地检察院批捕。

审理杨某诉文某某民间借贷的民事法官看到杨某因“涉黑”被捕，遂以司法建议形式将该案移送公安机关处理，公安机关以虚假诉讼罪一并立案侦查，同时将汤某某以猪仔抵债的事实以强迫交易罪立案。

此外，公安机关、检察机关将徐某某等人自行实施的与杨某没有任何关系，杨某也毫不知情的打架、聚众、寻衅滋事行为一并计入黑社会性质组织的“组织犯罪”之中，由杨某作为“黑社会性质组织”的组织者、领导者一并承担责任。

## 二、案件焦点

1. 本案是否存在应当依法排除的非法证据?

2. 杨某成立“债不愁”公司并雇用徐某某等人讨债的行为是否构成“黑恶”性质犯罪?

## 三、办案思路与辩护意见

### （一）非法证据排除问题

由于当地司法机关人为设置障碍，辩护律师在侦查阶段及移送审查起诉之初一直无法会见杨某，只能一边维权争取早日会见，一边先从阅卷开始着手工作。但在阅卷过程中，辩护人首先注意到两份异常的讯问笔录。

第一份讯问笔录的时间是某日00:53—4:10，地点是在县公安局刑警队，当时公安机关还没有对嫌疑人杨某采取拘留的强制措施。虽然讯问笔录记载的开始时间是00:53，但辩护人认为按照常理公安人员不可能在凌晨时分将杨某传唤到刑警队，杨某被传唤到案的时间应该远远早于讯问开始的时间。此外，该份讯问笔录除了附有一张《犯罪嫌疑人诉讼权利义务告知书》外，并无载明传唤起止时间的传唤证。第二份讯问笔录则是在杨某正式被刑事拘留之后所作，违法取证嫌疑更为明显，时间也发生在凌晨时分，地点则由

“刑侦大队”手工涂改为“看守所”。此外，公诉机关始终未能提供案卷中所有讯问笔录的同步录音录像资料。

通过阅卷辩护人初步判断，侦查人员在没有正式传唤手续的情况下，长时间限制了杨某的人身自由，在非羁押场所于凌晨时分对杨某进行了长达至少4小时的讯问，形成了第一份认罪的供述笔录。第二次有罪供述则是在正式拘留杨某之后，又将其从看守所提出进行深夜讯问形成的。而纵观整个案卷材料，其他各次询问、讯问笔录中，杨某都坚持无罪的辩解。

辩护人带着上述疑问，继续审查这两次讯问笔录的具体内容，发现在两份笔录中，杨某所承认的内容与之前人身自由未受限制时询问笔录中的说法大相径庭，且对自己涉嫌犯罪的讨债行为使用了类似“跟帖、辱骂、恐吓、侮辱诽谤、限制人身自由等方式”这些明显是专业司法人员语气的措辞和表述。而同样的表述，几乎原封不动地出现在其他同案嫌疑人的供述笔录中，明显是复制、粘贴形成的。

辩护人在阅完卷后不久，会见问题也终于解决，于是带着上述问题前往看守所会见杨某与其当面核对。果然，杨某不仅否认了上述笔录中那些说法出自己之口，而且明确指出这些有罪供述是办案人员在刑警队宿舍里对其刑讯逼供得来的（具体的情形从略），自己实在痛苦不堪，根本不敢也没有仔细核对笔录的情况下签字、捺手印形成上述所谓讯问笔录的。

在确定侦查机关存在严重刑讯逼供的情况下，辩护人正式向法院提交了《非法证据排除申请》，请求向公诉机关调取杨某供述笔录的同步录音录像资料以核实其有罪供述的合法性与真实性。侦查机关果然无法提供同步录音录像资料，其出具的工作说明中理由是——“因我局办案中心处于维修建设状态，无法正常使用，故没有对杨某的讯问过程进行同步录音录像”。

庭前会议中，辩护律师又要求调取杨某在看守所期间的出入所记录，以及在看守所关押期间接受讯问的同步录音录像资料。看守所出具的工作说明虽然荒诞不经——“我所监控录像资料只保存三日，之前监控资料已被覆盖”。（注意：辩护人要求调取的是杨某接受讯问时的同步录音录像资料，而不是监室内的监控录像资料。）但由看守所不同值班民警轮流签字形成的出入所记录台账却没人敢（也无法）造假。辩护人经过仔细核查，果然发现了与上述第二份有罪供述时间对应的杨某被提出看守所的记录。

但是，面对如此明显的非法取证行为，法庭最终居然还是不予排除非法证据，理由是“本院认为，杨某等人虽然以涉嫌犯组织、领导、参加黑社会性质组织罪被逮捕，但公诉机关最终以涉嫌恶势力犯罪集团案件提起公诉，故本案不属于涉黑案件。因此，没有制作同步录音录像资料不是排除本案非法证据的理由……”

尽管如此，这些关于非法证据排除的工作并非功败垂成，付诸东流。面对被辩护人揭露得如此明显的办案“硬伤”，办案机关不仅在提起公诉时就“降格”为“恶势力集团”，而且最终杨某作为第一被告，仅以非法拘禁罪、寻衅滋事罪判处4年6个月。这在当时的特殊背景下并不多见。

### （二）关于本案“黑恶”组织性质的辩护

如前所述，本案侦查机关是以组织、领导黑社会性质组织罪，非法拘禁罪，寻衅滋事罪，虚假诉讼罪，强迫交易罪五宗罪将杨某移送审查起诉的；后来检察机关虽然“降格”为恶势力集团，但仍以非法拘禁罪、寻衅滋事罪认定，并将“虚假诉讼”“强迫交易”作为“集团”的违法事实一并起诉。笔者认为，本案最大的问题在于整体“黑恶”性质的辩护，而不在这个罪部分。因此仅就“黑恶”的总体辩护重点分析。

辩护人认为，杨某委托他人讨债的行为方式虽然不当，也涉嫌违法犯罪，但其显然并未组建，也没有与徐某某等人形成恶势力犯罪集团，其本人更不是恶势力集团的头目。具体理由如下。

第一，从杨某与徐某某等人的实际关系来看，双方只是在讨债方面存在临时雇佣、委托、合作关系，而不是组织与被组织、领导与被领导、豢养与被豢养的团伙关系。

恶势力集团的头目就是我们俗称的“黑老大”，作为头目他应该是整个集团的核心人物、权威人物和灵魂人物，对整个集团的成员起着物质上的豢养和精神上的领导作用，其影响力、控制力应该及于整个集团的成员。但是，通过对前面各起违法犯罪事实的了解，我们能够清楚地看到杨某实在难以担当这个重要的角色和重任。

在案证据显示，徐某某、李某、张某某、于某某、王某某、王某甲等这些人的确在某某县形成了一个较为固定的团伙或组织，这个团伙是否构成了恶势力或黑社会性质组织，辩护人不做评论，但这些人经常纠集在一起，专以帮人讨债、站脚助威、寻衅闹事换取一些报酬，在当地产生了一定的恶劣影响是客观存在的事实。但杨某与他们显然不是一路人，而只是出于讨债的需求与李某、徐某某临时走到了一起，产生了雇佣、委托、合作的关系。至于徐某某、李某手下的“小弟”们，始终是听从徐某某或李某的召唤，杨某对他们既没有直接的领导、控制关系，也没有间接的影响力、号召力。

如果本案中的团伙已经达到了恶势力犯罪集团的标准，把这个恶势力集团画一个图谱，可以比作一座金字塔，坐在塔尖上的人应该是徐某某或李某才对。杨某则完全身处这个金字塔体系之外，他有自己正当的生意，仅仅是因为生意上的债务难讨，才向这座金字塔伸手寻求合作，但他与徐某某等人始终是“两路人”“两张皮”，与他们不是恶势力集团中组织与被组织、领导与被领导、豢养与被豢养的关系。这才是杨某在本案当中正确的位置。

第二，关于“债不愁”的误解——司法机关为什么会把杨某推上第一被告的位置。

既然如此，侦查机关、公诉机关又为什么会把杨某定位为所谓恶势力集团的首要分子呢？不得不说，这里的确有一个容易让人产生错觉的东西，那就是杨某所组建的“债不愁”讨债公司。

根据起诉书指控，公诉机关认定杨某与徐某某等人构成恶势力集团的依据正是在于杨某发起成立了某某县“债不愁”讨债公司，之后徐某某等人以“债不愁”员工的身份所实施的一系列与杨某有关或无关的讨债行为均被认定为“债不愁”的“公司行为”，从而认定杨某与徐某某等人构成了“债不愁”恶势力集团，进而将徐某某等人个人实施的其他违法犯罪行为也一并计入“债不愁”这个恶势力集团犯罪之中。

但仔细分析“债不愁”的来龙去脉和实际运行情况，就会发现它与本案中的恶势力集团虽然有交集，但根本不是一回事，千万不能把“债不愁”本身作为恶势力集团来指控和定罪。

首先，从杨某成立“债不愁”公司时大力正面宣传的情形看，明显不符合恶势力集团的特征。

在案证据证实，所谓“债不愁”并非杨某的原创发明，而是来自北京的一家号称合法、正规的讨债公司。杨某因为相信其对“跟帖”这种催收方法的合法性宣传和保证，所以决定加盟以解决自己经营“翼龙贷”的逾期催收问题，同时也想通过这种方式在社会上承接一些讨债的业务，一举两得。所以杨某将“债不愁”公司从北京引进到某某县时，不仅正式对外办公场所进行装修，悬挂 Logo 标识，配备服装、车辆，而且借元宵节之际，在县城闹市区敲锣打鼓、扭秧歌、放鞭炮，向群众散发宣传资料，对“债不愁”进行大力的公开宣传。

如果杨某当时清楚认识到“跟帖”方法属于后来国家法律严厉打击的“软暴力”，以这种讨债方式为经营手段可能涉嫌黑恶势力犯罪，他又怎么敢如此大力、正面、阳光地对“债不愁”公司进行宣传呢？这显然不符合生活的常识和普通人的认知。将这种大张旗鼓、正面宣传的公司经营行为直接认定为恶势力集团宣告成立的行为，明显违背了我们生活的常识。司法机关在判断案件事实时一定不能违背“主客观相一致”的基本原则和生活的“经验法则”。

其次，从“债不愁”的发展运行情况看，徐某某等人后来的讨债行为也不是“债不愁”的“组织行为”，而是杨某的个人委托行为。

在案证据清楚地显示，“债不愁”公司成立后运行情况并不好，而且在向高某某讨债一笔之后又因为分润不公、李某出走而事实上归于消灭。后来，因为徐某某等人没有收入，因生活所迫又主动找到杨某请求“做业务”，杨某才将平台逾期不还的债务和一些个人的债务继续交给徐某某催收，至于其所采用的具体方法和过程，杨某只强调要用“跟帖”这种自认为合法的手段，其余则一不知情，二不过问，只在最终实际讨债成功后给徐某某等人分取一定比例的报酬。也就是说，后来徐某某等人的“讨债”行为都是基于杨某的个人委托，服务于杨某的个人利益。只不过这些人有时候还穿着当初“债不愁”的马甲，打着“债不愁”的旗号。这些讨债行为可以算作徐某某等人本身“组织行为”“集团行为”的一部分，但不能因为是打着“债不愁”的幌子，就直接定性为“债不愁”的“组织行为”或“集团行为”。

最后，从造成的影响范围和后果来看，杨某不符合恶势力犯罪集团头目的特征。

杨某的所有行为均围绕“讨债”展开，且均为“翼龙贷”或其个人的合法债务，其委托徐某某等人用不当手段讨债所滋扰的对象和范围也仅限于这些欠钱不还的债务人，具有明确的针对性，而不是针对不特定多数的人民群众。没有给与其不存在债权债务关系的普通社会公众的生产、生活秩序造成负面影响，因此就杨某本人而言，其行为不符合恶势力集团的影响特征。

从生活的角度看，辩护人认为，既然杨某被侦查机关、公诉机关定位为“本县最大的‘黑社会’‘恶势力’头目”，那么他在本县应该是一位妇孺皆知，令人闻风丧胆的人物才对。辩护人从侦查阶段就介入本案，先后前往该县十余次，开庭期间又因为疫情的影响滞留当地整整两周。其间，辩护人几乎走遍了该县的每一条大街小巷，所到之处都要和当地老乡聊一聊，做一个随机调查——“你们听没听说过杨某这个人没有?”令辩护人感到惊奇的是，居然没有一个人表示听说过杨某其人其事！这也清楚地反映出，杨某根本没有达到所谓“为非作恶、欺压百姓”的程度，不符合恶势力集团的影响特征。

至于徐某某等人在杨某委托的范围之外，又有其他一系列的违法犯罪行为，造成重大影响，则与杨某没有关系。不能因为在讨债部分有交集，就把徐某某等人的影响力牵连到杨某的身上，而且认定杨某是集团的头目。这显然是不客观、不公平的。

综上，杨某因为文化水平低，法律意识淡薄，出于法律认识错误而委托徐某某等人采用“跟帖”手段讨债的确不当，但绝不直接等同于“恶势力犯罪集团”。杨某本人就是一个辛辛苦苦的小老板，在生意难做、债难要的现实困境中，一时糊涂，委托徐某某等人采用不当手段讨要了几笔合法债务，其中在向惠某某讨债事件中，手段过激，造成了比较严重的后果和恶劣的影响，涉嫌寻衅滋事罪，这才应该是本案与杨某有关的客观事实原貌。

如果把杨某所涉嫌的寻衅滋事罪和徐某某等人单独实施的一系列违法犯罪行为在“债不愁”的影子下机械叠加，人为放大、“拔高”认定为恶势力集团的有组织犯罪，并定杨某为集团头目，最终处以人身与财产的重刑，不仅偏离了罪刑法定和罪刑相适应的基本原则，也明显违背了社会公众朴素的是非观和正义感，更会让“扫黑除恶”这场伟大的人民战争偏离法治的轨道，违背中央政策的本意。

## 四、案件启示

辩护人在为期两周的庭审中，详细阐述了上述辩护理由。虽然最终未能使杨某彻底脱罪，但能够获得开头部分所说的实际的最低量刑处罚，得到当事人家属的认可与感谢，也算另一种成功的辩护吧。

辩护人在办案过程中也深深体会到，在特殊的背景下辩护人虽然不能左右大形势，但每个人朴素的正义感和良知是不会变的。辩护律师只要能以事实为依据，将情、理、法说透、说到位，就能触动人心，发挥应有的作用。这也算“涉黑涉恶”这类特殊案件的务实辩护之道吧。

# 龚某行贿二审改判案

秦根才

## 一、基本案情

2008 年 2 月至 2013 年 1 月，上诉人龚某在任某市 A 医疗器械有限公司、某省 B 医疗器械有限公司、某市 C 医疗器械有限公司、某市 D 医疗器械有限公司业务员期间，为向某县医院（国有事业单位法人）骨科、骨一科推销医疗器械，通过李某某、张某等人先后多次送给骨科、骨一科回扣款共计人民币 1, 858, 200 元。某县人民法院于 2015 年 7 月 14 日作出（2014）某刑初字第 00285 号刑事判决，以被告人龚某犯行贿罪判处有期徒刑 10 年并处没收财产人民币 5 万元。龚某不服提出上诉。东卫律师事务所接受上诉人龚某委托后，指派我作为其辩护人参与二审的诉讼活动。

## 二、案件焦点

参与本案的诉讼活动后，我研究了《刑法》第 389 条、第 391 条、第 393 条等条文及最高人民法院、最高人民检察院《关于办理商业贿赂刑事案件适用法律若干问题的意见》等相关刑事法律规范等。根据本案一审判决和卷宗资料，我认为本案的焦点应该是上诉人龚某的行为到底应该构成“行贿罪”“对单位行贿罪”，还是“单位行贿罪”？

## 三、办案思路与辩护意见

本律师参与诉讼时，上诉人龚某已经在一审辩护人的帮助下，成功递交了刑事上诉状，但我认为原上诉状需要进一步补充完善，于是我向二审法院提交了补充上诉意见。鉴于本案一审部分事实认定和适用法律错误，书面申请二审法院开庭审理并获准许。经过反复细致阅卷并多次会见上诉人龚某核对本案案情，尤其是结合庭审情况，我在二审开庭时提出以下辩护意见。

1. 一审判决认定对个人行贿证据不足。

（1）本案一审判决书认定了龚某行贿的事实。但我发现原审起诉书显示，“龚某……先后多次送给县人民医院骨科回扣款 1,889,000 元，其中送给李某某组 1,058,800 元，送给骨科张某组……本院认为龚某为向县医院骨科推销医疗器械……多次给予回扣”，由此表明检察机关是以龚某对某县人民医院骨科李某某组及张某组作为行贿对象认定的，侦查卷宗中的所有证据指向也均是对单位行贿，而不是对个人行贿。

（2）龚某、李某某、张某的讯问笔录也可以证明龚某是送给以李某某、张某为负责人的骨科的。龚某先送回扣给负责人，再由负责人分给科室内相关医生。目的是让这些医生多向患者推荐销售该产品。龚某看重的是能向患者推销器材的骨科医生。尤其是收来的回扣除了分给相关医生一部分外，还用于科室的其他福利项目，即从收取回扣的使用去向可以证明是对单位行贿。

（3）龚某送给相关医院骨科回扣款后是留在科室、上交医院还是医务人员私分，不是龚某的主观意志能控制、决定的，该纪律或法律责任不应该由龚某承担。龚某和负责人以外的医生没有行贿的意思联络和客观行为，一审判决以骨科负责人将部分回扣私分为由判定龚某行贿罪，违背罪责自负原则，因此是严重错误的。再者，如果李某某、张某等骨科人员收到回扣后，没有私分，而是全部用于科室事务，再如实进行会计核算及记录入医院或科室账务，那么就不仅不会构成犯罪，甚至连《企业财务通则》等法规也没有违背，因为对于医院的商业医疗服务活动来说，接受销售折扣也是财务通则允许的。

2. 龚某送回扣的行为是屈于惯例或被勒索的行为。

检察机关对龚某的讯问笔录显示：“（医疗）行业存在很大竞争，我不送，别人送，他当然就不用我的器材了，为了增加市场竞争力，占有市场才送回扣给他们。”收到回扣的医生也表示：“在我到骨科之前就有回扣，所以我们一直在收……组和科不用他们的产品，肯定就不给了。在招标范围以内已经进入我们医院的产品，组科负责人有权决定使用哪家产品，对产品的选择有决定权。”因此，可知相关公司也和某县医院长期交往，深知该习惯或行业潜规则：不送回扣，就别想向某县人民医院销售医用器材。即使中标企业，资质齐全、质量合格也无例外。送适当的回扣与销售医用器材不可分，是业内公开的秘密，同期内还没有不送回扣就向该院销售的先例，已成变相被勒索。

根据裁判文书网公布的某地区某县人民法院（2014）东刑初字第0002号、（2013）东刑初字第0752号及某县人民法院（2014）某刑初字第00305号刑事判决书及本案法庭调查结果涉及其他企业的业务员的情况，尤其是检察日报社多媒体数字报刊平台发布的《无贿不成交，医疗带头人收受回扣365万》足以说明：至少在某地区给县医院骨科医生送回扣，希望获得医生向患者推销医疗器械，已成潜规则和惯例，送回扣已成完成销售的附加条件。另外，《刑法》第389条第3款规定，因被勒索给予国家工作人员以财物，没有获得不正当利益的，不是行贿。由此可以得出，迫于某种压力或屈于惯例不得已而为之的，不应该构成本款所说的行贿罪。

3. 接受回扣的主体不是从事公共事务的国家工作人员。

根据《全国法院审理经济犯罪案件工作座谈会纪要》的相关规定可知，从事公务的人员的特征是行使国家管理职能和依法从事公务。公务的主要表现为与职权相联系的公共事务以及监督、管理国有财产的职务活动。不具备职权内容的劳务活动、技术服务工作……一般不认为是公务。众所周知，公共事务是指为了满足社会全体或大多数成员的需要，体现他们的共同利益，让他们共同受益的那类事务。其表现形式之一是公共服务。公益性是其显著特征及其受益对象是一定范围的社会公众。行使国家管理职能和依法从事公务的相对人是无法选择的。

本案中《某县人民医院植入性医疗器械、高值耗材使用管理制度》、《植入性材料申购制度》及相关讯问笔录可以证明，李某某、张某仅是某县人民医院临床科室骨科一、二组负责人，并不是器械科等代表医院对社会进行医用器材招标采购的专门科室负责人，他们的服务对象仅是到该医院骨科就医的患者。其推销行为是否成功取决于是否到该医院骨科就医，尤其是患者及其家属是否同意选用。患者可以选择是否到某县医院就医，可以选择是否选用相关医生推荐的医疗器材。龚某送回扣给科室负责人的目的是希望该科室相关医务人员在医疗活动中而不是医疗器械的招标采购活动，利用开处方的职务便利，向病人及其家属推荐使用其产品，是否使用由病人及其家人决定。一方面，相关医务人员的医疗中的产品推荐活动是服务对象不是某县的不特定的社会公众，而是到该医院骨科就医的特定个体患者。另一方面，其医疗服务是一种有偿的双方可以选择的商业服务，该科室医生不是行使国家管理职能和依法从事公务，其上述服务是因受聘于该医院而提供的医疗服务——劳务，是医疗专业技术服务，和他们是骨科主任职权没有关系，他们的上述服务没有利用骨科主任或组长的职权，利用的仅是具有骨科医疗专业技术的临床医务人员开处方的职务便利。

另外，最高人民法院、最高人民检察院《关于办理商业贿赂刑事案件适用法律若干问题的意见》第 4 条明确规定，医疗机构中的国家工作人员，在药品、医疗器械、医用卫生材料等医药产品采购活动中，利用职务上的便利，索取销售方财物，或者非法收受销售方财物，为销售方谋取利益，构成犯罪的，依照《刑法》第 385 条的规定，以受贿罪定罪处罚。医疗机构中的非国家工作人员，有前款行为，数额较大的，依照《刑法》第 163 条的规定，以非国家工作人员受贿罪定罪处罚。医疗机构中的医务人员，利用开处方的职务便利，以各种名义非法收受药品、医疗器械、医用卫生材料等医药产品销售方财物，为医药产品销售方谋取利益，数额较大的，依照《刑法》第 163 条的规定，以非国家工作人员受贿罪定罪处罚。

本案中送回扣的行为不是发生在招标采购环节，而是相关器械的生产企业已经法定程序经过招、投标程序，该医院骨科的医生，利用开处方的职务便利向患者及其家属推销，患者选用的过程中。依照上述规定也不应该认定李某某等骨科医生为国家工作人员。

4. 龚某送回扣的行为是代表相关企业的职务行为。

《民法通则》第43条规定，企业法人对它的法定代表人和其他工作人员的经营活动，承担民事责任。虽然，授权委托书上没有明确授权龚某对某县人民医院送回扣，《民法通则》第63条第2款也规定代理人在代理权限内，以被代理人的名义实施民事法律行为。被代理人对代理人的代理行为，承担民事责任。但是该法第67条还规定代理人知道被委托代理的事项违法仍然进行代理活动的，或者被代理人知道代理人的代理行为违法不表示反对的，由被代理人和代理人负连带责任。而本案中：

（1）某医疗器械有限公司的企业法人营业执照可以证明龚某是某医疗器械有限公司的法定代表人。其销售某公司经销产品的行为，无须授权，即可被认定为相关公司的职务行为。

（2）《植入性材料申购制度》写明：凡在该院供应植入性医用材料商都必须提供《代理授权委托书》等文书，尤其是龚某在法庭调查阶段的陈述可以充分证明：龚某是接受企业法人委托，代表相关医疗器械公司在某县医院销售医疗器材的，他的相关销售行为是代表相关公司的职务行为。

（3）检察机关对龚某的讯问笔录可以证明，龚某送回扣是其完成销售取得货款必不可少的条件。所以龚某送回扣也是代表相关医疗器械公司销售医疗器材的职务行为的一部分或附条件，相关法律责任也不是个人责任，充其量也就是一个直接责任人或主管的责任。相关公司也和医院长期交往，深知该习惯或行业潜规则：不送回扣，就别想向医院销售医用器材。

（4）相关公司情况说明可以证明，龚某是相关公司的业务员，负责将相关公司的医用器材销售给某县人民医院。公司收到县人民医院医疗器材款后，扣下一定的税款和管理费后，其余部分由公司汇给龚某，龚某与器材生产厂家结算货款等。这可以证明龚某送回扣取得的利益仅是相关企业收回货款中的一部分，送回扣获益的不仅是龚某个人还有公司的管理费等。

5. 片面推算得出龚某送回扣的实际金额不能作为认定本案事实的证据。

《刑事诉讼法》第53条规定：对一切案件的判处都要重证据，重调查研究，不轻信口供。只有上诉人供述，没有其他证据的，不能认定上诉人有罪和处以刑罚；没有上诉人供述，证据确实、充分的，可以认定上诉人有罪和处以刑罚。证据确实、充分，应当符合以下条件：（1）定罪量刑的事实都有证据证明；（2）据以定案的证据均经法定程序查证属实；（3）综合全案证据，对所认定事实已排除合理怀疑。

综观本案卷宗可知，一审法院认定龚某送回扣的实际金额为1,858,200元是按照《某县人民医院特殊材料使用申请单》汇总的《某某年—某某年销售骨科植入性器材、高值耗材统计表》中的金额（销售收入）累计乘以20%推算加上诉人供述的十位或百位以后尾数不计，推算出的。虽然有相关证人证言及上诉人供述还有书证——《某县人民医院特殊材料使用申请单》相互印证，但这并不是龚某实际送给骨科回扣金额的累计总和。因为一审判决认定1,858,200元的证据，不能排除本律师的合理怀疑，即一审判决认定龚某实际送回扣金额为1,858,200元存在重复计算的问题。

首先，《某省工商局名称变更核准通知书》可以证明某公司变更名称保留期至2010年10月23日。保留期内，登记机关准予变更登记前不得用于从事经营活动。核准日期2010年4月23日，正常情况下在2010年2月23日到准予某甲公司变更为某乙公司以前，某甲公司不应该用于经营活动，某县人民医院不应该有某甲公司的销售记录。某乙公司在2010年4月23日至10月23日可以保留名字。绝不应该同时既有某甲公司又有某乙公司的销售记录，可本案中上述列表中不仅有某甲公司又有某乙公司，甚至有时同一天既有某甲公司又有某乙公司的销售记录。因此，本律师有理由相信在该期间销售统计有重复计算的可能，公诉方应该举证排除。

其次，众所周知，送回扣理应是销售方将实际取得货款中一部分送给购货方。也就是说，如果没有取得货款，销售方不付回扣，或收到货款少付回扣都是正常的。龚某的当庭陈述也可以证明，龚某代表相关企业给医院骨科送回扣正是按照医院实际支付货款的不同比例支付的。

最后，根据龚某的供述及法院卷中一审辩护人提供的某县人民医院付款表可以证明，医院还有2,736,398（2,554,221+182,177）元货款未付给龚某所代表的企业，还存在多付另一公司货款25,982元，而计算回扣时已错误计算在实际送回扣内的货款金额为2,762,380元，这些相关货款的回扣，龚某实际未送或要退回该项款项的回扣。所以，龚某实际送回扣的金额，应该扣除这部分回扣按照20%计算为552,476元。另外，还有比例15%的，根据一审判决书可知某甲公司和某乙公司实际回扣款的统计时间有重合部分，因此本律师有理由相信相关金额的统计有重复部分。因此，一审没有考虑扣除某县人民医院未付货款部分的回扣，其片面推算认定实际回扣款金额的供述等证据是不真实的，更是不能排除合理怀疑，没有确实、充分的证据证明，因此不应该作为认定本案事实的依据，尤其是该数额在一审过程中直接影响犯罪情节——数额是否特别巨大。

6. 龚某送回扣以后没有获得不正当利益。

根据《某县人民医院植入性医疗器械、高值耗材使用管理制度》《相关统计材料》《特殊材料使用申请单》，以及检察机关对张某的讯问笔录，尤其是龚某的当庭陈述可以证明，龚某所在的企业均是某市卫生局招标中标企业，均向该医院备案了必需的资质文件，价格是生产企业制定的中标价格，产品质量合格。其获得的只是销售量大带来的正当、合理、合法的利润或利益。至今检察机关没有向法庭提交龚某违规违法向该医院提交证明龚某所代表的企业获得不正当利益的证据。

虽然根据最高人民法院、最高人民检察院《关于办理行贿刑事案件具体应用法律若干问题的解释》（法释〔2012〕22号）第12条第2款的规定，可能因为龚某送回扣给李某某组和张某组的医生后，相关医生违背公平公正原则，在推销医疗器械的活动中为龚某谋取竞争优势，而认定龚某谋取不正当利益。但是龚某毕竟是中标企业合格产品销售企业代表，其供应产品的价格又是中标价格，其谋取的是正常合法的商业利润利益。李某某及张某等医生也没有违背医院的规定程序和要求为龚某代表的企业提供帮助和方便条件。

7. 龚某送回扣的行为没有造成危害后果，到案后能够如实供述，还配合侦查机关自费长途跋涉通过孙某某家人劝说其投案自首。

根据最高人民法院、最高人民检察院《关于办理行贿刑事案件具体应用法律若干问题的解释》（法释〔2012〕22 号）第 8 条规定，行贿人被追诉后如实供述自己罪行的，依照《刑法》第 67 条第 3 款的规定，可以从轻处罚；因其如实供述自己罪行，避免特别严重后果发生的，可以减轻处罚。因此，可以认为，即使龚某构成行贿罪，只要龚某能够如实供述自己的罪行，可以从轻处罚，因其如实供述避免特别严重后果发生的，依法应该考虑减轻处罚。本案中的证据可以充分证明龚某如实供述了自己的罪行，得到侦查机关两次取保候审、一次监视居住的优待，还自费驱车数百里劝说孙某某的家人做孙某某的工作，让其投案自首，事实上孙某某也自首了。

尤其是患者并没有因为龚某代表相关企业送回扣而多付医疗费。至今检察机关没有向法庭提交龚某违规违法向该医院提交质量不合格产品，所引起的不良反应的危害后果。而一审判决却没有考虑减轻处罚的问题。

## 四、案件启示

经审理，某市中级人民法院认定原审判决定性错误，适用法律不当，对本律师的辩护意见予以采纳，于 2015 年 11 月 9 日作出二审判决书：撤销原判，以对单位行贿罪改判上诉人龚某有期徒刑 1 年。该结果使上诉人龚某从原判 10 年减为 1 年，大幅度降低有期徒刑的期限，并减掉处没收财产 5 万元的附加刑，有效维护了上诉人的合法权益。

该案结果虽然相当不错，但也引发本人诸多思考。在这类案件中法官、检察官及律师会重点考虑送回扣是否履行相关财务等手续，回扣的金额，收受回扣的主体是不是国家工作人员，送回扣对象是单位还是个人，还有收受回扣发生在哪些环节，送回扣造成的后果，并因此判断是否构成犯罪及应该构成什么罪。如果金额较小，没有达到刑法规定的情节严重的数额标准，或者按照商业折扣、折让的财务制度，进行会计核算和记账，就不应该构成犯罪。收回扣的主体是没有公共事务职能的非国家工作人员，就不应该构成受贿罪。本案一审法院的法官就是将收受回扣主体误认为是骨科主任，才认定龚某构成行贿罪。二审法官就是考虑到收受回扣的主体是以×主任为负责人的骨科，收受回扣并未被×主任一人占有，而是根据各医生推销数量多少分给各相关医生及个人，才判定龚某构成对单位行贿罪。有争议的是，龚某的送回扣行为是不是代表相关企业的职务行为。如果是，就应该是单位犯罪。龚某的行为是否为谋取不正当利益。一般地说，谋取不正当利益，既包括谋取的利益是违反法律法规及政策规定的，也包括违反有关规章制度的情况。如果行为人谋取的利益是正当的，迫于某种压力或屈于惯例不得已而为之的，则不构成本款所说的行贿罪。行贿犯罪中的“谋取不正当利益”，是指行贿人谋取的利益违反法律法规、规章、政策规定，或者要求国家工作人员违反法律法规、规章、政策、行业规范的规定，为自己提供帮助或者方便条件。龚某所在的企业均是某市卫生局招标中标企业，均向该医院备案了必需的资质文件，价格是生产企业制定的中标价格，产品质量合格。其获得的只是量大带来的正当合理合法利润利益。

目前司法实践中，违背公平、公正原则，在经济、组织人事管理等活动中，谋取竞争优势的，一般都认定为“谋取不正当利益”。违反国家规定是指违反全国人大及其常委会制定的法律和决定，国务院制定的行政法规和行政措施、发布的决定和命令。医院骨科主任等医生利用处方的权利向患者推销医疗器械的行为是不是公务行为。从事公务，是指代表国家机关、国有公司、企业事业单位、人民团体等履行组织、领导、监督、管理等职责。公务主要表现为与职权相联系的公共事务以及监督、管理国有财产的职务活动。如国家机关工作人员依法履行职责，国有公司的董事、经理、监事、会计、出纳人员等管理、监督国有财产等活动，属于从事公务。那些不具备职权内容的劳务活动、技术服务工作，如售货员、售票员等所从事的工作，一般不认为是公务。该医院骨科主任等医务人员，利用开处方的职务便利，以各种名义非法收受药品、医疗器械、医用卫生材料等医药产品销售方财物，为医药产品销售方谋取利益，数额较大的，应该依照《刑法》第163条的规定，以非国家工作人员受贿罪定罪处罚。

在现实当中，确有不少企业为了拉客户，多销售，在进行送回扣。对于这些回扣尤其是私营或个体企业，最好按照商业折扣、折让的财务制度进行相关会计核算和账务处理。这样，可以避免刑事法律风险。如果涉嫌犯罪被采取刑事强制措施，建议在辩护律师的帮助下，根据具体案情及情节，判断是否构成犯罪及区分是哪种犯罪，争取对当事人有利的刑事处理。

# 吴某某掩饰、隐瞒犯罪所得案

张　军

## 一、基本案情

2018年9月5日，广西某市社保局遭遇电信诈骗。该局出纳接到自称警方的电话，称其涉嫌洗黑钱犯罪，专案组第二天要将其逮捕。该出纳为了自证清白，按照诈骗电话中的要求擅自违规操作转出资金，造成市社保局账户资金损失521.7万元。案发后，该社保局出纳向市公安局报案。因案情重大，当地高度重视，呈请由上级单位某市公安局管辖。

案发后，被诈骗资金迅速从社保局5个基金账户转出，转账达一百余笔。其中，70万元人民币于2018年9月5日被转入一银行卡个人账号，并在广东深圳市一家名为"JR伯珠宝有限公司"（以下简称JR公司）的POS机上刷卡消费。警方顺藤摸瓜，根据在JR公司的消费记录，发现该笔资金系潘某、杨某某夫妇支付的黄金款。同时，警方侦查发现，潘某、杨某某夫妇在上述电信诈骗案发前近一年时间从境外获得大量来路不明资金，用于在深圳购买黄金，并将所购大量黄金运送出境。公安机关遂将潘某、杨某某二人，JY公司和JR公司负责人吴某某等相关人员以涉嫌诈骗罪逮捕（杨某某夫妇后均因走私贵重金属罪被判刑）。

2017年9月，经常在深圳购买黄金的潘某、杨某某夫妇二人经过对比询价，选择向JY等黄金公司购买黄金。JY公司依据上海黄金交易所实时浮动的价格，每克黄金加价0.05～0.2元（利润率在千分之一左右）卖给潘某、杨某某。有时候潘某、杨某某购买黄金的量比较大，而JY公司库存黄金不够，JY 公司就会向 JR 公司等同行调货，然后交付给潘某、杨某某。JY 公司吴某某与潘某、杨某某建有一个微信群，群内成员除了潘某、杨某某，还有 JY 公司的销售员、报价员、会计、出纳、送货员等，双方在群里进行报价、下单、对账、发货等信息沟通。

2019 年 11 月 8 日，检察院将 JY 公司及公司的销售员、报价员、会计、出纳、送货员等以及 JR 公司的罪名，变更为涉嫌掩饰、隐瞒犯罪所得罪移送起诉，涉案数额为 70 万元。所有被告在检察院作认罪认罚并签署了认罪认罚具结书，JY 公司随即向检察院缴纳了 70 万元罚金。检察院于 2020 年 3 月 20 日向法院提交了量刑建议书。

2020 年 9 月 2 日本案开庭，检察院在法庭上突然撤回与各被告签署的认罪认罚具结书和量刑建议书，并于同年 10 月 27 日向法院移送补充起诉决定书，将 JY 公司掩饰、隐瞒犯罪所得罪的数额变更为 17.4 亿元，将 JR 公司犯罪数额变更为 5922 万元。公诉机关指控，自 2017 年 9 月以来，潘某、杨某某与 JY 公司交易金额累计为 17.4 亿元，与 JR 公司交易累计为 5922 万元。公诉人在庭审中指出，虽然只查实潘某、杨某某在 2018 年 9 月 5 日有 70 万元电信诈骗资金进入 JR 公司购买黄金，但是潘某、杨某某的资金来源不明，依据公安部“断卡行动会议纪要相关问题答疑”，将潘某、杨某某夫妇二人自 2017 年 9 月以来所有与 JY 公司的交易（累计金额为 17.4 亿元）认定为掩饰、隐瞒犯罪所得罪的数额；将潘某、杨某某夫妇二人所有与 JR 公司的交易（累计金额为 5922 万元）全部认定为掩饰、隐瞒犯罪所得罪的数额。

东卫律师事务所接受本案被告 JY 公司主要负责人吴某某的委托，指派张军律师担任其辩护人。

## 二、案件焦点

深圳水贝市场是国内最具影响力、交易量最大的黄金珠宝专业交易市场，JY 公司、JR 公司都是在该市场做黄金珠宝买卖生意的大商户。本案发生在日常的商业买卖中，如果按照本案的定罪逻辑，任何交易，只要交易者的钱款来路不正，接受方都可能触犯刑律，那么所有的房屋交易、文物交易、玉器珠宝，只要是大额交易行为，都有可能涉嫌掩饰、隐瞒犯罪所得罪的巨大风险。

如何合理推定掩饰、隐瞒犯罪所得罪中的“明知是犯罪所得或是犯罪所得收益”是本案的关键。对于本罪的明知有两个方面：一是明知的内容。应该是明知该物品是犯罪所得或犯罪所得收益。二是明知的程度。行为人明知的程度必须达到知道是他人的犯罪所得或犯罪所得收益，而不能是一般违法所得。对于明知的推定必须以客观事实为根据，不能凭借司法人员的主观推断来认定。该案的处理也会涉及被告单位当地类似行业数千亿元商业往来行为的刑事风险。案件经《南方周末》、红星新闻等媒体报道后引发广泛关注，办案当地的各级政法单位高度重视。由于本案涉及的刑法理论典型、复杂，具有很强的理论性和现实性，对于同类案件的办理也具有很强的参考价值。

## 三、办案思路与辩护意见

本案办案单位在广西壮族自治区，而被告单位在深圳市，案件的发生源于当地社保局被网络诈骗，具有特殊的地域、行业和时代性，难点和特点鲜明。为此，在检察机关对JY公司变更起诉金额为17亿余元后，除了东卫律师事务所接受负责人吴某某的委托，为其辩护外，中国政法大学著名刑法学者罗教授接受被告单位JY公司的委托，为被告单位JY公司辩护。

经过认真的研判分析，我们认为，从掩饰、隐瞒犯罪所得罪的立法本意，罪名变迁、沿革，到本案的主观、客观方面，均不符合掩饰、隐瞒犯罪所得罪的构成要件。

首先，掩饰、隐瞒犯罪所得罪是指明知是犯罪所得及其产生的收益而予以窝藏、转移、收购、代为销售或者以其他方法掩饰、隐瞒，JY公司和其他被告没有掩饰、隐瞒犯罪所得罪所要求的明知故意。

最高人民法院《关于审理洗钱等刑事案件具体应用法律若干问题的解

释》的理解与适用中指出：地下钱庄的财物并非都是犯罪所得，比如，出于逃避外汇监管、套取外商优惠政策、快捷简便地获取国际汇款服务等目的，都有可能通过地下钱庄等非法途径转移合法资金。① 因此，不能因为钱物来源为地下钱庄，就推定当事人具备掩饰、隐瞒犯罪所得罪的犯罪性明知。

掩饰、隐瞒犯罪所得罪是一种下游犯罪，虽然行为人无须对上游犯罪的具体犯罪及犯罪情节存在认识，但是必须认识到上游犯罪是犯罪，必须认识到犯罪所得是某种犯罪所取得的财物，而不能仅仅是一种模糊不清的来路不正。如果行为人只是知道该物品是他人违法所得，那么侵犯的将不再是司法秩序而是行政秩序，自然不应当构成本罪。

从相关司法解释规定和司法实践来看，下列因素是认定行为人是否存在犯罪性“明知”的关键：

第一，行为人见到、接触犯罪所得及其产生的收益的时间。如果是在深更半夜，或明知当地刚发生了重大盗窃、抢劫等犯罪案件，可能会是正在追缴的赃物等。

第二，本犯的一贯表现。如果行为人明知本犯一贯行为不法，曾有关盗窃、诈骗、抢劫等方面的犯罪记录等。

第三，物品的性质、形状、价格等。如果物品是违禁品、限制流通物等本犯自身不可能拥有的物品，或者物品显然被改头换面过，新物被当作旧物甚至废品急于脱手，或者所处理的物品为电力动力线、钢管、铁轨、机器配件，或者本犯出手的价格明显低于市场价格等，往往可以说明该物品来路不正。

第四，交易的方式。犯罪分子与本犯的交易往往非常诡秘，躲躲藏藏，不敢公开交易。

本案中，深圳 JY 公司是合法成立从事正常黄金交易的企业，其客户遍

---

① 刘为波：《〈关于审理洗钱等刑事案件具体应用法律若干问题〉的理解与适用》，载最高人民法院刑事审判第一、二、三、四、五庭主办：《刑事审判参考》第 104 集，法律出版社 2016 年版，第 183 页。

布各地，从事相关业务多年，此前没有任何违法经营的活动，也没有受到相关管理部门的处罚。JY 公司在每克黄金交易中，利润仅为 0.2～0.3 元，如此微薄的利润反映出这是一种非常正常的商业交易，行为人不可能存在对上游犯罪的明知。

杨某某并非社保局被诈骗一案的犯罪嫌疑人，JY 公司及相关员工也没有参与或明知他人对社保局实施过诈骗行为，JY 公司因正常业务经营而收到社保局被诈骗资金，主观上根本无从知晓和防范，其与社保局被诈骗资金没有刑法上的因果关系。JY 公司与杨某某的交易与正常市场的交易模式一致，交易的价格也属于正常的交易价格，业务一直是按照行业惯例正常开展，没有明显违背市场规则，也没有攫取巨额利益。杨某某本人或是潘某此前也未涉嫌犯罪被追究，他们也与其他商户进行黄金交易，对交易对象货比三家，寻求最合适的交易。因此，起诉书指控的所谓掩饰、隐瞒犯罪所得行为实际上均是正常的交易行为，公开、透明，交易的产品和方式均没有异常。起诉书用以证明犯罪的个别交易银行卡的冻结和资金在账户停留时间的情况也是水贝商户较普遍的现象，与黄金交易的特殊性相关，不能以此推定 JY 公司和其他被告的犯罪故意。

此外，交易过程中资金被公安机关冻结不能排除其他的合理理由，不能由此推定 JY 公司明知杨某某的资金为犯罪所得或其收益。冻结只是公安机关的一项工作措施，并非对资金性质的确定，更不是认定资金属于犯罪所得的依据。实际上，银行账户被采取冻结措施的理由有多种，可能涉嫌犯罪，也可能只是违法，甚至也可能是合法资金被临时冻结。就本案而言，公安机关冻结账户也未明确告知 JY 公司具体原因。JY 公司对资金账户所注意的风险仅是经营上的资金被冻结的财产风险，而并不是公安、检察机关所推定的明知是犯罪所得而故意规避的犯罪故意。

其次，深圳 JY 公司和其他被告等人的行为不符合掩饰、隐瞒犯罪所得的客观构成。

第一，本案缺乏掩饰、隐瞒犯罪所得罪的行为对象。

最高人民法院《关于审理掩饰、隐瞒犯罪所得、犯罪所得收益刑事案件适用法律若干问题的解释》第10条第1款规定，通过犯罪直接得到的赃款、赃物，应当认定为《刑法》第312条规定的“犯罪所得”。上游犯罪的行为人对犯罪所得进行处理后得到的孳息、租金等应当认定为《刑法》第312条规定的“犯罪所得产生的收益”。

从指控的上游犯罪的罪名来看，认定杨某某走私贵重金属罪的犯罪事实即便成立也根本不是上游犯罪，而是下游“犯罪”的下游。将下游的下游等同于上游，这在逻辑上是错误的，也是一种典型的循环论证。另外，即使杨某某的走私行为构成犯罪，也与JY公司无关，逻辑是，先购买黄金，走私行为即便存在，也是在购买黄金以后的犯罪事实，不存在掩饰、隐瞒犯罪所得的可能性。

第二，本案不符合掩饰、隐瞒犯罪所得罪的行为方式。

本案所涉嫌的掩饰、隐瞒方法不可能是窝藏、转移、收购、代为销售，那么它是否属于“其他方法”呢?

最高人民法院《关于审理掩饰、隐瞒犯罪所得、犯罪所得收益刑事案件适用法律若干问题的解释》第10条第2款规定：明知是犯罪所得及其产生的收益而采取窝藏、转移、收购、代为销售以外的方法，如居间介绍买卖，收受，持有，使用，加工，提供资金账户，协助将财物转换为现金、金融票据、有价证券，协助将资金转移、汇往境外等，应当认定为《刑法》第312条规定的“其他方法”。

该司法解释的撰稿人指出：在认定“其他方法”时，必须坚持以下几点：一是行为人的目的是掩饰、隐瞒上游犯罪人的犯罪所得及其产生的收益；二是这些方法与窝藏、转移、收购、代为销售在罪质上具有相当性；三是这些方法在客观上扰乱了司法秩序，妨害了司法机关对上游犯罪行为的追究。[①] JY公司接受杨某某购买黄金的钱款，这种行为是一种正常的商业往来，根本不具有掩饰犯罪的目的，行为方式也与窝藏、转移、收购、代为销售在罪质

① 陆建红等：《〈关于关于审理掩饰、隐瞒犯罪所得、犯罪所得收益刑事案件适用法律若干问题的解释〉的理解与适用》，载最高人民法院刑事审判第一、二、三、四、五庭主办：《刑事审判参考》第104集，法律出版社2016年版，第170页。

上没有任何相似之处。即便认定杨某某的行为属于走私贵重金属罪，JY 公司为其提供黄金的行为也根本无法妨害司法机关对走私罪的追究。

第三，深圳水贝市场是全国最大的珠宝黄金交易市场，由于交易量大和黄金产品的特殊性，交易金额大、涉及商户多，其交易过程存在一些与普通商品交易的特殊性。为了规避转账支付过程中的大额限制，或是出于避税的目的，其资金往来存在不规范的情形，但这种不规范完全不同于洗钱或是掩饰、隐瞒犯罪的行为。考察交易行为是否符合市场规则应当以水贝市场的黄金交易为参照，不能忽视其行业惯例来推定行为人的故意，任意出入于罪。人民币不同于一般涉案赃物，钱款本身就是种类物，具有通用性、无差别性，在没有充分证据的情况下，也无法辨识是否犯罪所得。

黄金是深圳水贝黄金原料交易市场上流动的普通货品之一，企业将黄金销售给自然人和自然人客户以其个人账户付款都属于惯常的交易行为。大多数黄金珠宝企业为方便生意往来，往往开立多个私人账户用于经营。一来因为黄金价值较高、交易金额大，银行对账户限额，所以买方和卖方通常都掌握有较多的个人账户，以便每天能够及时付款和收款。二来黄金珠宝公司采用这种方式进行付款和收款，以便业务员对不同客户的收付款进行分开核对，目的是方便交易对账，提高交易效率。在各地经营过程中，也会发生诈骗团伙或者其他不法资金去珠宝店消费，当地的珠宝商户并没有能力和义务去查清每一笔款的来源，也会导致相关企业在不知情的情况下接收到不法资金而被公安机关冻结账户。这种情况往往是商户预料之外，不能以此反推具备掩饰、隐瞒犯罪所得的故意。

## 四、案件启示

最终，经过认真细致的工作和艰苦、有效的辩护，二审判决改变了公诉机关指控和一审判决认定的 17 亿余元的犯罪数额，但依然认定涉案单位和个人掩饰、隐瞒犯罪所得 70 万元，并作出相应的处罚。我们始终认为，本案是一起发生在商业活动中的普通业务，涉案单位和个人并没有掩饰、掩瞒犯罪的故意和行为。从刑法的谦抑性，掩饰、隐瞒犯罪所得罪的立法本意和罪名变迁来考量，均不该定为犯罪。这也是本案遗憾的一点。法律是一种平衡的艺术，刑事立法和司法都应该秉持谦抑的原则。打击犯罪必须严格区分犯罪活动与经营活动中的违规与瑕疵，不能忽视正常的商业惯例，将商业交往不当拔高，导致人人自危，破坏正常的商业活动安全。

# 张某某被指控诈骗改判非法经营案

张　毅

## 一、基本案情

广州市A区人民检察院指控，自2018年8月起，梁某某伙同周某某、张某某等11人使用虚假姓名，在广州市A区组成诈骗集团，成立广州中某实业投资有限公司（以下简称中某公司），梁某某、周某某、张某某三人为该诈骗公司股东，并由梁某某任经理，负责公司整体运营，由周某某负责劳务纠纷调解工作及虚假投资平台的维护，由张某某负责财务审核工作。集团设六个业务部，各部门均负责拉人头招聘投资人，相关人员负责以专家、讲师身份开展业务培训，以成为公司正式员工需要在公司ASR平台上达到一定的业绩为由，诱骗被害人通过在违规搭建的虚假交易平台上开设账户进行投资，并帮助被害人向该平台注入资金，后该集团通过后台修改相关数据，造成被害人投资亏损的假象，骗取被害人投资款。梁某某将骗得的赃款用于股东、部门总监及业务部门分红、提成。根据审计结果，该集团于2018年8月至2019年5月17日共骗取80余名被害人投入资金5,474,610元，案发前收回680,546.45元，余4,794,063.55元尚未追回。

另查明，中某公司不属于金融机构和符合国务院外汇管理部门规定条件的其他机构，不具有在中国境内银行间外汇市场进行买卖外汇业务经营资质。

东卫律师事务所接受张某某的委托，指派张毅律师担任张某某的辩护人。

## 二、案件焦点

行为人未经国家批准，私设交易平台从事电子期货、外汇交易，吸引投资人在私设交易平台上操作交易，通过收取投资人交易手续费盈利，在吸引投资人过程中存在虚假宣传及投资人普遍亏损的情况下，行为人的行为构成诈骗罪还是非法经营罪?

## 三、办案思路与辩护意见

### （一）办案思路

针对网络平台炒外汇案件特点，结合司法实践，构成何种犯罪关键在于两点：一是盈利的来源是否赚取投资人的亏损。如果平台方和代理商的盈利来自投资人的交易成本和交易亏损而遭受的减损，投资人盈利则会直接导致平台方和代理商亏损，则可以认定主观上具有非法占有目的；反之，如果只是给投资人提供交易场所，只收取投资人在交易过程中产生的手续费，则不具有非法占有目的。二是是否因人为因素造成投资人亏损。如果平台方和代理商是依照正常的市场交易规则进行交易，不存在人为操纵行情、限制出金、后台操控、反向引导操作等行为，则不构成诈骗罪；如果平台方和代理商提供虚拟的、封闭的、具有对赌性质的电子盘、实施后台数据修改、反向指导等人为地故意造成投资人亏损，则可能构成诈骗罪。

### （二）办案过程

1. 侦查阶段。在接受委托后，笔者会见当事人详细了解涉案公司的运作情况，结合在网络上对 ASR 平台的检索，辩护人初步判断本案不构成诈骗罪，但可能构成非法经营罪。张某某曾因被判诈骗罪，对于刑事程序及罪名比较了解，知道此次涉案金额数百万元，具有累犯情节的结果，经律师向其说明，其同意诈骗罪无罪辩护，同时做非法经营罪的轻罪辩护。根据会见了解的情况，向侦查机关提交不构成诈骗罪的辩护意见、调取证据申请。

2. 审查起诉阶段。在阅卷后验证了判断，按照和当事人确认的方向展开辩护：一是针对案件存在的问题，向检察院提交了调取涉案平台资料的申请；二是针对平台能否修改数据的问题，提交了司法鉴定申请；三是对于犯罪金额问题，提交了司法会计鉴定申请；四是针对案件定性，提交了不构成诈骗罪，应改变定性为非法经营罪的两份法律意见书。辩护人反复约见承办检察官沟通辩护意见。检察机关非常重视辩护人的意见，先后两次退回补充侦查，三次延长审查起诉期限，但最终检察机关仍以诈骗罪起诉至法院。

3. 审判阶段。（1）在开庭前，为了使承办人在开庭前了解案件存在的问题，充分利用申请的方式向承办人员揭示案件存在问题和展示辩护意见：针对平台真实性问题，提交了《调取、核实交易平台真假以及修改后台数据的证据材料申请书》，在申请理由中详细写明 ASR 平台和数据真实的重要性，以及案件证据中存在的问题，法院回应等开庭后再决定是否调取及进行鉴定；对于犯罪金额，提交了《对涉案犯罪金额重新审计的申请书》《审计人员出庭作证申请书》，写明了审计报告存在的诸多问题；对于投资人是否存在错误认识及被骗，经过对投资人笔录梳理，提交了《被害人出庭作证申请书》，写明投资人笔录中存在的诸多有利事实；对于平台的司法鉴定，提交了《鉴定人员出庭作证申请书》；就法院因疫情原因通知视频开庭情况，提交了《延期开庭审理申请书》，充分陈述了线下开庭的理由，最后本案在 2020 年、2021 年两次线下开庭。

（2）第一次庭审中，通过庭审发问、证据质证环节，辩护人向法庭和其他同案人辩护人展示本案的 ASR 平台是真实的，交易数据是实时发生的真实交易数据，本案不构成诈骗罪的意见，引起其他辩护人认同，许多辩护人在其当事人认罪认罚的情况下，独立做不构成诈骗罪辩护。庭审后，法院要求控方就 ASR 平台和数据是否虚假提供证据，侦查机关委托司法鉴定机构对 ASR 平台能否修改数据进行鉴定。

（3）第二次庭审主要就控方提交的 ASR 平台司法鉴定进行质证，该鉴定证明辩护人提出的意见是正确的。

（4）开庭完毕后。在提交辩护意见之外，辩护人及时就案件证据提交更加详细的书面质证意见，同时提交制作投资人统计表、检索案例报告。

（三）办案意见

辩护人结合案件事实、证据，分析整个行为过程，指出检察院指控存在的主要错误；同时，根据主客观相一致原则，先客观方面、后主观方面对案件的犯罪构成要件进行分析论证；最后对犯罪数额进行分析辩护。

1. 通过对中某公司运营模式及被告人行为详细分析，指出公司运营模式及被告人的欺骗行为并非本案定性关键。被告人的行为虽然都有欺骗性，但并非认定本案性质的关键事实，且与投资人的财产损失之间不具有因果关系。（1）以招聘员工为名的欺骗，虽然存在不道德的行为，但仍属于民事或者行政法律调整的范畴，而且并不会让应聘者直接投钱成为投资人，只是吸引潜在的投资人过来，更与最终的财产损失没有直接因果关系。（2）对应聘者进行投资培训并操作模拟盘，既是为了让应聘者熟悉投资情况，也是为了强化投资的心理，在许多合法的炒股培训中都存在，该行为属于可接受的营销方式。（3）以成为公司正式员工需要在公司A平台上达到一定的业绩为由，诱骗被害人在A平台上开设账户进行投资，并帮助被害人向该平台注入资金，该行为虽然具有欺骗性，一定程度上造成部分投资人产生错误认识，但是结合部分投资人目的就是参与投资，并非为了转正成为员工，而且，投资之后是否操作交易、如何操作交易由投资人自己决定，与被告人无关，因此该错误认识与处分财产、财产损失之间没有直接因果关系。（4）控方提出投资款并不在平台或公司账户中，而是直接转入个人账户中，这种行为不合法，具有非法占有的目的。（5）被告人使用虚假姓名与投资人是否产生错误认识、处分财产及财产损失之间没有因果关系。

2. 指出案件定性的关键事实不清、证据不足。该案的关键在于投资人的损失是不是被告人行为造成的，投资人损失是否就是被告人的获利。也即指控中的“该集团通过后台修改相关数据，造成被害人投资亏损的假象，骗取被害人投资款”这一关键事实是否成立？有无证据证明？在投资人投资后，主要是通过被告人提供的A平台进行操作，对于A平台，本律师进行了详细的分析，提出如下意见：（1）关于A平台数据的真实性不清。（2）是否可以人为操纵修改平台数据，从而导致投资人损失未查清。（3）被告人获利是否来自投资人的亏损的事实不清。

3. 从客观上分析论证，提出客观上本案并没有证据证明被告人可以人为操纵平台数据的修改、盈利来自投资人的亏损等事实，也不能证明实施的欺骗手段是否达到让投资人作出错误判断的程度，认定诈骗罪的关键事实不成立，证据不足。提出：（1）本案没有导致投资人产生错误认识的欺诈行为。（2）被告人虚构事实的行为并没有导致投资人产生处分财产的错误认识。（3）投资人并不是在错误认识的情况下处分的财产。（4）投资人没有因为被告人的行为导致财产损失，是自己经验不足操作导致的损失。

4. 从主观上分析，提出张某某等人不具有非法占有他人财物的目的，主观上不具有诈骗的故意。（1）本案交易规则是公开的，相关数据也是根据国际实时走势、汇率，并没有篡改，投资人买卖是自愿行为，亏损是无法控制的，投资人都是明知规则来处置自己的财产，不符合诈骗罪虚构事实使被害人产生错误认识处分财产的行为特征。（2）本案并不以直接非法占有投资人的投资款为目的，而是通过收取交易手续费的方式谋利，收费比例也是明确的。（3）从投资人角度来看，在案证据显示投资人能自由取回账户中的资金，也没有证据证实被告人有对平台的后台数据进行篡改或者故意延时交易，达到让投资人亏损的“非法占有”目的。（4）本案中A平台账户中的金额并非虚构的，实际上对应被告人的银行账户，因此投资人可以自由地出金、入金，正因为账户的自由性，本案中部分投资人不能出金因此觉得自己被诈骗了，这并不是被告人导致的，而是公安机关查封平台导致的。（5）其他的客观事实可以佐证被告人没有非法占有为目的和诈骗的行为。中某公司履行了完备的工商登记程序、具有实际的经营地址；对于每一位投资人均进行了为期一周左右的培训；是否投资、是否买卖、是否操作均由投资人自行决定，没有强制设定每月的买卖数。

5. 对犯罪数额进行辩护。在阅卷时，辩护人和助理对起诉认定的80多名被害人陈述、提交的银行流水进行了详细梳理，笔录中重点梳理投资人年龄、岗位、转账方式、投资金额、交易获得佣金数额、盈利金额、提现金额、亏损金额、有无强制开户投资、有无强制交易等，形成数据表格，并在此基础上对数额进行了准确计算，在此基础上展开辩护。

## 四、案件启示

### （一）案件结果

法院几乎采纳了辩护人的全部辩护意见，即未认定张某某构成诈骗罪，但构成非法经营罪，犯罪金额基本和辩护人提出的数额一致，法院判决理由如下：

1. 关于本案定罪问题

一是现有证据不能认定交易平台和账户是虚假的；二是不能证实各被告人以对交易平台后台数据进行修改、操纵盈亏的方式诈骗被害人；三是没有证据证明各被告人非法占有被害人的投资款。

综合全案证据，现有证据不能认定各被告人有虚构事实非法占有被害人投资款的主观故意和客观行为，不构成诈骗罪；各被告人作为公司管理人员，明知公司没有经营外汇、期货的资格，仍积极参与游说被害人成为公司员工交纳投资款，从事非法经营的外汇、期货业务，均有参与非法经营的主观故意和客观行为，且情节严重，其行为均构成非法经营罪。公诉机关指控的罪名不当，法院予以纠正；被告人及辩护人关于本案定性的相关辩护意见，法院予以采纳。

2. 关于犯罪金额问题

（1）法院剔除非本案被害人 7 人，剔除部分投资者仅有自述入金金额，无相应的转账记录相对应人员。（2）对存在部分被害人自述入金金额与转账金额不一致的情形，其中自述入金金额大于转账金额的，因缺乏相应转账记录予以佐证，法院以转账金额认定为该被害人的入金金额；而自述入金金额小于转账金额的，因被害人自认其入金金额较小，又缺乏证据证实超出部分金额的性质，法院以自述金额认定该被害人的入金金额。(3) 本案存在部分被害人自述有出金、佣金，虽没有相对应的转账记录，但因被害人确认已收到出金金额及佣金，法院予以确认，最终计算实际损失。

## （二）延伸思考

1. 本案专业问题是法律问题，即私设交易平台从事电子期货、外汇交易，如何区分诈骗罪与非法经营罪？

对于私设交易平台从事电子期货、外汇交易能否认定诈骗，主要从如下四个方面进行分析：

(1) 交易平台及数据是否真实。从事电子期货、外汇交易，最关键的就是数据的真实和及时，因此首先要审查数据是否真实，有无与国内、国家走势、汇率同步；其次要审查交易平台能否实时修改数据、是否具有延迟交易功能，如果平台及数据都是真实的，意味着行为人无法控制亏损。

(2) 行为人是否有欺骗交易行为。即便前期存在欺骗投资的行为，但只要投资人的资金还在账户中，就没有造成损失，而造成投资人损失的往往是欺骗交易的行为，即反向指导、采用“滑点”“延时”插件、后台数据修改等行为人为地故意造成投资人亏损。

(3) 分析行为人是否以直接占有投资款为目的。如果是为了占有投资款，要么会直接将投资款占有，要么会人为造成亏损而导致投资款以亏损的方式被占有；如果并不以直接非法占有投资人的投资款为目的，则一般是通过收取交易手续费、延迟费、头寸等方式谋利，收费比例也是明确的，采用标准化合约交易模式，进行集中交易、保证金交易。

(4) 审查是否能够自由地出金入金。无论亏损还是盈利，关键是投资人在提出要求出金时，行为人是否予以及时出金，没有设置严苛、不合理的条件或者拖延出金，这需要对投资人笔录、银行流水进行详细审查分析。

在该案件中，辩护律师对私设交易平台从事电子期货、外汇交易构成诈骗进行详细分析，最终获得法院的支持，未认定诈骗罪；但由于炒外汇属于国家许可的业务，本案单位未获许可，因此构成非法经营罪。

2. 律师专业判断与独立辩护问题。

本案中有许多同案人对指控的事实无异议，并有认罪认罚行为，其辩护律师做了罪轻辩护。但本律师认为，《刑事诉讼法》第 37 条和《律师法》第 31 条均规定，辩护人的责任是根据事实和法律，提出犯罪嫌疑人、被告人无罪、罪轻或者减轻、免除其刑事责任的材料和意见，维护犯罪嫌疑人、被告人的诉讼权利和其他合法权益。也就是说律师辩护在尊重当事人意愿的情况下，也应当根据事实和法律提出辩护意见。另外，司法机关对于犯罪嫌疑人、被告人认罪认罚，辩护人做无罪辩护，一般认定为独立行使辩护权的行为。因此，此类案件中，若律师根据专业判断不构成指控罪名的情况下，即使当事人认罪认罚，辩护人仍可以对指控的罪名做无罪辩护。

# 从轻量刑篇

# 原吕梁市副市长张某生受贿死刑改判案

顾永忠　张世国

## 一、基本案情

2018年3月28日，山西省太原吕梁市副市长张某生涉嫌受贿、巨额财产来源不明一案，在山西省临汾市中级人民法院宣判，一审判决认定张某生身为国家工作人员，利用职务上的便利，为他人谋取利益，索取、收受他人财物折合10亿余元，数额特别巨大，情节特别严重，且有部分赃款尚未退缴，给国家和人民利益造成特别重大损失，造成了极其恶劣的社会影响，罪行极其严重，不足以从轻处罚，一审判处死刑，剥夺政治权利终身，并处没收个人全部财产。

张某生成为党的十八大之后首位被判死刑立即执行的官员，引起了国内各主要媒体的广泛关注。中央电视台专门对该案的死刑适用问题对刑法学家进行专访。刑法学家的解读认为，这个案件的判决结果对于惩治腐败而言可能产生两方面的重要影响：一是进一步向社会表明我国反对腐败犯罪的坚强决心。对于严重的腐败犯罪，不仅会追究到底，而且在惩治力度上绝不手软，该适用重刑的坚决适用重刑。在严格控制死刑的前提下，对于极少数、极个别极其严重的腐败犯罪，必要时也要依法适用死刑乃至死刑立即执行予以惩治。二是将对潜在的腐败犯罪分子产生进一步的震慑作用。本案的判决无疑会增加腐败犯罪人对犯罪成本的心理计算，进而产生积极的遏制腐败犯罪尤其是严重腐败犯罪发生的效果。

张某生不服一审判决，提出上诉，东卫律师事务所接受张某生的委托，指派顾永忠律师、张世国律师担任辩护人，在二审上诉程序中为其辩护。

## 二、案件焦点

本案一审中，虽然张某生认罪认罚，同时还具有在案发前退还部分赃款、案发后积极退缴赃款，归案后如实供述受贿事实、主动交代组织未掌握的大部分受贿事实，主动配合追缴工作等从轻情节，但由于涉案数额高达10亿元，属于《刑法》规定的"数额特别巨大"，且有索贿情节，属于"犯罪情节特别严重"，给国家和人民利益造成特别重大损失，造成了特别恶劣的社会影响，因此一审判决张某生死刑且立即执行。但死刑的适用条件除了"数额特别巨大"可以明确认定外，其他三个"特别"应当如何认定、如何把握？包括认定犯罪情节特别严重，一审认定张某生向多人索贿，数额高达8000多万元，法律上是否构成索贿？张某生有检举揭发行为，是否属于"重大立功"？张某生是不是"非杀不可"，如何适用死刑法规定，成为本案的最大的焦点。

另一个焦点同样是法律适用问题，张某生的受贿事实中，其中一笔是在2004年收受某煤矿老板的干股40%（按照注册资本计算股权价值为800万元），2009—2010年煤矿转让时，张某生共收到了2.8亿元的款项，应按照其收受干股时的价值认定受贿数额（超出的为孳息），还是按照其最终实际接受的2.8亿元为受贿数额？

## 三、办案思路与辩护意见

根据《刑事诉讼法》及其司法解释的规定，被告人被判处死刑的案件，二审一律开庭审理。围绕二审的开庭，辩护人主要从以下几个方面开展辩护。

1. 针对张某生检举揭发某副部级高官应构成"重大立功"，申请二审法院向纪委监委调取、核实检举揭发是否查证属实、是否构成重大立功的证据。

被告人在一审时就检举揭发某副部级高官，但由于受到时间限制，一审未能查证核实。二审期间，法院本着认真负责的精神，全面核实了该事实，并出具了相关情况说明，证明张某生最早、最准确检举揭发某副部级官员的违法犯罪问题，对该官员的查处起到非常重要的作用，现已经查证属实，依法应构成重大立功。

2. 协助被告人家属积极继续退缴赃款。鉴于行贿人邢某在我国香港地区的涉案财产涉诉，辩护人及时向二审法院报告，在二审法院、最高人民法院、江苏省高级人民法院的指导下，原告撤回了该我国香港地区的诉讼，涉案财产的房产证书、车位证书等法律文件全部上缴至二审法院，为国家挽回了上亿元损失，减少了损害结果的发生。

3. 围绕索贿的本质特征，提出 5 人 10 笔涉及 8800 多万元受贿数额不属于索贿，而是普通受贿。

第一，张某生的行为不符合“索贿”行为的刁难性、要挟性。

刁难性、要挟性是索贿的本质特征。虽然受贿罪整体上侵害的是国家工作人员职务的廉洁性，但普通形态的行、受贿体现为“权钱交易”，而索贿则相当于“权钱交易”中的“强迫交易”形态，如果对方不配合将受到刁难，这比普通的“权钱交易”体现出行为人更大的主观恶性和人身危险性，因此我国刑法规定索贿的从重处罚。

从张某生的供述和行贿人的证词来看，张某生先对房、车等表现出好感，行贿人接着迎合并给予张某生财物，整个过程反映不出张某生有刁难和要挟的表示。另外从案件事实看，张某生没有刁难和要挟他人的动机和主观想法。比如，张某生与袁某某，两人是发小，几十年交往中有很深的感情，可以说张某生对袁某某的企业发展起到了非常关键的作用，张某生的主观想法上一直是扶持和帮助其企业发展，袁某某的主观上一直是想感谢张某生，即使张某先生说出对某一财物的好感，对于袁某某而言，并不是张某生对其刁难和要挟，而是袁某某要报答、要感谢，因此两人之间属于普通的行、受贿。邢某某等人也是张某生多年的朋友，属于同样的性质。

第二，张某生的行为体现不出对应的要挟他人的具体事项。

索贿人要实现对他人之刁难与要挟，必须通过具体的要挟事项来实现。

但这十笔要么没有具体的对应的事项，要么是退休之后表示感谢，均与通过具体事项刁难和要挟无关。

例如，收受袁某某的六笔贿赂，从1997年延续到2012年，但一审判决并未指出，在案证据也没有证明袁某某所付出的每一笔财物究竟是针对什么具体事项受到了张某生的要挟和刁难，而只是泛泛指出这些财物对应于张某生在职期间对袁某某企业“发展、壮大”的种种帮助和扶持行为。因此，这种收受行为还是属于典型的权钱交易型行、受贿，不属于索贿。

第三，张某生的行为不符合索贿取财行为的事先性。

这一点同样是由索贿的本质特征决定的。行为人想要实现对他人之刁难、要挟，一般是采取“先收钱，后办事”的模式实现权钱交易。如果采用“先办事，后收钱”的“事后受贿”模式，则无法实现要挟、控制他人交付财物的目的。

本案中，2013年3月张某生已经退休，已经不能行使职权。邢某某和屈某某各送给张某生一台车，退休后如何实现对二人的要挟和刁难？同时，二人的证言也清楚表明，之所以愿意给张某生买车就是出于张某生在职时的帮助行为，不忘旧情，自愿给予的，且张某生在位的时候，两人都有在他退休以后需要什么他们愿意帮助解决的表述。显然这属于事后感谢型行受贿而不是索贿。

4. 对于干股受贿应当以受贿完成时的干股价值而非最终实际收受的数额作为受贿数额这一法律适用问题，也专门提出相关辩护意见。

## 四、案件启示

2021年10月29日，山西省高级人民法院对张某生一案作出二审判决，将原审判处死刑改判为死刑缓期执行。改判理由是：在二审审理期间，张某生认罪悔罪，到案后主动交代办案机关尚未掌握的大部分犯罪事实；其本人及亲属积极配合赃款赃物追缴工作，涉案赃款赃物大部分追缴；其积极检举他人重大受贿犯罪线索，经查证属实，构成重大立功，具有法定、酌定从轻处罚情节。决定对其判处死刑，可不立即执行。同时，决定在其死刑缓期执行 2 年期满后依法减为无期徒刑，终身监禁，不得减刑、假释。

该案入选2021 年度中国法治实施十大事件。2022 年1 月6 日，著名法学家陈光中教授撰文指出，张某生二审改判死缓，体现了在受贿罪上严格限制和慎重适用死刑的态度，这可能对今后逐渐减少甚至废除受贿罪的死刑适用具有积极作用。重大贪污受贿犯罪案件的死刑适用一直是重要命题，探究此案二审改判的原因有利于正确把握重大贪污受贿犯罪案件的死刑适用问题。我国司法对死刑一直坚持“保留死刑，严格限制和慎重适用死刑”的态度，这在《刑法修正案（八）》和《刑法修正案（九）》废除部分犯罪死刑适用的修改中得到充分体现。陈光中分析认为，对于职务犯罪，虽然我国目前仍保留有死刑，但党的十八大以来判处的重大贪污受贿犯罪案件呈现出犯罪数额增加，死刑适用案件数量下降的特点，尤其是《刑法修正案（九）》增设的终身监禁，不得减刑、假释制度，有力地改变了“死刑过重，生刑过轻”问题。他表示，此次二审法院改判，就是考虑到张某生虽然符合死刑的适用条件，但由于二审期间具有法定、酌定的从轻处罚情节，基于“可杀可不杀的坚决不杀”的考虑，决定改判死缓并终身监禁，这体现了“当宽则宽”“严中有宽”中从宽的一面，严格贯彻了宽严相济的刑事政策。

根据《刑法》及《关于办理贪污贿赂刑事案件适用法律若干问题的解释》的相关规定：贪污、受贿数额特别巨大，犯罪情节特别严重、社会影响特别恶劣、给国家和人民利益造成特别重大损失的，可以判处死刑。陈光中指出，从该款的规定来看，即使被告人符合上述四个条件，死刑的适用仍需要更为综合的研判，法官对此具有裁量空间，而并非必然判处死刑。同时，根据前述司法解释第 4 条的规定：贪污、受贿数额特别巨大，犯罪情节特别严重、社会影响特别恶劣、给国家和人民利益造成特别重大损失的，可以判处死刑。符合前款规定的情形，但具有自首，立功，如实供述自己罪行、真诚悔罪、积极退赃，或者避免、减少损害结果的发生等情节，不是必须立即执行的，可以判处死刑缓期 2 年执行。符合前述司法解释第 4 条第 1 款规定情形的，根据犯罪情节等情况可以判处死刑缓期2年执行，同时裁判决定在其死刑缓期执行2年期满依法减为无期徒刑后，终身监禁，不得减刑、假释。

陈光中直言，张某生案二审改判死缓也体现了在重大贪污受贿犯罪案件死刑适用中，犯罪数额只是其中的一个裁量要素，具体是否应当判处死刑还要综合本案其他犯罪事实、犯罪情节及被告人表现等，这有利于扭转“唯赃判刑”的错误做法。

# 刘某某组织、领导传销活动行刑交叉改判案

张世国

## 一、基本案情

2019 年 7 月山东省某市某区人民检察院指控，2015 年 10 月，上海 HF 网络技术有限公司（以下简称 HF 公司）法定代表人 W（已判决）等人利用 HF 公司等进行组织、领导传销活动，设立 HF 全球平台和 App 网上商城，以赠送原始期权股权为名、以高额推荐奖励和即将上市获得高额报酬为诱饵，要求参加者缴纳 1 万元、3 万元、5 万元不等的费用获得加入资格。为了鼓励发展会员，公司设立推荐奖、区域代理奖等奖项，按照推荐人与被推荐人的顺序组成层级，直接或者间接以发展人员的数量作为计酬或者返利依据。公司通过直推奖励和团队计酬等方式，在全国范围内招揽会员、发展下线，形成层级，骗取财物。经鉴定，HF 公司在全国范围内共发展会员 263,773 人，层级 62 级，涉案入门费为 822,900,388.83 元。

其中，2015 年 10 月 18 日至 2016 年 8 月 7 日，HF 公司实行“九级分成”的制度，一个会员缴纳入门费后，根据推荐人关系，其往上的九层均可获得入门费提成，提成比例为 1、2、3 层各获得新会员缴纳入门费的 20%，4、5、6 层各获得新会员缴纳入门费的 10%，7、8、9 层各获得新会员缴纳入门费的 5%。

2016 年 8 月 8 日至 2017 年 8 月 22 日，HF 公司实行“三级分成”的制

度。提成比例为1层获得新会员缴纳入门费的25%，2层获得新会员缴纳入门费的15%，3层获得新会员缴纳入门费的10%。

2017年8月23日至今，HF公司规定推荐人发展新会员缴费进入平台，推荐人可以获得其直接发展下线所缴纳入门费的30%奖励。此外，公司自成立后即设立市级代理和区县代理，代理可以获得其区域内所有缴费会员缴纳入门费的4%奖励。公安机关查扣了HF公司的资金4亿余元。

另外起诉书未涉及的重要事实有：（1）2018年9月7日，上海某区市场监管局对HF公司2017年8月23日之前的经营行为认定为传销行为并作出行政处罚，没收非法所得1200万元，罚款150万元。后将此案移交上海某区公安机关，最终某区人民法院对HF公司法人W及其工作人员以组织、领导非法传销罪判处缓刑和罚金。

（2）刘某某系HF公司在山东某市的代理负责人。2017年6月，某市市场监督管理局以违法传销对刘某某做出罚款200万元的行政处罚决定。刘某某于2017年7月全额缴纳了该笔罚款。

2019年12月一审法院判决，认定HF公司的行为包括2017年8月22日后的经营行为属于非法传销，刘某某构成组织、领导传销活动罪，判处刘某某有期徒刑2年6个月，缓刑2年6个月，并处罚金30万元。

刘某某提出上诉，委托东卫律师事务所进行二审辩护，东卫律师事务所指派张世国律师为刘某某进行辩护。

## 二、案件焦点

本上诉案存在四个焦点：一是一审判决把2017年8月22日后的HF公司的行为认定为非法传销，与上海某区法院生效的先行判决相矛盾，造成同案不同判；

二是刘某某已经被当地市场监管机关行政处罚，并缴纳了罚款，但一审法院未查明该事实，导致一审判决在认定事实和法律适用上均存在错误；

三是办案机关查封HF公司4亿元财产，没有法律依据；同时管辖存在争议；

四是案涉鉴定意见存在重大瑕疵，送检的电子数据不规范，计算上存在重复计算；司法鉴定所作为同一鉴定机构，针对同一鉴定对象，作出的鉴定结论前后矛盾，并与上海案的结论相冲突。

## 三、办案思路与辩护意见

接受委托后，辩护人通过反复阅卷、与上诉人沟通，紧紧围绕上述焦点问题开展辩护。

一是及时提交了上海某区法院的生效判决，指出本案一审判决与上海某区法院生效判决存在重大冲突，2017 年 8 月 22 日后公司已经调整销售模式，不再构成三个层级。

二是申请二审法院依法调取 2017 年 5 月到 7 月当地市场监督管理局对刘某某涉嫌非法传销进行调查并予以行政处罚的全部卷宗材料。根据《行政执法机关移送涉嫌犯罪案件的规定》第 11 条第 3 款之规定，行政执法机关向公安机关移送涉嫌犯罪案件前，已经依法给予当事人罚款的，人民法院判处罚金时，依法折抵相应罚金。

三是指出 HF 公司的资产 4 亿余元在本案中全部再次查封，不但与上海某区法院的生效判决相违背，程序上也存在严重管辖错误。

四是鉴于鉴定意见所依据的检材来源不明、鉴定过程及结论与在案其他证据存在重大矛盾，该鉴定意见明显不应当作为定案依据使用，依法应当重新鉴定。故向二审法院提出重新鉴定申请。

## 四、案件启示

案件经过开庭审理，因事实不清发回一审法院重审，最终一审法院改判刘某某犯组织、领导传销活动罪判处有期徒刑 1 年 10 个月，缓刑 1 年 10 个月，并处罚金 18 万元（罚金在行政处罚缴纳的罚款中予以折抵），HF 公司的4 亿元资金依法解封。

组织、领导传销活动罪是2009年《刑法修正案（七）》增设的罪名，定性问题历来争议很大，主要集中在：（1）传销组织的层级及人数如何认定？本案同样存在2017年8月22日之后的层级是否为三级的问题。（2）公司通过发展下线并以下线的销售业绩为依据计算和给付上线报酬的“团队计酬”和正常的以销售商品为目的的单纯的“团队计酬”如何区分？2013年11月14日最高人民法院、最高人民检察院、公安部联合下发《关于办理组织领导传销活动刑事案件适用法律若干问题的意见》，虽然该意见针对上述法律适用问题作出了原则性规定，但在实践中仍然争议较大。

本案的特殊性在于以下几点：

（1）上海、山东均对HF公司和HF公司的人员进行了行政处罚，并分别进行了刑事追究，但针对2017年8月22日之后的公司经营模式，两地办案机关的认定结果并不相同。上海的行政处罚和刑事判决均认定在2017年8月22日之后，公司主动改正传销违法行为，取消了“三级分成”的“推荐门店加盟制度”，变更为推荐人获得被推荐加盟门店加盟费30%提成的单层推荐加盟制度，不再属于法律禁止的传销活动，故对于公司、公司人员的行政处罚和刑事处罚（自由刑、财产刑）只限于2017年8月22日前。但山东地方办案机关却依然将公司2017年8月22日之后的单层推荐加盟制度认定为三级，构成非法传销，并对公司的资产4亿元进行查封，这实质上是否定了上海法院的生效判决。同一行为，受到两地办案机关的重复处罚，且尺度、标准完全不一，损害了司法的公正性、权威性、统一性。经过充分、有效辩护，最终公司资产解封，公司的经营活动也恢复正常。

（2）行政机关在行政执法期间如发现涉嫌犯罪线索，应当根据《行政执法机关移送涉嫌犯罪案件的规定》，将移送书、调查报告、物品清单、检验报告等案件的证据材料等移送给公安机关，由公安机关处理。换言之，移送涉嫌犯罪线索是行政机关的法定义务。在本案中，虽然刘某某被当地行政机关行政处罚，刘某某也缴纳了罚款，但这些案件的证据，并未移交到一审法院，一审法院也在未查明的情况下判处了罚金。二审法院在了解到刘某某的实际情况后，依法将案件发回重审，最终通过重新审判，将对刘某某的刑事处罚予以改判，刘某某也未上诉，案件最终取得了较好的法律效果和社会效果。

（3）《刑事诉讼法》第25条规定，刑事案件由犯罪地的人民法院管辖，如果由被告人居住地的人民法院审判更为适宜的，可以由被告人居住地的人民法院管辖。此规定确立了我国以犯罪地管辖为主、被告人居住地管辖为辅的刑事审判管辖原则。

组织、领导传销活动罪通常以公司的名义对外经营，其分支机构和从业人员通常遍布全国各地，这样实际上形成了只要有公司从业人员的地方，当地公安机关就有管辖权。当前，利用计算机网络所实施的犯罪不断增加，针对或者利用计算机网络实施的犯罪地包括犯罪行为发生地的网站服务器所在地，网络接入地，网站建立者、管理者所在地，被侵害的计算机系统及其管理者所在地，被告人、被害人使用的计算机信息系统所在地，以及被害人财产遭受损失的地方，均有管辖权，管辖地的范围在当前极其宽泛。又由于公司是通过发展下线并以下线的销售业绩为依据计算和给付上线报酬的“团队计酬”，还是正常的以销售商品为目的的单纯的“团队计酬”，实践中很难区分，这样很容易造成案件定性偏差。但一旦被立案，将不可避免地涉及公司的法人、主要经营管理人员以及地区代理，少者几人，多者几十人，形成涉众案件，往往造成较大的社会影响。更重要的是，即使当地的涉案人员是公司基层的从业人员，或者对被害人造成的是极其轻微的损失，一旦被公安机关立案管辖，绝大多数情况下，首先是查扣公司的账户资金和资产，公司经营瞬间不可持续。在办案机关查扣案件资产还存在地方留成的利益驱动下，这样极易形成立案门槛过低，地方保护下执法、司法不公的情况。因此，笔者建议立法机关高度重视该类犯罪的立案管辖，通过司法解释的规定，确立以公司所在地管辖为主的管辖原则，最大限度上使打击犯罪与发展经济达到平衡。

# 蒋某贪污、受贿、挪用公款三罪改判案

毛洪涛　李金龙

## 一、基本案情

蒋某是某地级市公安局原党委委员、经侦支队长，在任期间曾办理了多起轰动全国的经济犯罪大要案。2014 年，蒋某被市纪委监委审查，后因涉嫌严重职务犯罪被移送市检察院立案侦查并公诉。2016 年 7 月，该市中级人民法院作出一审判决，认定蒋某受贿 1660 余万元、贪污 36 万元、挪用公款 2800 余万元，三罪并罚，决定执行有期徒刑 20 年，并处罚金 120 万元。

一审判决后，蒋某不服并提起上诉，其家属几经走访后决定委托毛洪涛律师担任蒋某的二审辩护人。

## 二、案件焦点

该案涉及的一个关键问题是：无真实资本依托的名义股份能否认定为刑法意义上的干股？收受名义股份但未获得实际经济利益的是否构成受贿罪？

## 三、办案思路与辩护意见

当我们介入二审时，其实已经错过了一审的最佳辩护时机，尤其是对此类经过请示汇报的重大职务犯罪案件，二审改判的难度极大。接受委托后，我们迅速调配最专业的律师组建辩护团队并开展工作，第一时间会见、阅卷并研讨辩护方案。但很快发现，困难远比我们预判的要大，形势远比我们想象得更加严峻。

第一个困难是时间问题。通过初步阅卷及会见，我们发现本案案情十分复杂，仅一审判决书认定受贿事实就有10笔，另有贪污事实2笔、挪用事实3笔，且每一笔犯罪事实都涉及大量的证人证言及书证、物证等。这些都需要我们一一进行核实，并做专业的证据分析，找出现有定罪证据体系中存在的矛盾及疑点。但根据《刑事诉讼法》第243条规定，二审一般应当在两个月内审结。时间这么短，任务这么重，很多工作根本来不及展开。

第二个困难是调查取证问题。对于此类经过请示汇报的重大案件，二审阶段要想取得好的效果，必须调取并提供足以证明蒋某无罪或罪轻的新证据。我们通过连续多日会见，与蒋某最终商定取证名单及方案。但该名单涉及二十多位证人，有企业老总，有司机，也有公职人员和领导。刑辩律师都清楚，律师在刑事案件中获取证人证言的难度极大，风险极高！

第三个困难是来自当事人的巨大压力。当事人蒋某始终认为自己无罪，对一审判决结果及一审辩护工作意见非常大，情绪一度非常糟糕，这无形中给我们二审辩护带来了巨大压力。另外，蒋某在看守所内曾自书撰写了数十万字的辩解，并要求我们按照其意见进行辩护。但二审时间紧、任务重，如果全部按照蒋某的意见展开辩护，一是时间根本不允许，二是效果可能并不好。如何安抚蒋某的情绪并说服其接受律师的辩护方案，也是我们面临的一个难题。

第四个困难来自负责二审的省高级人民法院的一个通知。我们介入二审不久，阅卷、会见及调查取证工作刚刚展开，便接到省高级人民法院承办法官的通知，要求我们尽快提交书面辩护意见。根据办案经验，我们马上意识到，很可能是二审法官已阅卷并“初”定维持原判。这导致二审改判或者发回重审的难度陡增，因为得说服二审法官改变其初步的观点。

鉴于上述种种困难，我们认为，本案的辩护工作绝不能“胡子眉毛一把抓”，必须明确目标、分阶段、抓重点，否则二审两个月的时间，很可能什么都说不清楚就被维持原判了。于是，我们团队制定了本案分步走的辩护策略并确定了阶段性的辩护目标，二审阶段的辩护策略就是重点打八个字：

“事实不清、证据不足”。所有的辩护工作及律师意见也都围绕这八个字展开，总的目标就是发回重审，为本案争取一次重新审理的机会，也为律师辩护工作赢得更多的时间；待案件发回重审后，再结合事实、证据和法律，针对每一笔指控进行详尽的全面辩护，最大限度地维护委托人的合法权益，求得公平公正的审判。

根据既定的辩护策略，我们有针对性地开展二审辩护工作。

第一，重新阅卷挑重点。围绕二审发回重审的阶段性目标，我们再次详细阅卷并挑出了指控证据最为薄弱的几笔重要受贿事实，将其作为二审辩护的重点。针对这几笔受贿事实，我们团队专门进行了详尽的证据分析，明确指出现有证据之间存在的矛盾及证据体系存在的疑点，并一一列明需要进一步查证的事实。

第二，取证方案再沟通。围绕重新阅卷挑出的辩护重点，我们再次会见蒋某，将本案二审面临的困难、我们的辩护策略及二审辩护重点向其详细阐明，获得了蒋某的高度认可及配合，双方进一步商讨并确定了二审阶段性的调查取证方案，按照阶段性取证需求对证人名单进行了重新筛选，大大降低了取证难度，提高了取证实效。

第三，向二审法院争取时间。在挑出二审辩护重点并确定具体取证方案之后，我们多次向二审法官提交书面申请及律师意见，向其重点阐明本案多笔重要犯罪指控存在事实不清、证据不足的问题，并一一列出现有证据存在的矛盾、一审尚未查清的事实，进而指出本案调查取证工作的重要性及需要的时间，同时申请二审法院依职权调查取证。最终二审法院鉴于案件实际情况采纳了我们的意见，延长了办案期限，为本案二审辩护争取了宝贵的时间。

第四，依法合规敢取证。鉴于二审法院不同意依职权调查取证，我们在征得办案机关同意后，依法奔赴某市开展调查取证工作。根据新的取证方案，我们团队针对证人的不同情况进行了合理分类并有效应对。有的证人是愿意积极作证的，我们对取证过程全程录音录像，既保证证人作证的安全，也有效防范律师的风险。有的证人愿意跟我们见面沟通但对作证有顾虑，我们也不强求，更不私下取证，虽然沟通内容不能作为证据使用，但也有助于我们更加全面地了解案情。而有的证人可能是想打探消息，主动约我们见面。对于此种情况，我们严格遵守保密规定，绝不泄露案情。

随着二审辩护工作的有效深入，我们逐渐梳理出了一审判决中几笔重要受贿事实的指控证据存在的矛盾及疑点。与此同时，调查取证工作也取得重大进展，针对几笔关键受贿指控，新的证人证言足以形成合理怀疑。我们结合依法调取的新证人证言，详细论证了案件证据的疑点、未查清的事实以及新证据对定罪的影响，并提交给了二审省法院法官与省检察院相关部门，而后又多次补充辩护意见并提交。终于在 2017 年 7 月，省高级人民法院经书面审理，采纳我们的意见，以一审判决事实不清、证据不足为由，裁定发回原审法院重新审理。

历经千辛万苦，本案终于得以发回重审，阶段性目标达成。这不仅极大地提振了当事人及我们的信心，更为本案争取了宝贵的重新审理机会及全面辩护时间。可以说，本案迎来了重大转机。

重审一审阶段，我们围绕原一审判决认定的 10 笔受贿事实、2 笔贪污事实、3 笔挪用事实，在原二审阶段重点取证及辩护的基础之上，又全部进行了详尽的证据分析和法律分析，详细阐述每一笔指控证据存在的不足与问题，并从涉案款项的属性、“占有”的认定、干股型受贿的法律适用等方面详细阐述辩护意见。蒋某涉及干股型受贿指控主要有以下两笔。

事实一：2011 年，蒋某与赵某等共同设立 A 建材公司，注册资本 500 万元，赵某等认缴并实际出资 400 万元，占股 80%；蒋某以其女儿名义认缴 100 万元，占股 20%，但一直未实际出资。后蒋某获得与其股份比例对应的 20 万元股权分红。

事实二：2012 年，蒋某收受陈某赠与的 B 化工公司 30% 干股，对应注册资本 900 万元。但 B 化工公司系空壳公司，并无实际资产注入，蒋某也从未获得任何分红。

公诉机关认为，蒋某利用其担任经侦支队长职务上的便利，为赵某、陈某等人的公司在涉嫌虚开增值税专用发票、抽逃出资等案件办理方面提供帮助，未实际出资而分别获得A建材公司100万干股、B化工公司900万干股，属于收受干股型受贿，构成受贿罪，受贿数额为1000万元。其中蒋某从A建材公司领取的20万元股权分红属于受贿孳息。

我们认为，涉案A建材公司20%的股份系蒋某认缴所得，既不是请托人赵某无偿赠与，也没有任何人替蒋某实际缴纳该股份对应的100万元出资款。由于尚未实际出资，该20%股份并没有实际的股份价值，蒋某反而对公司有100万元的出资义务。而B化工公司系空壳公司，并无实际资产注入，30%股份也只是名义上的，并无对应的真实经济价值。故起诉书指控此两笔干股型受贿之A建材公司20%股份和B化工公司30%股份并不是刑法意义上的干股，蒋某并未因此而实际获得该股份对应的实质财物或财产性利益，不应认定为受贿。

2007年最高人民法院、最高人民检察院《关于办理受贿刑事案件适用法律若干问题的意见》第2条规定，“干股是指未出资而获得的股份。国家工作人员利用职务上的便利为请托人谋取利益，收受请托人提供的干股的，以受贿论处。进行了股权转让登记，或者相关证据证明股份发生了实际转让的，受贿数额按转让行为时股份价值计算，所分红利按受贿孳息处理。股份未实际转让，以股份分红名义获取利益的，实际获利数额应当认定为受贿数额”。

对于一般的干股型受贿案件，直接根据该司法解释的规定便足以认定，并不存在争议。但对于一些特殊情形，则需要对该司法解释进行再解释方能决定是否适用。比如，行为人以认缴方式出资但尚未实际出资的是否属于上述规定中的“未出资”？又如，行为人未实际出资、请托人也未替行为人出资，即无真实资本依托的名义股份能否认定为刑法意义上的干股？国家工作人员仅收受名义股份但未获得实际经济利益的是否构成受贿罪？针对上述干预型受贿的法律适用争议，我们从受贿罪权钱交易本质及公司法上股份价值认定两个维度来尝试揭开干股型受贿的神秘面纱，以求还原其本来面目。

第一，从受贿罪权钱交易本质的角度来理解刑法意义上的干股。

为了准确区分合法债权债务与行、受贿犯罪之间的界限，正确认定干预型受贿，我们认为必须得从受贿罪权钱交易本质的角度来理解和把握干股型受贿中干股的本质特征。受贿罪的本质是权钱交易，“权”指的是国家工作人员的职权，包括直接职权和间接职权；“钱”则指的是财物及财产性利益，也称“贿赂”。权钱交易即国家工作人员依托“职权”非法收受请托人提供的“财物”。认定受贿罪主要把握两点，一是国家工作人员是否收受了财物，二是国家工作人员收受该财物是否与职权密切相关。对于“干股型受贿”而言，行为人收受的是以“干股”形式存在的“财物”。因此，“干股型受贿”中的股份应当具有钱之属性，该股份应当有与之对应的财产性利益，具备真实经济价值。

在认定是否属于干预型受贿时，不能仅分析行为人是否实际出资，还应当进一步分析行为人获得的股份是否存在真实股份价值。刑法意义上的干股，应当具备两个要素：一是受贿人未实际出资而获得该股份，二是该股份具备真实股份价值。对于只有股份名义而无实质经济价值的干股，不能认定为刑法意义上的干股。只有具备真实股份价值的干股，才能依据该价值认定受贿罪的成立并确定受贿数额。

第二，必须结合公司法来正确认定受贿犯罪中干股的股份价值。

“干股”一词最早源于公司法。在公司治理中，干股是一种有效的股权配置和员工激励方式。公司一般对担任一定管理职务、提供关键技术等对公司发展及盈利发挥重要作用的员工，在不需要其实际出资的情况下奖励其一定股份，比如管理干股、技术干股等。但刑法意义上的干股，则是一种变相的行、受贿方式，与公司法意义上的干股具有本质区别。

干预型受贿，既然采用的是送公司股份的方式来行、受贿，则受贿的成立与否及具体的受贿数额必须结合公司法来加以认定。从公司法角度而言，股份价值一般体现在两个方面：一是股份对应的公司净资产，二是股份对应的分红权。因此，干股型受贿中，干股对应的实质经济利益，要么是股份对应的公司净资产，要么是股份对应的分红，要么是股份对应的公司净资产加分红。但无论是什么形式的干股，都必须有一定的股份价值，即股份必须真实存在。

对于未实际注资的空壳公司的股份以及行为人未实际出资、请托人也未代替其出资的股份，从公司法角度而言，此类干股由于尚未实际出资到位，也就不享有相应的公司净资产及分红权，只具有干股的表面形式，而不具备刑法意义上干股的本质特征。国家工作人员收受此类无真实资本依托的干股，由于并不能依据公司法获得股份对应的公司净资产及分红，国家工作人员并未因收受该干股本身而获得对应的实质经济利益，故不宜认定为受贿。

在本案中，检察院指控被告人蒋某非法收受请托人赵某、陈某等人提供的A建材公司20%干股和B化工公司30%干股，虽然该两笔干股分别对应公司注册资本100万元和900万元，但经审理查明，该两笔干股对应的公司注册资本均未实际缴纳，从公司法角度而言，实际上并不具有与之对应的财产性利益，蒋某并未因收受该两笔干股而实际获得100万元和900万元的实质经济利益。因此，该两笔干股不属于刑法意义上的干股，蒋某不构成受贿。

我国《刑法》第385条规定了受贿罪，2007年《关于办理受贿刑事案件适用法律若干问题的意见》第2条对干预型受贿的定义、行为特征及数额认定等作了进一步明确，为准确定罪量刑提供了法律依据。但在司法实务中，对于究竟何为刑法意义上的干股，如何认定是刑法上的干股受贿，以及干股型受贿中犯罪数额的认定等仍存在较大争议，亟须统一认识及法律适用。我们认为，要想准确认定干股型受贿及数额，一是必须把握受贿罪权钱交易的本质，实质审查行为人是否通过收受干股的方式而获得实际经济利益；二是应当结合公司法，从公司净资产及分红两个方面来认定干股的真实股份值。

在对已有的案卷材料进行全面证据及法律分析的同时，我们也敏锐地注意到，随着二审发回重审，原二审处于观望态度的部分证人，其心态也悄然发生了变化。于是，我们决定与蒋某进一步沟通确定新的全面调查取证方案，扩大调查取证范围，并再次赶赴某市调查取证。果不其然，多位在原二审时不愿意作证的证人，在重审一审环节鼓足勇气积极主动提供证据以证明案件相关事实，为我们的辩护观点再一次增强了证据支撑。值得一提的是，我们将依法取得的证据以及全程录音录像资料全部提交给了重审一审法院，这样既增加了辩方证据的可信度，也避免了可能带给我们的麻烦。

## 四、案件启示

本案重审一审在控辩双方激烈的辩论及被告人最后陈述后休庭，又经过了漫长的等待。2018 年 9 月，本案终于迎来了重审一审的宣判。该市中级人民法院几乎全部采纳了我们关于受贿部分的无罪辩护意见，检察院指控受贿共 10 笔计 1660 余万元，法院对其中主要的 6 笔计 1500 余万元均未认定，仅仅认定 120 余万元构成受贿罪。贪污罪及挪用公款罪也部分采纳律师意见，相应地予以从轻处罚。重审一审判决与原一审相比，受贿罪的量刑减轻了 8 年，贪污罪的量刑减轻了 6 个月，挪用公款罪的量刑减轻了 1 年。数罪并罚后，重审一审环节经过专业的全面辩护，为蒋某争取到了有期徒刑共减轻 7 年、罚金共减少 70 万元的有效辩护结果。

从法庭走出来，当蒋某的家属听到这个判决结果时，一下子跪在了我们面前，泪流不止，反复地说着："谢谢，谢谢，谢谢！"那一刻，我们深刻地体会到了"律师办的不是案子，而是当事人的人生"的深刻内涵。

本案二审发回重审，重审一审改判 13 年，在当地引起了相当大的震动。律师通过智慧且专业的辩护，捍卫了法治的核心价值——"让无罪的人免受追究，让有罪的人罚当其罪"，也赢得了办案机关及当事人的一致认可与尊重。然而，我们认为此案的结果仅仅是更加接近于公平正义。虽然蒋某目前已经到监狱服刑，但其委托我们继续申诉。我们相信，只要坚持并努力，公平正义一定会得到捍卫！

犹记得，重审一审宣判后，我们去看守所会见蒋某时，其真诚地对律师说："我干了一辈子的公安，之前在外面做经侦支队长时不重视律师，没想到现在我出事了，还得靠律师来救我。我现在才认识到了律师的作用，可惜有点晚……"

# 楼某某涉恶犯罪从轻判处案

毛洪涛　张佳伟

## 一、基本案情

2020 年，我们团队承办了 Z 省民营企业家楼某某等人涉恶势力犯罪一案。该案侦查阶段公安机关在起诉意见书中明确定性为“涉恶势力”犯罪加 7 个具体罪名。审查起诉阶段检察机关起诉时指控楼某某“涉恶势力”犯罪加 5 个罪名，去掉了量刑最重的诈骗罪（按涉案金额量刑应为 10 年以上有期徒刑或者无期徒刑）与涉案金额最大的强迫交易罪（涉案金额为 1.2 亿元）。审判阶段检察机关当庭对楼某某建议量刑有期徒刑 18 年，最终一审法院对楼某某数罪并罚决定执行有期徒刑 9 年 3 个月。

在本案诉讼过程中，我们团队自始至终坚持团队协同、专业分工、紧密配合，为实现全程辩护、有效辩护不断努力，对于案件阶段性的结果和最后判决结果发挥了应有的积极作用。

## 二、案件焦点

1. 楼某某与他人能否构成黑社会性质组织犯罪或者恶势力犯罪？是否符合黑恶势力的各项犯罪特征？几名同案犯是否应认定为“恶势力团伙”？

2. 楼某某以向法院起诉或者向中国证监会等相关部门举报为由，要求实际控股人与其签订标的额 1.2 亿元的股权回购协议，要求相关公司实际控制人提前回购股权，并最终收到相应的股权回购款，该行为是合法民事行为还是强迫交易犯罪？

3. 指控楼某某使用所谓诈赌机器致使参与赌局的两人分别被诈骗200多万元，以及介入他人的民间借贷纠纷，隐瞒借贷人真实经济情况，将出借人金某某的300多万元出借资金非法占为己有，证据采信、事实认定是否确实、充分？是否应认定为诈骗罪？

4. 楼某某对于出借资金用于他人开设赌场的行为是否明知？当地“白心宝赌博”的模式是否属于刑法意义上的开设赌场？

5. 楼某某借用以村集体名义存放在村集体设立的公司账户中的资金是出于个人决定还是单位决定？属于为个人牟利还是为单位牟利？

6. 楼某某的高利转贷行为是否构成单位犯罪？该起事实的司法审计报告是否存在问题？是否可以直接采信？

7. 楼某某是否参与砂石厂的经营管理？楼某某对于实际管理人非法占用农用地的行为是否具有犯罪故意？涉案地块属于建筑用地还是农用地？认定涉案地块的土地性质是以规划为准还是以报批为准？

8. 在案证据能否充分证实楼某某殴打或指使他人殴打楼某宝、金某某、宗某某、楼某潮、楼某吐等人？在案证据能否排除合理怀疑？

## 三、办案思路与辩护意见

### （一）案件发生：民营企业家因涉黑恶犯罪被捕

2020年4月初，被告人楼某某的家属几番周折后慕名找到我们，在与家属沟通、交流案情的过程中，我们逐渐了解到，楼某某在被逮捕前系Z省知名民营企业家，经营大型纺织企业，公司员工有1000余人，每年纳税额达数千万元，曾多次当选人大代表，此次案发主要源于一场民间借贷纠纷。与楼某某有过借贷关系的朱某某向H省X市公安机关举报楼某某等人在借贷过程中存在诈骗、挪用资金等违法犯罪行为。然而，H省X市公安机关在侦办过程中未发现诈骗、挪用资金等违法犯罪行为，最终以楼某某等人在借贷过程中可能涉嫌高利转贷罪立案侦查。之后，Z省Y市公安机关又以发现楼某某可能涉嫌其他与黑恶犯罪相关的违法犯罪行为为由，以开设赌场罪将其刑事拘留。2019 年 9 月 27 日，经 Y 市人民检察院批准，楼某某被逮捕。

（二）侦查阶段：涉黑恶七宗罪明确为涉恶七宗罪

在新冠疫情刚稳定的 5 月初，我们团队克服疫情带来的重重困难成功会见了楼某某，及时了解到更为全面的案情。同时，我们也掌握到 Y 市公安机关在侦查过程中又对楼某某追加了 5 个罪名，分别为挪用资金罪、寻衅滋事罪、强迫交易罪、非法占用农用地罪、诈骗罪。不过，在了解案情后，我们发现该案无论是在事实认定还是法律适用上，均有很大的辩护空间，特别是楼某某与他人能否构成黑社会性质组织犯罪或者恶势力犯罪存在较大的争议。根据此前与公安机关沟通及会见楼某某获取的信息，我们就楼某某等人不构成黑社会性质组织犯罪或者恶势力犯罪等方面撰写了详尽的律师意见，并及时提交给公安机关。此案经过将近 8 个月的侦查，公安机关部分采纳律师意见，最终在起诉意见书中明确认定楼某某等人的行为属于涉恶势力犯罪，而非黑社会性质组织犯罪。

（三）审查起诉：检察院部分采纳辩护意见以涉恶五宗罪起诉

2020 年 5 月 22 日，本案被移送至 Y 市人民检察院。我们第一时间到检察机关阅卷，起诉意见书认定楼某某等人构成恶势力团伙，楼某某本人则涉嫌开设赌场罪、高利转贷罪、寻衅滋事罪、强迫交易罪、挪用资金罪、非法占用农用地罪、诈骗罪 7 个罪名。我们团队迅速分工协作，对相关涉案事实进行法律研究及阅卷。在此过程中，我们发现指控的几个罪名存在事实不清、证据不足及刑民交叉定性不准等问题。例如，涉嫌强迫交易罪部分（涉案金额为 1.2 亿元），公安机关认为，楼某某以向法院起诉或者向中国证监会等相关部门举报相“威胁”，要求相关公司实际控制人提前回购股权，并要求实际控股人与其签订价值 1.2 亿元的股权回购协议，最终楼某某收到了实际控制人分多次支付的 1.2 亿元股权回购款，上述行为属于以暴力、威胁强迫他人收购公司、企业的股份的行为，应当认定为强迫交易罪。而我们阅卷后认为，楼某某请求实际控制人回购股权的行为属于合法的民事行为，系基于双方先前签订的协议合理行使权利，而且请求回购股权的价格也符合市场价值，并未违背或者破坏正常的市场交易秩序，因此，不应当认定楼某某涉嫌强迫交易罪。

又如，涉嫌诈骗罪部分，公安机关认为，楼某某在开设赌场期间使用诈赌机器致使参与赌局的陈某某与万某分别被诈骗200多万元，以及介入他人的民间借贷纠纷，隐瞒借贷人的真实经济情况，将出借人金某某的300多万元出借资金非法占为己有，应当认定为诈骗罪。单就诈骗罪部分而言，涉案金额累计高达700多万元，属于数额特别巨大，对应法定刑为10年以上有期徒刑或者无期徒刑。我们在阅卷之后发现上述认定事实不清、证据不足，而且楼某某的行为也不符合诈骗罪的构成要件，因此，不应当认定楼某某涉嫌诈骗罪。

在做足前期准备工作的前提下，我们就案涉的7个罪名及涉案人员是否构成“恶势力团伙”撰写了详细、专业的辩护意见，并及时赶往Y市人民检察院与承办检察官当面沟通交流，全面反映我们所掌握的情况，希望检察机关能够公正处理案件。

2020年9月7日，Y市人民检察院对本案提起公诉，起诉书的内容显示检察机关部分采纳了我们的意见，对起诉意见书所认定的强迫交易罪、诈骗罪未予起诉，以涉嫌寻衅滋事罪、开设赌场罪、挪用资金罪、非法占用农用地罪、高利转贷罪5个罪名对楼某某等作出指控。同时，起诉书还指控楼某某等多名被告人系恶势力团伙。至此，在审查起诉阶段，我们为本案再下一城，成功使两个重罪未予起诉。

### （四）庭前阶段：团队协同调查取证，夯实辩护基础

随着案件进入庭前准备阶段，我们的压力也在不断地增加。我们团队多次围绕本案争议焦点进行集体研究，制定调查取证方案，并及时赶赴案发地依法开展调查取证工作。经过不懈努力，我们最终顺利取得了有利于证实楼某某无罪、罪轻的关键性证据。例如，调取到与非法占用农用地罪涉及地块相关的规划图以及土地利用总体规划的批复；在寻衅滋事案发地，联系到了多名证人，并在征得证人同意后，制作调查笔录。为了避免有“证据突袭”

之嫌，我们将调查取证获得的关键性证据在开庭之前及时提交给了承办检察官与法官，供司法机关在办理该案时参考。同时，我们也将调查证人时所录制的同步录音录像刻录成光盘一并提交给司法机关以证明取证程序的合法性。

除此之外，鉴于当前司法审判对类案检索工作的要求与重视，针对指控的开设赌场罪与挪用资金罪，我们还提供了详细的检索报告，内容包括具有权威性的刑事审判参考案例、当地关于“白心宝赌博”的审判案例等。从这里能够看到，疑难复杂的刑事辩护工作仅凭单打独斗已很难胜任，需要团队协同、各司其职、发挥所长。

### （五）庭审现场：一场智慧加专业的较量

楼某某等人恶势力犯罪一案的庭审先后经历了四次开庭。众所周知，涉黑恶犯罪案件的庭审是一场智慧加专业的较量，本案的庭审过程也的确展现了上述特质。庭审的每一个环节，无论是发问、质证，还是辩论环节，我们都注意力高度集中，及时针对关键点发力，为有效辩护奠定了基础，具体表现为以下几点。

1. 关于本案涉案人员是否构成“恶势力团伙”。在公诉人讯问被告人的环节，我们敏锐地察觉到其他被告人表达了与楼某某并不熟识的意思。于是，轮到我们发问时，我们便对被告人就相关细节跟进发问，得到其他被告人与楼某某并不熟识的确定答复。我们还在第二、三次庭审中就不符合恶势力的“四性”展开充分、细致地论述，以证实楼某某等人不构成恶势力团伙。

2. 关于指控的挪用资金罪。我们与公诉人在楼某某借用以村集体的名义存放在村集体设立的公司账户中的资金究竟是出于个人决定，还是出于单位决定，究竟属于为个人谋取利益，还是属于为单位谋取利益上激烈交锋。在发问环节，我们特地申请重要证人出庭作证，就当时借款细节向证人发问，还原当时的具体情况。同时，我们还列举了《刑事审判参考》中相关案例的裁判要旨并参考最高人民法院刑二庭《关于以单位名义挪用公款归个人使用是否构成挪用公款罪的处理意见》来佐证以单位名义挪用资金归个人使用不应当构成挪用资金罪。

3. 关于指控的寻衅滋事罪。除发问被告人之外，我们还在质证环节向法庭展示了多名在场证人的调查笔录，表明现有证据不足以证实楼某某个人实施过任何寻衅滋事违法犯罪行为。

4. 关于指控的非法占用农用地罪。我们不仅在质证环节出示了从国土所调取的与案涉地块相关的规划图，还在辩护环节从法理层面阐明了应当依照规划类来认定被告人是否存在非法占用农用地的情况，有力地反驳了公诉机关的指控。

5. 关于指控的开设赌场罪。由于公诉机关指控楼某某在两个不同时期均存在开设赌场违法犯罪行为，所以我们采取不同的辩护策略：对于前一时期的开设赌场行为，我们认为楼某某与经营赌场的涉案人员之间仅为民间借贷关系，并非向赌场投资以获取分红，且其主观上也没有共同开设赌场的故意，不应当认定为开设赌场罪；对于后一时期的开设赌场行为，我们则着重分析了楼某某参与的“白心宝赌博”与开设赌场本质上的差异，同时也在庭审过程中展示了先前检索、整理好的当地法院关于“白心宝赌博”的审判案例以准确定性楼某某这一时期的行为不属于开设赌场罪。

6. 关于指控的高利转贷罪。我们则把重心放在了高利转贷行为是否构成单位犯罪以及对司法审计报告的质证上。我们在庭上指出会计师事务所出具的审计报告不符合刑事诉讼法现有的证据类型、审计材料不够充分及审计认定违法所得的方法及数额有误等问题。

7. 充分关注当前的刑事司法政策。在就事实认定与法律适用展开辩论的同时，我们也深知刑事辩护紧密结合当下刑事政策的重要性。譬如，惩治黑恶犯罪应当把握刑事政策的核心“宽以济严”，对黑恶犯罪组织的认定既不人为拔高，也不降格处理，做到“严不失其格，宽不失其度”。又如，中共中央多次强调要依法平等保护民营企业与民营企业家的合法权益，因此，应当准确区分刑事犯罪与经济纠纷，坚决防止和纠正以刑事案件的名义插手经济纠纷。而且，党中央、最高人民检察院也多次强调“六保”“六稳”，明确要求“依法保护企业正常生产经营活动”，努力落实让企业“活下来”“留得住”“经营得好”的目标。因此，我们也充分强调了办理恶势力犯罪案件应当重视对民营企业家的司法保护，以期该案最终的司法处理能够公平公正，符合司法导向。

经历了连续数次、累计长达数十小时的庭审，我们的辩护意见得以充分表达。在激烈的辩论环节与被告人陈述之后，合议庭宣布休庭，择日宣判。

## 四、案件启示

2020 年 11 月 27 日，Y 市人民法院对楼某某等人涉恶势力犯罪一案作出一审判决，对被告人楼某某以开设赌场罪、寻衅滋事罪、挪用资金罪、非法占用农用地罪及高利转贷罪，数罪并罚，决定执行有期徒刑 9 年 3 个月。一审判决结果较检察机关当庭对楼某某建议量刑有期徒刑 18 年有显著降低。楼某某最终未上诉，判决生效。当事人对判决结果很满意，对律师团队的专业水平和敬业精神予以高度评价。

本案无疑是一起充分展现全程辩护与有效辩护的典型案例，我们团队为实现该案的全程辩护、有效辩护付出了巨大努力。首先，坚持全程、全面、专业的有效辩护。无论是侦查阶段、审查起诉阶段，还是审判阶段，我们都开展了专业化、规范化的辩护工作。在本案中，我们每一个阶段都与办案机关积极地沟通案情、交换意见，并及时提交相应的辩护意见供办案机关参考。而且，回顾全程，从最初的“涉黑恶七宗罪”到起诉意见书明确定性“涉恶七宗罪”，再到起诉书指控“涉恶五宗罪”，最后到庭审时“建议量刑 18 年”但最终“判决 9 年 3 个月”，可以说我们的辩护工作在每一个阶段均取得了一定成效。除此之外，本案的有效辩护还体现在庭前准备上，我们针对指控的每一起犯罪事实以及被告人是否构成恶势力团伙制作了细致、专业的发问提纲、多达上百页的质证意见以及近 4 万字的辩护意见。其次，坚持疑难复杂刑事案件的团队化合作。近年来，疑难复杂刑事案件的不断增多以及辩护难度、工作量的逐渐增加，导致过去刑事律师单打独斗的模式已经难以满足此类案件的需求。因此，疑难复杂刑事案件的辩护工作应当坚持团队协同、专业分工。而本案辩护工作的开展也正是以团队协同、专业分工为标准，我们团队根据自己的专业所长负责研究不同罪名，团队助理负责法律法规、案例检索及其他辅助性工作。在充分研讨、反复打磨之后，我们团队拿出汇集多名专业律师智慧与经验的有效辩护方案。最后，辩护律师应重视并敢于开展调查取证工作。当现有案卷材料所载明的相关证据尚不足以真实、全面地还原案件事实时，及时、全面地调查取证以获取证实被告人无罪、罪轻的证据就显得至关重要。尽管辩护律师的头顶永远高悬着一把“达摩克利斯之剑”（《刑法》第306条“辩护人、诉讼代理人毁灭证据、伪造证据、妨害作证罪”），但辩护律师仍应当重视调查取证并敢于开展调查取证工作。在调查取证之前，必须深入研究案件并与被告人沟通协商拟定好充分、全面的调查取证方案。当然，在调查取证的过程中，辩护律师必须时刻防范执业过程中的刑事风险，例如取证过程必须两名或两名以上律师在场、带齐相关手续、做好同步录音录像等必要措施。

虽然我们已为本案的有效辩护倾尽全力并取得一定成效，但本案仍有两大遗憾，让我们难以释怀。遗憾之一是，楼某某当庭作出无罪辩解，但在庭审结束之后判决作出之前最终还是选择了认罪认罚。据说，在本案庭审结束之后，因客观因素影响，楼某某综合考虑了多种因素，反复纠结，最终还是决定选择认罪认罚。但是，作为辩护律师，我们坚定地认为本案中楼某某仅构成高利转贷罪，其他4罪及恶势力的指控均不成立。因此，我们不同意对此案做认罪认罚现场见证。后来，有一位当地律师临时介入，对楼某某的认罪认罚做了现场见证，法院据此对楼某某适用了认罪认罚从宽制度。遗憾之二是，在法院决定对楼某某适用认罪认罚从宽制度之后，我们的无罪、罪轻的辩护观点在判决书中没有得到任何回应。如前所述，由于楼某某综合各种因素最终选择认罪认罚，所以法院在判决书中认定了楼某某构成起诉书所指控的5个罪名，但未对我们之前庭审过程中提出的无罪、罪轻观点作出任何具体、明确的回应，仅载明了一句“辩护人提出与上述相符的辩护意见，本院予以采纳”。

“法律的生命力，不在于逻辑，而在于经验”，美国著名大法官霍姆斯曾强调及时总结经验对于法律行业的重要性。故而及时发现、总结司法实务中存在的法律问题并探究如何实现全程辩护、有效辩护就显得尤为重要，特别是涉黑恶犯罪案件通常涉案事实复杂，更需认真依法把握。我们结合本团队办理的某地知名民营企业家涉恶势力犯罪一案，全景呈现涉黑恶犯罪的有效辩护，以飨读者。

# “中国股市第一大案”

柴冠宏

2002年6月11日上午11时15分。北京市某中级人民法院第二审判庭，备受投资者关注、被媒体称作“中国股市第一大案”的中科创业股票操纵案开始在这里公开审理。这是一场引人注目的诉讼，经过历时4天紧张、激烈的法庭调查和法庭辩论，2002年6月18日晚9时10分，在听取各被告人的最后陈述后，审判长宣布休庭，“此案定期宣判”。作为本案第一被告人、被媒体称作“庄家吕某某的首席操盘手”丁某某的辩护人，经过艰苦的努力和认真、慎重的准备，我为他做了“罪名成立，应当依法从轻量刑”的辩护。事后有记者评价，“被告人丁某某的第一辩护人柴冠宏律师的辩护词，给人留下深刻的印象”。

## 一、基本案情

1994年11月1日，某市KDE（集团）股份有限公司发行的“A股”社会公众股上市交易，股价随公司业绩平稳调整。但是进入1998年年底，这只股票突然活跃起来，成交量持续放大，至1999年5月，该股票伴随着“5·19”行情（1999年5月，中国证监会酝酿出台搞活市场六项政策，以改变股市低迷状态，此消息披露后引发股市大盘上涨）开始拉升，股价从年初的17元左右升至48元。1999年7月，公司公告称：甲、乙、丙三家公司分别受让公司第一大股东深圳市某区投资管理有限公司持有的法人股。之后，诸如股权转让、资产重组、参与新项目开发等内容接连不断地出现在公司公告上。1999年12月8日，公司名称变更为深圳市ZKC（集团）股份有限公司，股票简称也随之变更为“ZKC”，一家从事饲料、养鸡业的上市公司开始涉足医疗设备、电子商务、生物制药等高科技行业，引起市场的广泛关注。2000年2月，“ZKC”发动“春节行情”，股价第二次快速拉升，从横盘数月的40元狂涨至84元。2000年5月，“ZKC”股票10送1.2股转增2.6股，此后股价一路阴跌。然而，就在2000年的最后一个交易周，这个连续26个月被《中国证券报》公布在风险最小的10只股票榜首的大牛股，于2000年12月25日拉出了跌停板，至2001年1月9日，连续10个跌停板，股价从30.23元跌至13.01元，一同狂跌的还有多只与“ZKC”关联的上市公司股票。受“ZKC”雪崩和同类“长庄”大溃败的株连，沪深两市大盘遭受冲击，股指于2001年1月15日暴挫超过3%，在股市上掀起轩然大波。“ZKC系事件”立即引起中国证监会的重视，有关负责人表示对涉嫌操纵ZKC股价者进行调查。从2001年2月5日开始，《中华工商时报》《财经》杂志陆续刊出ZKC崩盘的“内幕消息”，报道说：一个“超级庄家”自己站出来亮相了，“庄家”吕某某主动与媒体联系，披露他做庄ZKC的始末。市场操纵的黑暗内幕第一次被系统性地、含细节描述地由“内部人”曝光。至此，“ZKC”崩盘的真相浮出水面。

这是我国首例进入司法程序的个人与机构合谋操纵证券市场的刑事案件，涉案金额高达数十亿元人民币，涉案地域遍布全国20多个省、自治区、直辖市。经过长达一年的侦查、补充侦查和审查起诉，终于在2002年的“五一”到来之前，北京市人民检察院某分院将丁某某、刘某等7名被告人操纵证券交易价格、窝藏一案连同全部500余册案卷移送北京市某中级人民法院，正式提起公诉。与此同时，国内各大新闻媒体开始关注并追踪报道这起“中国股市第一大案”。

起诉书指控各被告人“操纵证券交易价格”的犯罪事实是：1998年12月至2001年1月，吕某某（另案处理）与朱某某（另案处理）经合谋意图操纵股票代码为“0048”、股票名称为“KDR”（后更名为ZKC）的流通股。后吕某某先后指使被告人丁某某、庞某、边某某等人并联合被告人上海某公司、董某某等人（或机构），在北京、上海、浙江等20余个省、自治区、直辖市以多家公司、个人的名义，与100余家出资单位或个人签订合作协议、委托理财协议等，筹集资金共计约54亿元，在某证券股份有限公司某营业部、某信托投资有限公司某营业部等120余家营业部，先后开设股东账户1500余个，同时采取以不转移实际控制权为目的的自买自卖以及利用购买KDR公司法人股并进入该上市公司董事会发布信息从而影响该股票交易价格等方法，联合或连续买卖该只股票，其间最高持有或控制股票共计5600余万股（持股占该股票流通股份的55.36%），严重影响该只股票的交易价格及交易量，操纵股票交易价格。

被告人丁某某明知吕某某意图操纵该股票交易价格，还接受吕某某的指使，对20余个省、自治区、直辖市的120余家营业部所开设的1500余个股东账户及所筹集的资金54亿元，亲自或指使被告人庞某等人进行全面的管理、调拨等，并亲自联系或参与筹集资金合同的签订，同时以被授权委托人的身份在营业部从事开户、证券买卖、转托管、指定交易与撤销指定交易、存取款、清户和转授权等活动。

被告人丁某某、庞某在吕某某的指使下，根据吕某某的要求同时或分别向其他被告人、被告单位所控制的1500余个股东账户、120余家营业部下达买卖指令，严重影响股票的交易价格及交易量，操纵股票交易价格。

起诉书认为，丁某某等被告人操纵证券交易价格，获取不正当利益，情节严重，均构成操纵证券交易价格罪，应依法惩处。

## 二、案件焦点

作为被告人丁某某的辩护人，本律师认真审阅了案件证据材料，深入研究了有关法律法规，认识到检察机关的指控罪名应该能够成立，对丁某某的辩护重点应当放在影响量刑的事实和情节上，尽可能为其争取从轻处罚。

## 三、办案思路与辩护意见

该案庭审受到社会各界广泛关注，近百个旁听席除了安排十几位被告人家属就座外，其余的都留给了来自全国各地媒体的记者。参加庭审活动的除合议庭、公诉人，还有7名被告人聘请的12名辩护律师。

法庭调查从公诉人宣读“起诉书”开始，控辩双方轮流讯问、发问各被告人，举证、质证，有条不紊地进行了4天20个小时。作为第一被告人丁某某的辩护人，我与另一辩护人庹砺律师事先制定了详细、缜密的调查提纲，对丁某某和其他被告人逐一进行了发问，因为我们明白，新闻媒体报道的事实是不能作为依据的，起诉书指控各被告人合谋操纵股价的主要犯罪事实以及关键情节，必须靠证据特别是各被告人的供述来相互印证，我的全部辩护观点也将通过各被告人的供述得到印证。为了帮助法庭掌握“操纵证券交易价格”的犯罪特征，掌握被告人丁某某在全部案件活动中的地位和作用，我从丁某某与吕某某等人的关系开始提问，层层深入下去，其中包括：（1）合谋操纵案涉股票的意图是谁提出的？如果是吕某某和朱某某，那么丁某某是否了解吕某某、朱某某之间“合作协议”的内容？是否了解“做庄”该股票的整体计划？（2）案涉股票价格被人为操纵，除了二级市场的资金推动作用外还有没有其他因素？丁某某帮助吕某某做了其中的哪些工作？（3）吕某某通过何种渠道获得数十亿元融资？融资的实际用途包括哪些？丁某某在融资、资金使用和管理活动中做了哪些工作？（4）丁某某是否参与了对“KDR公司”一级市场的收购、重组和信息发布等活动？（5）案涉股价走势及其交易价格由谁决定？如何决定？起诉书指控丁某某“下达交易指令”是否准确？（6）案涉股票崩盘（大幅狂跌）的原因是什么？丁某某在崩盘前后做了哪些工作？（7）谁在股票价格的操纵中获得了利益？谁又是直接受害者？由于涉及许多股市术语，包括“做庄”“倒仓”“对敲”“平仓”等，即使是证券专业人士也不是所有人对这些概念都有相同的理解，因此，我不得不随时进行解释性发问和说明，以便将它们转换成法律概念。

之后，其他辩护律师分别从各个角度向各被告人提出发问。

正如庭前我们预料的那样，公诉人将500多册案卷中的所有证据作了分类，依序向法庭出示、举证。这十二类证据包括：吕某某和朱某某签订的

"合作协议"、被告人在融资过程中签署的各种形式的协议、证明股东卡来源和股票买卖操盘过程的证人证言、部分持有案涉股票的股东账户交易记录、"ZKC公司"及其关联企业的公司注册资料、某会计师事务所和深圳证券交易所提供的统计数据、KDR公司提供的两年来公司股权结构和董事会人员变更情况以及从被告人住所搜查获得的笔记本和光盘等。公诉人用上述证据证明各被告人的行为符合"操纵证券交易价格"犯罪的主、客观构成要件，比如被告人在帮助吕某某进行融资和具体交易的操盘过程中对吕某某"做庄"案涉股票的意图是明知的；操纵案涉股价的连续性交易（"倒仓"和"对敲"）是在吕某某、朱某某之间或者吕某某所控制的股东账户之间进行的；各被告人从操纵股价中获取了不正当利益等。当公诉人用大屏幕显示各被告人的融资数额和参与融资的机构名单时，旁听席上发出阵阵私语，我们知道记者们对为被告人融资活动提供帮助的120多家证券营业部产生了兴趣。作为第一被告人的辩护人，我在质证时当即做出反应，向合议庭建议对这些"券商"的违法违规融资活动及其在股价操纵中的作用予以关注（在之后的辩护发言中，我进一步提出应向有关部门发出"司法建议"、对违法证券机构进行查处的意见）。

如果说漫长的举证质证活动进行得比较沉闷的话，这主要是因为控辩双方的交锋不够激烈。当然，在法庭调查中还是掀起了几起风波。在我开始对第三被告人庞某就"投案自首"的背景进行发问时，遭到了公诉人的第一次反对，我冷静地向审判长说明发问意图后，便得到了支持。在审判长宣布"法庭辩论开始"的瞬间，我举手示意审判长，"请求恢复法庭调查"。"为什么?"审判长询问，我解释说有一个重要情节——起诉书认定被告人"收购'KDR公司'法人股、进入公司董事会、发布虚假信息"的事实没有进行调查，这时公诉人第二次提出反对，于是我简单阐述了这个调查内容与刑罚适用的关系以及我建议采取的调查方式，得到了审判长的又一次支持。对于辩护律师来说，把握庭审时机，敢于和善于行使诉讼权利是非常重要的，我再一次感受到了这一点。由于能够熟练把握庭审程序，灵活运用诉讼权利和举证质证技巧，最后，我们基本上达到了通过法庭调查所希望达到的目的。

法庭辩论是让任何一位辩护律师热血沸腾的审理环节，而能够直接体现辩护成果的就是律师当庭发表的辩护词，借此向合议庭以及旁听者讲述对整个案件的认识和意见。不过，笔者的辩护词是装在心里的，笔者的面前只有经过圈点、批注的几十册卷宗和一个改来改去最后只有我自己能够看清楚的提纲。随着庭审的发展，我不断地增加和调整辩护词的内容，添加审判程序中新发现的事实，修剪掉法庭不能采纳的细枝末节。

为被告人丁某某作“罪名成立，应当依法从轻处刑”的辩护，是笔者在阅读、分析了检察机关移送法院的主要证据材料后初步形成的认识，经过几天的法庭调查，我的辩护思路进一步成熟了。首先，我要对起诉书指控的基本事实和犯罪定性作出评价，其中最关键的问题是“共同犯罪的事实认定和法律适用”。其次，我要针对丁某某在这起共同犯罪中的地位和作用进行分析，推导出“被告人是从犯”的结论。案涉股价的操纵过程是很复杂的，它是多因一果的关系，我必须对全部事实进行具体分析才能说明我的当事人在其中的地位和作用，这是本案适用刑罚的基础。最后，我概括提出了与量刑有关的几个情节因素。

我发表的辩护意见主要是以下内容。

1. 对起诉书在认定事实和适用法律方面提出三点异议。

首先，我们认为起诉书关于“吕某某指使丁某某……并联合上海某公司等人（机构）……同时采取以不转移实际控制权为目的的自买自卖，及利用购买 KDR 公司法人股并进入该上市公司董事会发布信息从而影响案涉股票交易价格等方法……”的指控是不准确的。经当庭举证证明，购买 KDR 公司法人股并进入该公司董事会、发布虚假信息等行为，系在逃的吕某某联合他人所为，丁某某等被告人没有参与做任何工作，也就是说被告人丁某某没有用这种犯罪手段实施操纵证券交易价格的行为；同时法庭举证还表明，不论吕某某与朱某某合谋进行案涉股票的买卖（倒仓），还是吕某某控制的股东账户之间进行的交易（对敲），虽然控制权都在吕某某或者朱某某手中，但是股东名下股票的所有权均发生了转移，不属于《刑法》第182条第3项规定的“自买自卖”交易。起诉书的以上认定应予纠正。

其次，起诉书对丁某某等被告人操纵证券交易价格犯罪的“情节严重”之程度没有明确的表述，也缺乏相应的证据说明，不能不说这是一个重要疏漏。因为“情节严重”既是我国《刑法》第182条关于“操纵证券交易价格”罪与非罪的标准，也是裁量罪重与罪轻的依据，辩护人将在后面的辩护内容中作出分析，以弥补起诉书的疏漏。

最后，起诉书适用法律有欠缺，没有引用《刑法》第25~27条关于共同犯罪的规定，这样，对各被告人一律按主犯或者一律按从犯进行量刑就失去了依据，这对被告人来讲是不公正的。

2. 被告人丁某某是共同犯罪中起次要作用的从犯，应当从轻处罚。

本案属于共同犯罪，那么就应当对各被告人在犯罪中的地位和作用做一个客观划分，以作为准确量刑的依据。经过全面分析研究本案事实，我们得出的结论是，本案存在主、从犯的区别，被告人丁某某属于从犯。有以下四个方面事实作根据。

（1）从犯意形成看，为获取不正当利益而决定对上市公司“KDR”及其发行的股票进行控制、操纵，这一鸿篇巨制的犯罪意图是吕某某和朱某某发起的，为了掩盖这一犯罪意图，吕某某还为它编织了一套“科学的”理论，被告人丁某某等均不同程度地受到这一“伪善”理念的蒙蔽，成为其跟从者，丁某某没有明确地、直接地通过操纵股票价格并从中获利的动机和目的，可见他不是主犯而是从犯。

（2）从吕、朱合谋操纵案涉股票的特点看，该股票被操纵是多种原因共同作用的结果，包括巨额资金输入流通盘的支持作用、收购上市公司股权并直接对公司操控的支持作用、虚假信息披露的支持作用以及其他包括证券营业部（券商）的帮助作用等。辩护人有必要特别提请合议庭注意，除了吕某某和朱某某领导下的全面操控股票价格的犯罪活动之外，涉案的上百家“券商”在为操纵股票交易价格的融资活动中起了重要作用，相信人民法院会在本案审判结束后向政府监管部门发出司法建议，将证券违规违法活动的查处工作进行到底。

通过以上分析我们发现，案涉股价被操纵是多因一果的关系，在整个操纵活动中，组织领导并亲自实施全部或者主要犯罪活动，网络各路人员为其服务，对股票价格产生重要影响的是主要作用；而受领导者指使，按照其要求参与其中部分工作，为其提供帮助的是次要作用或者辅助作用。具体对于融资活动来说，它是在流通盘操纵股票交易价格的重要环节，那些具有组织融资渠道、具备融资能力并提供巨额资金的人起主要作用，而受领导者指派从事签约、开户、提供股东卡等一般性工作的起次要作用或者辅助作用。再具体到股票价格拉升活动来说，全面控制盘面并有权就交易时间、价格、数量、交易方向下达指令的行为起主要作用，而根据领导要求传达指令、具体操作下单的起次要作用或者辅助作用。由此我们有理由认为，被告人丁某某在本案中所做的各项工作对股票价格波动的后果来说，均属于次要作用。

（3）从被告人丁某某和吕某某的关系看，吕某某是股票价格操纵这一庞大“工程”的总策划、总设计，吕某某与丁某某是决策者与执行者、老板与雇员的关系，丁某某对吕某某唯命是听，用被告人何某某的话说，丁某某是吕某某的高级跑腿人，可见丁某某是吕某某的跟从者。

（4）从获得不正当利益的结果看，被告人丁某某受雇于吕某某，通过为吕某某工作得到工资报酬而没有从操纵股票价格中取得其他非法巨额利益，就在案涉股票急剧下跌的时候也没有权利抛售，还在期盼吕某某回天有术，足见他只能服从于吕某某，是起次要作用的从犯。

此外，我还强调，本案主犯吕某某和朱某某因故不在案，如何判定被告人丁某某等人的地位和作用，应结合全案事实来分析，不能作相对比较。综合全案事实，我们认为被告人丁某某是从犯，应当按照《刑法》第 27 条的规定从轻处罚。

3. 关于衡量“情节严重”的几个事实的意见。

“情节严重”是构成操纵证券交易价格罪的条件之一，依照《刑法》应处以5年以下有期徒刑或者拘役。但是情节严重到何种程度应处以5年徒刑，何种程度处以拘役或者半年徒刑呢？我国法律目前没有明确解释，我们只能用犯罪产生的社会危害后果来衡量。辩护人结合本案事实，认为有以下三项事实应在衡量“情节”是否严重时具体辨析：

（1）融资数额在本案中不应成为“情节严重”的因素，因为54亿元的巨额资金的绝大多数提供者，均明确知道这些资金的用途是为操纵案涉股票价格服务，具有违法性，他们的资金被套受到损失，不是真正意义的受害者。

（2）被告人的获利数额应成为重要的“情节”，但是被告人丁某某没有在案涉股票的操纵中获得巨额物质的、非物质的利益，至少没有证据证明。所谓的工资报酬是任何从事劳动的人都可以得到的合法收入，与犯罪活动“获利”的法律概念有本质不同。

（3）给投资者造成的损失应当成为“情节严重”的因素，但是本案缺乏这一情节。操纵证券交易价格犯罪侵犯的客体之一，就是严重损害投资者的利益。然而，本案庭审过程中，我们没有看到公诉人举证证明，有多少股东受欺骗、持有多少案涉股票、损失金额多少、占流通盘比例多大等，因此本案难以根据这一情节认定其严重性。

4. 被告人丁某某的认罪态度也是对其从轻量刑的情节。

被告人丁某某归案后能够如实供述自己的犯罪事实，积极协助司法机关搜集证据，表现出真诚的悔罪心态，态度诚恳。在法庭审理中，他实事求是地为自己辩解，一句“面对那些受损失的投资者，我感到非常惭愧”，足以说明他的主观恶性不深，对这种犯罪者应当给其悔过自新的机会，请合议庭考虑从轻对其量刑。

最后我向法庭表示，面对众多媒体关注并被称为“中国股市第一大案”的“ZKC股票操纵案”，我们辩护律师深感责任重大。在此，我们希望合议庭能够全面分析案件事实、严格遵循法律，客观地评价被告人丁某某在犯罪活动中所起的作用，对其作出公正的判决。庭审当天，如此众多的新闻记者来旁听案件的审理，用他们的话说，就是要来看一看，在法治日益完善的今天，面对史无前例的证券犯罪案件，人民法院在确保程序公正的同时，能否保证适用法律的公正。

## 四、案件启示

2003年4月1日，在庭审结束9个多月后，北京市某中级人民法院对此案作出了一审判决，被告人丁某某被以“操纵证券交易价格罪”判处有期徒刑4年，罚金人民币50万元，其他各被告人分别被判处有期徒刑2年至2年10个月不等。宣判后被告人向辩护人表示接受判决，不再上诉。这件对我国证券市场发展将产生重要影响的刑事案件告一段落。

很难说这是最成功的辩护，但一定是一次难忘的辩护。接受委托一年多来的办案经历令人至今难忘：一本本研读最基础的证券专业书籍；一次次会见号称“庄家吕某某首席操盘手”的被告人；一次次与证券专业人士进行交流；一遍遍研究数十册复印的证据材料……特别是12位辩护律师利用开庭间隙自发聚在一起讨论案情的场面更使我深深地为同行们认真负责的工作态度和敬业精神而感动。我难忘那历时4天紧张、艰苦的庭审活动，每天上午11时开庭直到下午4时30分休庭，法庭辩论终结已经是2002年6月18日晚上9时30分，正值2002年“韩日世界杯”小组赛意大利与韩国比赛进入补时阶段。那晚心潮难平，一夜无眠。

有位导演说“电影是一门遗憾的艺术”。在我心中，刑事辩护何尝不是艺术？又何尝不是令人遗憾的艺术？这里没有剧本和导演，更没有事先反复排练，因而再丰富的经验、再充分的准备也无法使法庭辩护完美无缺。然而辩护律师为实现职业理想所进行的探索是无休止的，我们需要对每一次辩护实践进行总结，将经验和教训连同深层的思考记录下来，留给历史也留给未来。“ZKC股票操纵案”给我的教益和引发的思考是多方面的，点点滴滴将其记录下来，希望与同行共享。

1. 关于“操纵证券交易价格罪”的再认识。

证券市场在我国起步时间较短，证券的发行、交易、管理等环节还很不成熟，对证券市场出现的民事侵权、违法犯罪等行为，既缺乏完善的法律法规又缺少相应的司法实践，像“ZKC 股票操纵案”此类证券犯罪，我们（包括公安、检察和审判机关）尚缺乏深刻认识，所以侦查、起诉和审判处处谨小慎微，仅开庭到宣判就用了 9 个多月时间。然而谁也不可否认，该案的典型性和示范性在我国司法史上具有深远意义。首先，我们充分认识到了证券操纵犯罪手段的复杂性和专业性，掌握了共同犯罪的表现形式以及如何分析和比较主从犯的地位和作用；其次，我们认识了证券操纵的犯罪构成要件和证据构成特征，掌握了定罪量刑的一般规律；最后，我们对证券操纵犯罪给市场和社会造成的危害有了深刻认识，许多记者在旁听完审理和宣判后发出“危害很大，处罚太轻”的感慨，甚至有专家提出“罪与刑显然不相适应，应对现行刑法的法定刑（最高 5 年）进行修改”的建议，可见此案对我国证券立法、司法产生的影响。

2. 关于完善证券市场法律体系的思考。

思考一：何以彻底铲除庄股赖以存在的土壤？有媒体称，“本案宣告了中国证券市场庄股时代的结束”。“庄股时代”真的结束了吗？我认为铲除庄股赖以存在的土壤，根本出路在于完善证券市场监管制度和法律体系，加大对各种违法违规行为的处罚力度，加强对各个市场主体及其证券法律行为的监管。在本案审理中，我们发现国内百余家证券公司在其中发挥了相当作用，有的为操纵者提供融资线索、融资合同样本甚或直接拆入资金；有的干脆为操纵者提供一批股东卡供其分散开户，便于其实施操纵活动。然而他们这种严重违规违法行为直到开庭审理时才得以揭露，足见现行市场监管体制的弊端。

思考二：司法解释如何适应司法实践的要求？现行有关证券法律方面的司法解释少之又少，远远滞后于司法实践。以本案为例，控辩双方就应否认定共同犯罪、何为“情节严重”、如何判定“获取不正当利益”，以及怎样理解刑法条文关于操纵证券犯罪手段的含义等问题进行反复辩论，由于没有司法解释作依据，法庭论辩成为各执一词的论说。又如，有记者和股民咨询，受害者可以依据这个刑事判决向各被告人提起民事诉讼吗？答案是明确的，此案不属于最高人民法院关于“因虚假陈述引起的民事赔偿案件”司法解释规定的受理范围。但是，如果对本案做进一步分析就会发现，吕某某等人操纵证券市场目的明确但手段复杂多样，利用上市公司“发布虚假信息”也是重要手段之一，只是由于犯罪手段与犯罪目的牵连而没有单独成立罪名，不以数罪起诉和判决，因此使受到“虚假信息”误导而受害的投资者失去了司法救济的机会。那么如何解决这个问题呢？是对该司法解释中的“已被人民法院认定有罪”的含义进行扩大理解，还是修改或者制定新的司法解释？事实上还有许多诸如此类的问题亟待司法解释解决。

3. 关于辩护律师执业水平问题的思考。

毫无疑问，参加本案辩护工作的12名律师都是认真负责的，但就诉讼技能的运用和辩护水平的发挥而言，在整个庭审中没能占据优势，反映出我们很多执业律师在处理重大、复杂、专业性强的刑事案件中知识欠缺、经验不足、水平不高，即缺乏职业化。主要表现在以下几方面：

（1）专业知识不能满足辩护要求。几乎所有辩护律师都受到证券知识和证券实务缺乏的限制，接受委托后又没有较系统地学习和研究，对许多专业问题似懂非懂难求甚解，向被告人发问的问题既没有针对性又不能揭示案件实质，使缺乏专业特点的辩护意见空泛乏力、捉襟见肘，无深度和力度可言。

（2）证据面前束手无策。由于500多册证据卷宗全部移送法院，所以公诉人在法庭上集中归纳举证，没有全部出示证据原件，这使得庭前没能对案卷进行认真分析研究的一些律师在质证时很被动。同样的问题还表现在，12位辩护律师竟然没有向法庭提交一份新证据，这并不是因为控方的证据已经十分客观、全面，而是我们辩护律师根本没有发现或者无力搜集新证据，教训是非常深刻的。

（3）缺乏庭审技能，难以组织有效抗辩。一些律师不熟悉庭审各环节的程序规则，对控、辩、审三方出现争议等突发事件不知如何解决，比如发问方式受到反对、控方出具目录外证据、陈述质证意见遭到制止等，没有应对策略，丧失了补救的机会；一些律师不懂发问技巧，反被告人“将”住；一些律师不会充分利用法律许可的诉讼手段，比如同案多名被告人之间进行对质、传召新的书证、物证和证人出庭、辩论开始后恢复法庭调查等，缺乏控制庭审局面的能力，在庭审活动中十分被动。

由此可见，加强辩护律师的专业训练、素质培养，提高刑事辩护职业化水平势在必行。同时，我们认为政府主管部门应尽快建立证券交易数据库，对证券交易活动进行有效监控，适时采取强制措施，这样不仅可以加强市场监管，也解决了司法活动取证难的问题。

4. 关于规范律师事务所证券法律服务的建议。

在审阅案卷材料和参加庭审活动中，我们发现国内一家律师事务所曾经为本案的主要当事人提供过中介服务，那些提交法庭的书证内容真让我们为该律师所捏一把汗，他们的活动与“为操纵股票提供帮助”的违法犯罪擦肩而过。在此，有必要为那些现在正在开展、将来还将继续开展证券法律服务的律师事务所提出一些建议：在开展证券法律业务中，一定要恪守诚实信用原则，时刻规范自己的执业行为，严格依法开展各项证券中介业务，维护委托人和广大投资者的利益，坚决杜绝故意出具虚假文件或者严重不负责任出具重大失实的文件等违法违规行为，为建立公平、公正、有序的中国证券市场而努力。

5. 关于办理新闻媒体关注的重大刑事案件的三点体会。

新闻媒体对重大案件的宣传报道既能产生积极影响也能产生消极影响，完全在于控、辩、审三方如何把握。本案受到了从中央到地方、从专业到综合各新闻媒体的追踪报道，有近百家媒体参加了庭审，给辩护律师造成了不同程度的压力和干扰。通过办理此案，我得到三点体会：一是排除干扰。案发之前媒体的报道对辩护律师认识案情、分析案情会产生暗示作用，从而以报道事实代替案件事实，忽视对证据的审查和判断，这就要求我们自觉排除干扰。另外，媒体的关注还会制约律师的辩护观点，从而过分考虑诸如中央的态度、社会的看法、民众的反应等，因此我们既要认真、慎重，又要坚持原则，永远把法律的正义放在第一位。二是保守秘密。面对记者的采访，对于不能公开的案件事实、当事人的隐私、证人证言、商业秘密等，绝不能向其泄露，避免对司法活动和社会公共秩序造成影响。三是学会借势。媒体的关注和追踪代表着舆论监督，是对不遵守法律程序、侵犯当事人和辩护律师诉讼权利等违法事件进行有效监督的"势"，利用得当，我们可以让它变成维护诉讼秩序、支持辩护主张的力量。

思考是金。我们正在思考中一步步走向成熟。

# 何某抢劫、杀人死刑改判案

柴冠宏

## 一、基本案情

本案是一起一名女模特被抢劫60多万元后被杀人灭口，并且尸体被肢解掩埋于郊外树林的恶性案件。2010年初夏的一天，被告人的哥哥远从新疆石河子飞来北京，委托我担任被告人何某的辩护人，并且面色疲惫掺着无奈地说："柴律师您就尽力办吧!"言外之意是家人也没抱什么希望。

接受委托后，我全身心投入工作。阅卷，会见，整理思路。其中最重要的一项工作，就是认真学习、领会由最高人民法院、最高人民检察院、公安部、安全部、司法部共同发布、2010年7月1日才开始实施的《关于办理死刑案件审查判断证据若干问题的规定》（以下简称《死刑案件证据规定》）。事后证明，这份重要的司法解释在办理何某一案中产生了极其重要的作用。

## 二、案件焦点

2010年9月14日，市检某分院以何某犯抢劫罪、故意杀人罪向本市某中级人民法院提起公诉。如果起诉书认定的事实成立，被告人无疑将面临死刑判决。面对这一指控，辩护的重点和焦点：一是对指控事实和证据严格审查，发现并指出存在的问题；二是深入研究案情，发现、提出对被告人有利，对法院量刑具有实质影响力的事实、证据；三是充分研究、掌握并发现法律、司法解释关于死刑适用的有关规定，提出对被告人应否适用死刑的辩护意见。

## 三、办案思路与辩护意见

起诉书指控被告人何某伙同同伙预谋抢劫，于2009年12月12日17时许，以进行“交易”为名，将被害人某女骗至为作案而租赁的本市出租屋内，用事先准备的尼龙绳、胶带将某女捆绑并堵嘴，然后抢走其手机、银行卡等物品及人民币数千元，并胁迫某女说出银行卡密码及向家人索要人民币20万元汇入银行卡账户内，所劫赃款、赃物共计价值人民币63万余元，还将被害人的奥迪轿车一辆抛于本市一小区外。为灭口，被告人何某与同伙用尼龙绳猛勒某女颈部，致其机械性窒息死亡，后将尸体肢解并掩埋于本市一处排水沟东侧树林内。何某作案后于2009年12月31日被市公安局查获归案。针对上述指控事实，公诉机关提交了证人证言、被告人供述和辨认笔录、现场勘验检查笔录、扣押物品清单、尸体检验鉴定书、法医物证鉴定书、枪支弹药鉴定书以及被告人到案经过等证据。公诉机关认为，被告人何某无视国法，结伙以暴力手段劫取他人财物，数额巨大；后为杀人灭口，故意非法剥夺他人生命并致人死亡，犯罪性质特别恶劣，情节、后果特别严重，社会危害性极大，已构成抢劫罪、故意杀人罪，提请依法惩处。

开庭一天天临近，我对案件的认识也越来越深入。案情很简单，但问题很复杂。两个人共同实施犯罪，其中一个人畏罪自杀，被害人含冤死去，又没有其他目击证人，只有何某的口供以及根据其口供线索搜集到的租房合同等书证、证明租房和租车（拉运尸体）的证人证言、作案现场的勘验结论。如何透视证据存在的问题？我一遍遍研究《死刑案件证据规定》，认真领会时任最高人民法院张军副院长在“贯彻落实《死刑案件证据规定》电视电话会议”上的讲话精神，这个重要文件犹如一盏明灯点亮了我的辩护思路。

如此重大恶性案件，核心事实只有被告人何某的供述，由于缺乏可以相互印证的直接、间接证据，导致案件重要事实无法用证据证明。所谓案件的核心事实，是指对于该案两被告人是如何预谋、实施的？所谓缺乏相互印证的直接、间接证据，是指一旦抛开被告人何某的口供便什么答案也没有。本案证据达不到“确实、充分”的标准，距离“死刑案件必须执行最严格的事实和证据标准”还差得远。我将全部证据做了分类，又将所有的疑问列了出来，选择了一个重要情节作为突破口，即“何某是在受到车某胁迫的情况下参与杀人犯罪”，选用了《死刑案件证据规定》中最贴切的两条作为依据，即“根据间接证据定案的，判处死刑应当特别慎重”“不能排除被告人具有从轻、减轻处罚等量刑情节的，判处死刑应当特别慎重”。我的辩护观点指向的是死刑适用问题，而不是罪与非罪问题。我确信采用“证据辩护”和“法律适用辩护”的组合策略是正确的。

面对被指控“罪行极其严重”的被告人，我现在要做的是，既要有理有据地辩护，又不能招来被害人、公诉人和法官甚至旁听者的反感；语气舒缓但论点要鲜明，论据要充分。于是在庭审发言时我首先表示，面对这样一起惨无人道、令人发指的杀人犯罪，任何一个有良知的人都无法克制愤慨之情，只有严惩犯罪分子才能彰显法律尊严！本律师对遭遇如此不幸的死者家属深表同情！但是，作为执业多年的辩护律师，深知不能用感情代替理智，我清醒地发现，本案证据存在除被告人供述外再无其他直接证据，而间接证据又无法填补主要案件事实的问题，它将对被告人如何确定刑罚，能否适用死刑产生重要影响。由最高人民法院、最高人民检察院和公安部等共同发布、2010 年 7 月 1 日开始实施的《死刑案件证据规定》对死刑案件的证据运用和死刑适用标准做了严格规定，也是本辩护人对本案被告人提供辩护的重要依据。据此，我发表了以下辩护意见。

1. 通过在案证据的辨析，辩护人认为在案的间接证据尚不能全面、充分印证唯一的直接证据，即被告人供述的事实，起诉书指控的被告人何某犯抢劫罪的主要证据不足，指控何某杀人犯罪的诸多细节不清。

作为全案唯一的直接证据，被告人何某的供词呈现了整个犯罪实施过程，即从犯罪预谋、实施到犯罪中各自所起的作用，侦查机关据此提出起诉意见，检察机关据此制作起诉书。那么，如何对其口供查证属实？当然要靠在案的间接证据。然而间接证据所印证的事实却十分有限，或者说印证的只是支离破碎的片段，主要犯罪事实无法印证。辩护人有必要对本案证据做一个归纳和辨析，看看被告人何某的供述有多少情节可以得到间接证据的印证？也就是说，本案有多少事实和情节能达到证据确实、充分。

（1）被告人何某在案发时与李某某、被害人进入过案发的出租屋，这个情节可以得到租房合同和勘验结论的印证，但是进入该房间之前如何进行犯罪预谋，如何将被害人约至或骗至该房间（甚至是不是起诉书所说的“交易”为名），在该房间内干了什么，是不是在这里实施了抢劫、杀人犯罪，该房间是不是还有第三人在场（床上南侧枕头上的血迹是何人所留）？这些事实却无法得到印证。

（2）被害人父母给被害人汇款 20 万元这个情节可以通过其父母的证言和银行汇款单据得以印证，但是不是起诉书说的“受胁迫”索要汇款却无法得到印证，本案关键的“抢劫”犯罪无法印证。

（3）被害人系被勒颈而死，并被肢解后掩埋，可以得到勘验、鉴定报告印证，但是杀人犯意由谁提出，由哪个人实施或者两个人共同实施，各自的作用和地位是什么，是否存在何某自称受胁迫杀人以及胁迫的程度等，这些过程却无法得到印证。

（4）被告人何某去过埋尸现场可以印证，但是起到什么作用却无法印证。

（5）李某某、何某借用他人宝马车、奔驰车可以印证，但是该两辆车是不是真的运送了尸体，运送尸体时还有没有第三人，宝马车内查获的云南、中南海牌烟蒂是何人留下的，这些细节却无法得到印证。

（6）李某某在警方抓捕时开枪自杀可以印证，但是其是否参与犯罪、是否畏罪自杀却无法印证。

据此，辩护人提出：只有部分供述得到间接证据印证的情况下是否可以认定被告人何某全部供述都是真实的？在这里，辩护人认为有三个认识障碍必须纠正：其一，被告人数次供述情节基本一致，不等于可以排除虚假供述的可能，不要以为假话重复多遍就确认是真话；其二，口供中的部分情节和片段得到了间接证据的印证，不能推断全部供述都能够印证；其三，假如何某彻底否认自己参与犯罪，或者单独包揽全部犯罪，我们可能会认为其供述是虚假的，那么为什么对当前如此供述会认为是真实的呢？不能仅凭对被告人接受讯问时的心理推测和对供述本身是否符合情理来判断其真实性，换一句话说，不能以经验主义取代法定的证据运用规则。

被告人何某供述的作案过程，如果得不得其他证据的印证，必然出现许多疑问，这些疑问至少在以下情节构成合理怀疑：（1）被害人是如何进入案发房间的？是否存在受逼迫向家人要钱的事实？（2）案发的房间里侦查人员提取到枕头上的血迹却没有找到来源；运送尸体汽车上提取了香烟盒却没有找到来源，本案是不是存在还有其他人参与作案的可能？（3）为什么杀人现场、运尸车辆上没有丝毫的犯罪遗留痕迹？抢劫、杀人犯罪真的是在这里完成的吗？（4）犯罪工具没能提取到，靠推测能排除其他可能吗？（5）被告人何某受胁迫参与杀人犯罪这一重要情节能排除吗？

如此可能判处被告人死刑的重大案件，最为关键的事实只有被告人供述而得不到其他间接证据印证，很难得出“查证属实”“确定无疑”的结论。不能用被告人自己的供述认定抢劫犯罪事实，更不能用其口供对其判处极刑。《死刑案件证据规定》第 33 条第 2 款规定“根据间接证据定案的，判处死刑应当特别慎重”揭示的就是这个原理。

2. 何某参与并构成故意杀人罪，但是受胁迫参与杀人犯罪的法定减轻处罚情节不能排除，判处死刑确应特别慎重。请合议庭关注《死刑案件证据规定》第 36 条的规定。

被告人何某参与全部犯罪，均是在同案犯李某某的策划、主导下进行的，本案虽无主、从犯之分，但却有对犯罪所起作用大小之别。特别是何某参与实施杀人犯罪是在同案犯李某某用自制手枪的胁迫下实施的。“你敢不干就别怪我不客气，你父母和孩子在哪里我可知道。”被告人无数次口供这样交代。如果这个情节存在，根据《刑法》第 28 条的规定是应当减轻处罚的，这个对被告人适用刑罚具有重要意义的情节，辩护人强烈要求合议庭给予关注。恰如指控被告人何某抢劫犯罪事实依据的是其供述一样，被告人何某受胁迫参与实施杀人犯罪的情节也是由其本人供述的，但是《死刑案件证据规定》第36条第3款规定：“不能排除被告人具有从轻、减轻处罚等量刑情节的，判处死刑应当特别慎重。”这里强调的是“不能排除”而非“有证据证明”。辩护人认为，同样是被告人口供，对何某有罪的、罪重的、不利的情节公诉机关可予以采信，那么，对何某无罪的、罪轻的、有利的情节也应予以采信，至少不应否定和排除。这个专门解决死刑案件证据规则问题的司法解释的精神就在于，对被告人从轻、减轻处罚的情节，只需“不能排除”，而无须证据证明。

3. 被告人何某归案后“协助抓捕同案犯罪嫌疑人”属于立功表现。

这一事实已经得到侦查人员的证实，该情节反映了被告人归案后的积极态度。被告人何某犯罪后不仅全部供述了自己参与犯罪的全过程，并成为司法机关对其起诉的重要事实来源和证据，而且还揭发了同案犯李某某的共同犯罪事实，协助司法机关勘查作案现场、查找物证、搜集相关证据，是怀着真诚的悔罪态度祈求得到司法机关给其一次改造犯罪、回报社会、重新做人机会，根据最高人民法院《关于处理自首和立功若干具体问题的意见》（法发〔2010〕60号）的规定——关于“协助抓捕其他犯罪嫌疑人”的具体规定：具有下列行为之一，使司法机关抓获其他犯罪嫌疑人的，属于《关于处理自首和立功具体应用法律若干问题的解释》第5条规定的“协助司法机关抓捕其他犯罪嫌疑人”……带领侦查人员抓获其他犯罪嫌疑人（包括同案犯）的……

被告人何某归案后积极与家人协商，共同配合对被害人家属给予经济赔偿，通过家人卖掉仅有的一处房子，向亲朋借款，先后凑了28万元交给司法机关，希望尽其所能弥补被害人亲属的损失，数额虽微不足道，但能证明悔罪之意。辩护人恳请合议庭对被告人何某立功、坦白认罪的情节给予考虑，以体现法律之精神。

最后我还指出，辩护人无意袒护被告人的恶行，但求法律准确、公正地对待每一个案件的每一个被告人。

## 四、案件启示

何某一案，一审法院于2010年12月作出一审判决，以抢劫罪判处有期徒刑15年，以故意杀人罪判处死刑，剥夺政治权利终身，决定执行死刑。被告人何某不服一审判决，在本律师帮助下以“事实不清、证据不足，量刑畸重”为由提出上诉。

某市高级人民法院二审开庭审理后于2011年7月作出裁定，以“部分事实不清”为由撤销原判、发回重审。2011年11月15日，原审法院重新审理后作出一审判决，将何某故意杀人罪的量刑改为死刑缓期2年执行。判决书陈述的原因是“何某协助抓获同案犯具有重大立功表现，亦能如实供述其犯罪事实，其亲属亦代为赔偿了部分经济损失，故可对何某所犯故意杀人罪判处死刑，不立即执行，对其所犯抢劫罪予以从轻处罚”。

被告人何某收到重审判决书后表示服判，上诉期满后该判决经某市高级人民法院核准并生效。

对于何某一案的终审判决，我心里很是纠结，既有辩护成功的喜悦，又有艰难办案的辛酸。但是，想到那位惨遭杀害的死者的父母的悲痛，又平添几分苦涩。做刑辩律师真是让我备受煎熬！

终审判决以何某有重大立功表现为由判其死缓，没有采纳我关于该案存在严重证据问题、指控何某抢劫犯罪证据不足的观点，特别是没有接受“何某是在受到车某胁迫的情况下参与杀人犯罪，《死刑案件证据规定》规定，不能排除被告人具有从轻、减轻处罚等量刑情节的，判处死刑应当特别慎重”的观点。但是，我相信，本案证据的严重缺陷是客观存在的，我据此提出的种种疑问对合议庭的法官们是有影响的。收起案卷静心回忆，除了感慨作为一名刑辩律师信念要坚定、工作要严谨外，再就是感慨《死刑案件证据规定》的及时出台，假如没有这份重要司法文件，何某一案要想取得今天的结果会很难，毕竟我们的司法观念还不足以对抗“杀人偿命”的陈腐思想。

# 李某合同诈骗案

戴 福 王 萌

## 一、基本案情

2007年11月12日至2008年9月9日，山东省某电子公司以“借新还旧”的形式，先后与中国银行某支行、某农村信用社签订借款合同，分别从中国银行某支行借款70万美元、400万元人民币贷款，从某农村信用社分四次借款总计376万元，借款数额分别为55万元、37万元、200万元、84万元。上述借款期限均为1年。为保证上述借款合同的履行，由某建工公司、被告人李某、被告人田某某及某砂轮厂等个人和单位对上述借款提供担保，承担连带保证责任。

因上述借款是“借新还旧”，故上述合同签订后，两家银行并没有实际发放借款，而是通过变更借款手续的方式将原来的借款进行了债务更新。上述“借新还旧”手续办理完毕后，某电子公司依照合同按月偿还贷款利息。2008年11月，因金融危机导致企业经济状况恶化，某电子公司遭遇多方债权人追索债务。为确保企业资产、设备不被查封扣押，被告人李某、田某某等通过召开董事会决定，安排被告人巩某某以偿还其关联企业某电气公司之间欠款的名义，将某电子公司的土地、设备等资产转移至某电气公司。上述多笔贷款借款期限陆续届满后，某电子公司无力承担还款义务，担保人某建工公司代为偿还了11,802,680.92元。

2013年8月28日，担保人某建工公司向公安机关报案称，某电子公司及李某、巩某某、田某某等人采用虚假交易等方式，骗取某建工公司提供担保。后某电子公司无法偿还银行贷款，某建工公司承担担保责任，导致损失1700余万元。2013年9月5日，公安机关以骗取贷款罪立案侦查，并于2013年9月28日对李某刑事拘留，同年11月1日将李某逮捕。2014年7月10日，检察机关以合同诈骗罪提起公诉，指控被告人李某等人以非法占有为目的，在签订、履行合同的过程中，骗取对方当事人财物，数额特别巨大，其行为构成合同诈骗罪。

## 二、案件焦点

根据《刑法》第224条的规定，以非法占有为目的，在签订、履行合同过程中，骗取对方当事人财物，数额较大的，构成合同诈骗罪。合同诈骗是发生在经济领域的诈骗，被《刑法》规定在破坏社会主义市场经济秩序的类罪之下。作为特殊类型的诈骗犯罪，合同诈骗罪除自身的特定要求之外，与普通诈骗罪存在相同的构成要件。按照理论通说，诈骗罪的基本构造为：行为人实施欺骗行为→对方（受骗者）产生（或继续维持）错误认识→对方基于错误认识处分财产→行为人或第三者取得财产→被害人遭受财产损失。[①]合同诈骗罪是在经济活动过程中，行为人以非法占有为目的，通过签订、履行合同骗取对方当事人财物的诈骗犯罪，同样应该符合上述构造模式。

本案中，起诉书指控，2007年11月12日至2008年9月6日，被告人李某指使被告人田某某、巩某某先后六次采取虚构某电子公司财务报表的方式骗取中国银行某支行、某农村信用社、保证人某建工公司的信任，与中国银行某支行、某农村信用社、某建工公司签订借款合同及保证合同，共计贷款776万元人民币、70万美元，贷款期限均为1年。在履行贷款合同过程中，某电子公司陆续转移财产、隐匿债权。上述贷款到期后，某电子公司不再偿还贷款本息，担保人某建筑公司代为偿还了全部贷款本息共计17,190,422.44元人民币。

① 参见张明楷：《刑法学》（下）（第5版），法律出版社2016年版，第1000页。

按照起诉书的指控，被告人李某通过指使他人虚构财务报表并使用这些财务报表，欺骗贷款人获取贷款、欺骗担保人提供担保。在履行贷款合同过程中，某电子公司陆续转移财产、隐匿债权，致使担保人承担了偿还贷款本息的责任。

根据对合同诈骗罪法定构成要件的理解，结合起诉书的指控，本辩护人归纳出本案的争议焦点如下。

1. 被告人实施欺骗的事实是否存在。被告人李某等人在签订、履行借款合同、担保合同过程中，是否对合同相对人实施了虚构事实、隐瞒真相的欺骗行为。也就是起诉书指控的被告人李某指使田某某、巩某某虚构某电子公司财务报表并使用该报表欺骗贷款人和担保人的事实是否成立。

2. 被害人同意贷款、同意担保是否因受骗所致。合同相对人是否存在交付财物给某电子公司的事实，如有交付财物的事实，交付财物是否因为受到了欺骗而陷入错误认识所致。担保人同意提供担保，是否因为受到了某电子公司提供的虚假财务报表的欺骗。

3. 被告人是否具有“非法占有目的”。被告人李某等人在签订、履行借款合同、担保合同过程中是否具有非法占有目的，在案证据能否证实被告人李某等人具有“非法占有目的”。如有，该“非法占有目的”是何时产生的。

4. 如何评价起诉书指控“转移财产、逃避还款”的事实。某电子公司在遭遇众多债权人起诉情况下，为保全公司的继续生产能力而转移财产到关联企业的事实，能否作为认定李某等人具有“非法占有目的”的根据。

## 三、办案思路与辩护意见

本辩护人接手本案后，认真研究了与诈骗罪、合同诈骗罪有关的法律规定，搜集、整理了与合同诈骗罪相关的大量案例，并结合专家、学者的论述，对合同诈骗罪进行了深入细致的研究。与此同时，辩护人通过不断会见、反复阅卷，围绕上述焦点问题形成了辩护思路和辩护方案。

1. 关于第一个焦点问题：被告人李某等人在签订、履行借款合同、担保合同过程中，是按照银行的要求重新办理“借新还旧”的倒贷手续，既没有欺骗银行，也没有欺骗担保人。起诉书所指控的李某等人实施的欺骗行为并不存在。

（1）被告人并没有使用虚假财务报表骗取银行信任。

判断一个行为是否属于刑法上诈骗行为，既要从行为人的角度看该行为是否与客观事实相符，又要从被害人的角度分析该行为是否导致了被害人陷入错误认识。按照起诉书的指控，被告人向银行提供了虚假的财务报表，因而就是欺骗了银行，这一认定完全混淆了事物的现象与本质之间的关系。

根据法庭调查证实，某电子公司与银行订立贷款合同，是自2002年以来就已经形成的惯例，涉案的6笔贷款都是在2002年形成的，某电子公司每年都是通过倒手续的方式“借新还旧”。而且，其所借新款与所还旧款也都属于同一银行，银行对此事实也都非常清楚。某电子公司与中国银行某支行订立的借款合同，以及某农村信用社客户经理陈某的证言，都证实了这一点。

在本案中，银行自始至终都没有向公安机关报案，声称自己受到了欺骗。银行人员案发后证称，曾要求某电子公司提供真实的财务报表，但涉案贷款系以“借新还旧”形式的变更手续，不是真的提供贷款资金。所以，银行并没有受到某电子公司提供的财务报表的影响。公诉机关指控被告人李某等人以虚构财务报表骗取银行信任，是违背客观事实和在案证据的。

（2）被告人并没有使用虚假财务报表欺骗担保人提供担保。

按照起诉书指控，被告人田某某、巩某某使用虚假财务报表骗取某建工公司信任，从而为其贷款提供担保。但通过在案证据，涉案的6笔贷款的担保人共涉及4家担保企业，分别是某印务公司、某电子公司、某建工公司、某砂轮厂，上述担保企业是按照某镇经委的文件要求，遵循以往互相担保的惯例为某电子公司提供担保，而不是因为受到了不实财务会计报表的欺骗。所以，起诉书指控某电子公司以虚假财务报表骗取某建工公司信任，从而为某电子公司贷款提供担保，根本不能成立。

对于起诉书中关于被告人以虚假财务报表骗取担保人某建工公司信任的

指控，已经为法庭调查所否定。被告人李某、田某某、巩某某当庭供述称，在整个“借新还旧”倒手续过程中，始终没有向某建工公司提供过任何财务报表，某建工公司也从未向某电子公司索要过财务报表；证人孙某某（某建工公司报案代理人）、宋某某（某建工公司报案材料搜集人）的证言证实，某建工公司报案时提供的某电子公司的财务报表等材料，源于银行与某电子公司之间的贷款合同纠纷诉讼案卷，而不是某电子公司提供给他们的；某建工公司副总经理齐某证实，某建工公司之所以为某电子公司提供担保，是因为他们同为镇属企业，镇经委有文件要求他们互相担保贷款；某电子公司与担保企业之间的相互担保，是多年以来形成的惯例，并不是仅有涉案的这些担保。上述四个方面的证据能够互相印证，足以证实某电子公司并没有以虚假财务报表骗取担保人某建工公司提供担保。

（3）指控被告人李某指使田某某、巩某某伪造报表的证据不足。

起诉书指控的某电子公司2007年、2008年在两家银行办理的6笔贷款，贷款过程与此前办理倒贷手续都是一样的，被告人李某及董事会成员并没有具体参与，李某更没有指使过田某某、巩某某制作虚假的财务报表。

根据在案证据，所有贷款资料都是被告人巩某某制作的，也是巩某某派人送到银行的。虽然巩某某庭前供述中曾提到是李某“安排他向银行提供公司盈利的虚假财务报表”，但是他的这一供述不但前后矛盾，而且没有其他证据与之印证，明显属于孤证。起诉书指控被告人李某指使巩某某制作虚假财务报表，但除巩某某庭前供述外再无任何证据证实，这一事实根本不能成立。

2. 关于第二个焦点问题：起诉书指控的某电子公司与贷款人、担保人订立的借款合同、担保合同，是用以完善“借新还旧”手续的。合同签订后，贷款人并没有实际交付相应款项。而且，无论是贷款人同意办理倒贷手续，还是担保人同意担保，都不是因为受到了欺骗。担保人履行担保责任导致财产损失，不是因为受到了某电子公司李某等人的欺骗行为导致的。

合同诈骗罪作为特殊类型的诈骗犯罪，在构成要件上与普通诈骗犯罪有相同之处。成立该罪需要客观上具备两个因果关系：一是行为人的欺骗行为与被害人陷入错误认识之间的因果关系；二是被害人陷入错误认识与交付财产之间的因果关系。但在本案中，这两个因果关系均不存在。

首先，如前所述，某建工公司为某电子公司提供担保的原因，并非受到某电子公司的欺骗，而是按照惯例和镇经委“镇属企业互相担保”的要求而提供担保。因此，某建工公司无论是提供担保，还是履行担保责任，都不是因为受到某电子公司的欺骗，从而陷入错误认识提供担保，故不存在被害人因为受到欺骗陷入错误认识的这一因果关系。关于这一事实前已述及，不再赘述。

其次，合同诈骗罪要求被害人交付财产是基于错误认识，而不是基于其他原因。正是因为被害人存在错误认识，所以在交付财产时表面上看是自愿的。这也是合同诈骗罪区别于其他侵财犯罪的重要特征，即被害人因为陷入错误认识而表现为自愿交付财产。但在本案中，某建工公司履行担保责任是基于法律的规定，并不是因为被欺骗而表面上自愿地交付财产（履行担保责任）。按照某建工公司副总经理齐某的证言，公司是基于各方面压力才履行担保责任的。所以，这不符合诈骗类侵财犯罪的特征。

进而言之，合同诈骗罪要求行为人的诈骗行为与被害人交付财物之间具有直接因果关系。如果被害人交付财产不是因受到行为人欺骗所致，而是另有其他原因，那就不可能成立合同诈骗罪。早在 2002 年 10 月 24 日，最高人民检察院法律政策研究室《关于通过伪造证据骗取法院民事裁判占有他人财物的行为如何适用法律问题的答复》（［2002］高检研发第 18 号）答复山东省人民检察院研究室既已明确，以非法占有为目的，通过伪造证据骗取法院民事裁判占有他人财物的行为，所侵害的主要是人民法院正常的审判活动，可以由人民法院依照民事诉讼法的有关规定作出处理，不宜以诈骗罪追究行为人的刑事责任。该答复的要旨是，被害人交付财产如果不是基于错误认识，而是因为司法程序的要求，欺骗行为与交付财产之间就不存在刑法上的因果关系。需要强调的是，该答复是以行为人具有非法占有目的的前提下，通过伪造证据骗取法院裁判而占有他人财产，并不认为构成了诈骗犯罪。何况，在本案中，客观上的诈骗行为、非法占有财物的事实，主观上的非法占有目的这些构成要件都不成立，故不可能成立合同诈骗罪。

3. 关于第三个焦点问题：被告人李某等人在签订、履行合同过程中，是否具有非法占有他人财物的目的。根据各被告人的供述，以及在案的客观证据，被告人李某等人在签订、履行贷款合同、担保合同过程中，并不具有“非法占有目的”。

根据理论通说及司法实践，所有诈骗类犯罪都要求行为人主观上具有“非法占有目的”。“非法占有目的”作为一种主观心理状态，在一些盗窃类、抢劫类等典型的侵财案件中是比较容易认定的。甚至在一些常见的诈骗类犯罪中，认定起来也不太困难。但是，对于发生在经济活动中的很多“疑似”诈骗案件，当行为人否认具有非法占有目的时，认定起来并不容易。司法实践中的做法，通常是在对行为人实施欺骗行为前、行为时、行为后的事实进行综合分析的基础上进行“推定”。最高人民法院、最高人民检察院在关于诈骗、非法集资、金融诈骗等所作的司法解释中，也给出了一些“推定”行为人具有非法占有目的的客观标准。

参照这些司法解释给出的标准，结合本案的证据材料，各被告人主观上不存在非法占有目的。某电子公司与两家银行之间的债权债务关系并不是2007年、2008年形成的，而是自2001年某电子公司成立之初就已经存在的，某电子公司每年只是偿还利息，而对于本金，都是通过倒手续方式进行延续。也就是说，起诉书指控的所谓某电子公司诈骗银行、诈骗担保人，实际上并没有获得任何款项，仅仅是通过手续置换将原有的贷款变更为新贷款。被告人不可能通过办理倒贷手续实现“非法占有”，主观上也不可能具有非法占有目的。

（1）某电子公司向银行办理贷款手续的目的，是按照往年的惯例进行“借新还旧”倒手续，新借款项用于归还以前贷款，不能实际获得所贷款项。所以从常识上说，某电子公司不可能通过此种方式实现占有他人财物的目的；

所有涉案贷款确实用于归还了原来的欠款，证实被告人在主观上不可能具有将所贷款项占为己有的目的。

（2）对于起诉书指控的涉案6笔贷款，某电子公司在与银行办理“借新还旧”手续时，都处于正常的经营状态，不存在“明知没有归还能力而大量举债”的情形。涉案6笔贷款最早的一笔贷款是2007年11月12日，最晚的一笔是2008年9月9日。公诉机关提供的某电子公司考核汇总表证实，直到2009年3月，某电子公司还有货物销售及利润，不能据此认为某电子公司签订合同时就明知没有履行能力而大量举债。

（3）某电子公司在与两家银行办理“借新还旧”手续时，除了某电子器件公司为其担保以外，还有其他企业为其提供担保。而且，某电子公司、某电子器件公司都拥有土地、资产、设备等担保财产，完全能够确保贷款安全。与此同时，被告人李某、田某某也都以个人财产提供了担保。此外，除上述保证担保形式之外，6笔贷款中两笔中国银行某支行的贷款还有设备、厂房抵押。所有这些事实，均能证明被告人不具有非法占有目的。

（4）某电子公司在办完“借新还旧”倒贷手续后，依据借款合同约定按月支付贷款利息，证明其订立借款合同获取贷款时（实际是办理倒账手续）不具有非法占有目的。某电子公司偿还贷款10个月后，因为经济条件恶化、资金链断裂导致还款困难，才停止支付利息。这种客观原因导致的还款困难，不能证实被告人具有非法占有目的。退一步讲，假定某电子公司客观上有能力还款而拒不归还，也不构成合同诈骗罪。因为按照主客观相统一的定罪原则，合同诈骗罪要求行为人在使用欺骗方法取得他人财物时，主观上就应该具有非法占有目的。而行为人在依法取得他人财产之后赖账不还，与非法占有目的支配下实施欺骗他人财产行为的诈骗犯罪有本质区别。

4. 关于第四个焦点问题：公诉机关认定，涉案借款期限届满前，被告人等将某电子公司的生产资料、机器设备等转移给其关联公司，隐匿了其对关联公司的债权，因而具有非法占有目的。该认定涉及转移财产、隐瞒债权逃避债务的事实是否存在，以及如何对这些事实进行法律评价，特别是能否将该事实作为认定被告人具有“非法占有目的”根据的问题。

首先，关于事实的层面。起诉书指控被告人履行合同过程中转移财产、隐匿债权的事实是不属实的。第一，现有在案证据证实，被告人李某等人决定将某电子公司的设备、厂房等转移给某电气公司，同时决定由某电气公司承接某电子公司对外债务。关于这一事实，有被告人李某、田某某、巩某某供述互相印证，有高某、王某等人的证言与之印证，证实了公诉机关指控的“转移财产”实质上是等价交换，不是转移财产。第二，辩护人调取的某电气公司经理王某出具的2010年10月15日某电气公司承接某电子公司债务表格证实，某电气公司同时承接了某电子公司的资产与债务，不是单方的无偿转让，而是等价交换，能够与上述言词证据相印证。第三，公诉机关提交法庭的某电子公司、某电气公司盖章的“变更函”证实，自2009年9月1日，某电子公司的债权债务转移给某电气公司，某电气公司承接了某电子公司的对外债务，也能够与被告人的供述互相印证。第四，公诉机关提供的某电子公司将土地、厂房、设备等转移给某电气公司的“转让协议”，是某电子公司财务人员巩某某制作的，与被告人李某等人都没有关系。第五，巩某某作为会计人员，在制作“转让协议”时并不完全了解某电子公司董事会决议“资产债务同时转让”的事实，不能就此认定某电子公司为占有银行贷款而转移财产，更不能由此认定被告人李某主观上具有非法占有他人财物的目的。

其次，关于法律的评价。公诉机关指控，某电子公司在涉案贷款临近到期时，为了逃避还款责任将厂房、设备转移给其关联公司，因而被告人李某等人主观上具有非法占有目的。假定公诉机关指控的事实成立，根据此事实认定被告人李某等人具有“非法占有目的”，又涉及两种情况：一是根据该事实“证明”被告人李某等人“此时”产生了“非法占有目的”，二是根据该事实“推定”被告人李某在实施欺骗贷款、欺骗担保行为时就具有“非法占有目的”。

辩护人认为，对于第一种情况，按照主客观相统一的原则，成立诈骗罪要求行为人以“非法占有为目的”，通过实施虚构事实、隐瞒真相的欺骗行为，骗取被害人的财产。也就是说，行为人实施欺骗行为时，必须是基于“非法占有目的”，并且是在这种心理支配下实施。如果行为人虽然实施了欺骗行为，但实施欺骗行为时，不存在“非法占有目的”，就不可能构成诈骗类的犯罪。正如有学者所说，非法占有目的作为合同诈骗罪的犯罪目的，只能是行为时的心态，这也符合主客观相统一的原则。比如，在骗取贷款罪中，行为人虽然实施了欺骗行为，但主观上没有非法占有目的，因而不能以诈骗罪追究其刑事责任。从诈骗罪的法定构成上说，客观的欺骗行为与主观的“非法占有目的”，必须同时存在，才有可能成立诈骗罪。同理，如果行为人通过合同或者以其他途径合法占有了他人财产，在合法占有他人财产之后产生“非法占有目的”而拒不归还的，也不可能成立诈骗罪，只能成立侵占罪。

当然，如果法律、司法解释有特别规定的，按照特别规定处理。比如，最高人民法院《关于审理挪用公款案件具体应用法律若干问题的解释》第6条规定，携带挪用的公款潜逃的，依照《刑法》第382条、第383条的规定定罪处罚。行为人挪用公款，不具有非法占有目的。但是，如果携带公款潜逃，则以贪污罪定罪处罚。司法解释如此规定，究竟是因为根据潜逃“推定”行为人挪用时具有非法占有目的，还是根据潜逃“认定”行为人此时产生非法占有目的，理论上尚有争议。甚至有人认为，该规定就是拟制规定。但司法解释不同于刑事立法，如此拟制是否合适，不无疑问。

针对第二种情况，根据该事实能否“推定”被告人李某在实施欺骗贷款、欺骗担保行为时就具有“非法占有目的”。这本质上是一个证据问题、证明问题。如前所述，某电子公司完成“借新还旧”倒贷手续后，按照合同约定履行还息义务。直到2008年年底因为宏观经济形势影响资金链断裂，某电子公司为能够持续经营才将资产、设备转让给关联企业。这种转让是等价交换，其关联企业受让其资产的同时，承担了更多的对外债务。所以，不能由此“反证”某电子公司在办理倒贷手续（获取银行贷款）时就具有“非法占有目的”。

总而言之，按照成立犯罪主客观统一的原则，要成立诈骗犯罪，客观上的欺骗行为与主观上的非法占有目的，必须同时存在。如果行为人基于合法原因取得他人财产，之后产生非法占有目的，不可能构成诈骗犯罪。即便行为人通过欺骗取得他人财产，但行为人在实施欺骗行为时，不具有“非法占有的目的”，也不可能构成诈骗犯罪。再退一步讲，行为人在取得他人财产之后，产生非法占有目的而拒不归还的，也不成立诈骗犯罪。本案中，某电子公司在取得涉案贷款（实际上是办理了“借新还旧”的倒贷手续）后，因为经济环境恶化等客观原因而逃避还款，仅仅是民事上的违约行为、背信行为，守约方可以通过行使撤销权、代位权诉讼进行追索，不能由此认定行为人具有成立合同诈骗罪所要求的“非法占有目的”。

## 四、案件启示

经济合同纠纷与合同诈骗都是在行为人签订、履行合同的过程之中产生的，涉及合同双方权利的实现和义务的履行，表现为双方当事人之间的利益冲突和纠纷。但在民事合同纠纷中，当事人需要承担在签订、履行合同过程中因违反合同约定产生的违约责任；而在合同诈骗罪中，当事人因在合同签订、履行过程中触犯法律，故而需要承担刑事处罚。司法实践中，有些民事纠纷的处理程序复杂，且经常受制于举证能力等条件的限制，有的当事人为了尽快实现自己利益和诉求，常常想通过刑事手段介入民事纠纷。同时，因为民事纠纷与刑事犯罪客观上存在模糊地带，加之个别司法人员认识的局限，很容易将民事纠纷当作刑事犯罪处理，本案就是如此。原本的借款合同、担保合同纠纷中，担保人根据法律规定和合同约定承担担保责任之后，完全可以通过民事诉讼的方式维护自身合法权益，即便存在债务人转移财产逃避债务的情形，担保人也可以通过代位权、撤销权诉讼维护自身合法权益。担保人选择刑事报案后，办案机关先入为主，认为担保人有损失了，就是受到了犯罪侵害，错误地将民事纠纷当作刑事案件立案，从而引发本案。

本辩护人接受李某家属委托后，深感该案重大复杂。就案件的重大而言，起诉书指控合同诈骗数额1000多万元，如若指控成立，将面临10年量刑。后来的事实也证明，一审法院确实两次判处李某有期徒刑10年。就案件的复杂性来说，某电子公司办理倒贷手续时，向银行提交的财务资料确实与客观事实不符，按照财务负责人、同案犯巩某某所说"就是按照银行人员的要求填写的数据"，但银行的人员否认该事实。所以，似乎"欺骗行为"的存在是难以推翻的。某电子公司在贷款到期前，遭遇众多债权人诉讼，为了使公司能够持续经营，李某等人将某电子公司的设备、资产出售给了关联公司。公诉机关指控该行为是转移资产逃避债务，主观上具有"非法占有目的"。借款到期后，贷款人起诉借款人与担保人，担保人履行了担保责任造成了损失。从普通人的角度看，起诉书指控李某等人构成合同诈骗罪，似乎没有什么问题。

本辩护人经过认真分析和研究该案，确定了本案指控成立与否的焦点问题，然后围绕着这些焦点问题展开辩护。从提供虚假财务资料的欺骗行为是否存在、欺骗行为是否为李某指使、担保人是按照镇经委要求提供担保而不是因为受骗等客观事实，到现有证据不能证明李某等人具有非法占有目的等主观要件，进行了强有力的辩护。尤其是针对起诉书关于转移财产逃避债务的指控，辩护人向某电子公司的关联公司某电器公司调取了"承接某电子公司债权债务表"，申请法院调取了某电子公司及其关联公司的财务会计资料，证实了起诉书中"转移财产逃避债务"实际上是等价出售，从而否定了公诉机关对于李某等人具有"非法占有目的"的指控。

该案历经侦查、审查起诉、一审、二审、发回重审一审、二审多个诉讼程序，历时3年之久。到重审一审时，一审法院在事实、证据没有变化的情况下，仍然作出与原一审相同的判决。面对10年的有期徒刑，被告人及其家属都无法承受。而司法机关为争取其他同案犯的支持，对其他两名同案犯都做了取保候审，而且有关办案人员承诺给他们缓刑，事实上也都兑现了缓刑承诺。但对于被告人李某，检察院、一审法院都认为判处10年有期徒刑就是最低了。在多重压力之下，李某第二次提起上诉。二审法院认真听取了辩护人的意见，研究了该案，最后动员被告人李某认可其指使田某某、巩某某上报虚假财务会计资料的事实，将从某农村信用社贷款的 376 万元认定为骗取贷款，改判被告人李某 3 年 3 个月。宣判后，被告人李某很快就恢复了自由。对李某而言，接受这一结果也是无奈之举。

# 阿某跨国走私毒品未遂案

黄山 司楠

## 一、基本案情

阿某等5人走私、运输毒品案，系中国公安部与美国联邦禁毒局联合办理的最大数量可卡因跨国走私案，涉及俄罗斯、西班牙、印度等3国4地的5名犯罪嫌疑人，公安部指定唐山市公安局办理。阿某等5人受境外贩毒组织指使，多次前往唐山市唐山港踩点，准备接收由哥伦比亚驶往中国唐山港的货轮内藏匿运输的900余千克可卡因。上述5人还先后准备潜水工具并租用车辆、船只，分头入境并在上海集合，乘车前往唐山港，后因天气原因未得逞，并被现场守候的中国公安及海关缉毒人员抓获。

因该案当事人为前俄罗斯奥林匹克青年队队员，曾荣获俄罗斯联邦帆船比赛冠军，俄罗斯大使馆多次与我国外事部门沟通。经俄罗斯大使馆多次请求，本律师团队接受阿某母亲的委托担任阿某的辩护人。

## 二、案件焦点

1. 本案是否属于未遂犯罪？
2. 阿某是否系共同犯罪中的从犯？
3. 阿某等人的具体罪名应当如何认定？

## 三、办案思路与辩护意见

1. 针对既未遂问题。我们提出阿某等人属于转移毒品罪的未遂，具有法定的从轻、减轻情节。

（1）在阿某等人转移毒品前，毒品已被公安机关掌控并查获，已无转移毒品逃避执法机关调查的可能，且涉案毒品始终未流入社会或流通环节。证据显示，2017 年某日，中国公安部已接到美国禁毒局信息，掌握了位于唐山某轮船藏有毒品的信息并组织开展监控。两天后，公安机关即在该轮船上查获全部毒品。因此，一周后，阿某等人坐船出海欲提取轮船上毒品时，已无毒品可提取转移，涉案毒品始终未流入社会或流通环节。

（2）在阿某等人前往唐山提取毒品前，其已被公安机关全程掌控，也不具备转移毒品的条件。证据显示，2017 年 11 月 16 日，在阿某等人前往唐山前，公安机关已掌握其行踪并予以全程监控。因此 2017 年 11 月 18 日阿某等人的行踪均在公安机关掌控之下，已不具备转移毒品并逃避执法机关的条件。

因此，我们提出阿某等人在着手实施转移毒品时，因涉案毒品此前已被公安机关全程监控并查获的客观原因，已无通过转移毒品逃避执法机关打击的现实可能性与条件，且毒品始终未流入社会或流通环节，其犯罪目的不能得逞，犯罪结果不会发生，符合《刑法》第 23 条第 1 款“已经着手实行犯罪，由于犯罪分子意志以外的原因而未得逞的，是犯罪未遂”的规定，应依法“比照既遂犯从轻或者减轻处罚”。

2. 阿某在转移毒品的共同犯罪中处于次要地位、起辅助作用，应当属于从犯，具有法定的从轻、减轻情节。

（1）从在案的 5 名同案犯关系上看，阿某处于最下层的次要地位。证据显示，在整个转移毒品犯罪中，在逃的哥伦比亚人卡某和我国香港地区居民卡何某是属于最上层的直接授意者和指挥者，分别联系雇用俄罗斯人艾某、西班牙人洛某和印度人鲁某负责转移毒品的组织实施；艾某、鲁某又分别找到自己的朋友阿某和姚某帮忙。也就是说，最上层为哥伦比亚人卡某和我国香港地区居民卡何某，中间为同案犯艾某、西班牙人洛某和印度人鲁某，最下层是阿某和姚某。可见，阿某在整个共同犯罪人员中，属于最下层的人员，明显处于次要地位。

（2）从在案的5名同案犯分工和具体行为上看，阿某仅起到辅助作用，并非实施转移毒品的必要环节。证据显示，同案犯艾某是现场的组织者，负责组织行动、确认轮船位置、联系哥伦比亚人卡某等关键环节；同案犯鲁某是转移毒品犯罪资金提供者，负责提供购买转移毒品行动所需工具和其他开销的资金支持；同案犯洛某作为5人中唯一具有潜水资质的人，是潜水进入轮船提取毒品的唯一人选；同案犯姚某负责准备转移毒品所需的交通工具（车辆、出海船只）。而阿某主要是陪同艾某前往唐山，陪同洛某购买物品，到机场接人等辅助工作，在洛某明确拒绝下水后，应艾某要求不得已尝试下水随即就返回船上。可见，阿某在整个共同犯罪中始终起到的是辅助作用，其行为并不影响其他人实施和完成转移毒品。综上，我们提出阿某在共同犯罪中处于次要地位，起辅助作用，并非实施转移毒品犯罪的必要条件和关键环节，其行为和作用不影响其他同案犯实施和完成转移毒品，符合《刑法》第27条第1款“在共同犯罪中起次要或者辅助作用的，是从犯”的规定，应当依法“从轻、减轻处罚”。

3. 律师团队曾争取对阿某由“走私运输毒品罪”变更为“转移毒品罪”，并一度得到公安机关认可，并变更了起诉意见书。我们提出：

（1）阿某等人与哥伦比亚人卡某事前并无“走私、运输毒品的通谋”，仅是参与将毒品从轮船转移至岸上。在案证据显示，哥伦比亚人卡某与本案同案犯艾某沟通内容，是让其从轮船上提取毒品，阿某也仅知道艾某要前往唐山的轮船上提取毒品，始终没有提及走私和运输毒品的内容，因此哥伦比亚人卡某与同案犯艾某之间，阿某与艾某之间均不存在“走私、运输毒品的通谋”。

（2）阿某等人仅实施了转移毒品的行为，并无“走私、运输毒品”的行为。“转移毒品”主要是指将犯罪分子的毒品从一地转移到另一地，以抗拒司法机关对毒品、毒赃的追缴，帮助犯罪分子逃避法律的制裁，或者便于犯罪分子进行毒品交易等犯罪活动。本案中，同案犯艾某为躲避中国执法机关的打击，组织指使阿某等人深夜出海欲提取毒品的行为，应属于转移毒品而非走私运输毒品的行为。基于此，唐山市公安局曾变更起诉意见书为“转移毒品”犯罪。

4. 协助提交部分涉外公证证据材料。

由于本案系跨国合作案件，又涉及多国嫌疑人，包括俄罗斯大使馆在内的多国使领馆均格外关注，嫌疑人家属申请提交大量涉外公证证据材料。为此，律师团队多次和办案机关协调，协助家属办理涉外公证证据资料。例如，阿某母亲提供经中国驻俄罗斯大使馆认证职业和收入证明资料，以证明阿某的父母均有良好工作和可观的经济收入，足以支付阿某在外留学生活的经济支出，阿某不需要通过参与转移毒品牟利。阿某的《联邦报——俄罗斯新闻》的记者证，以证明阿某在俄罗斯有正式工作和经济收入，不需要受雇于毒贩。阿某所在学校出具的平时表现和获奖情况，证明阿某本人曾先后荣获俄罗斯联邦及萨马拉州帆船比赛和快艇比赛的冠军，入选俄罗斯帆船运动队队员，是俄罗斯国家一级运动员，在学校一直表现良好。上述证据对检察机关的量刑建议起到一定影响。

## 四、案件启示

阿某等人在公安机关侦查阶段认定为走私、运输毒品罪（既遂）。经审理后法院判决确定为提起公诉时的走私运输毒品罪（未遂），且认定阿某为从犯；量刑幅度由死刑变更为10年以下有期徒刑。案件办理取得了良好的法律效果和政治效果。

该案经俄罗斯联邦大使馆请求，由本所律师担任俄罗斯籍犯罪嫌疑人阿某的辩护工作，经充分有力的辩护工作，得以为其争取了多项法定从轻、减轻情节，量刑幅度大幅降低。特别是充分考虑到本案毒品数量巨大，涉及中美两国办案单位，涉及多国当事人，我方当事人还曾系奥运会运动员的特殊背景，在工作中我们既坚持“依法依规、保障人权”，又坚持“外交无小事”的原则，在涉外重大案件中，既做好辩护律师的本职工作，也做好中国法律的阐释者，向当事人及其亲属解释清楚涉及案件的相关法律知识和程序问题，充分展现了中国律师的良好形象和专业素养。

# 刘某骗取贷款缓刑案

解瑞松　王　莹

## 一、基本案情

刘某系某工程公司实际控制人。2015 年 2 月其以企业经营需流动资金为由向某银行申请贷款 1000 万元，与某银行签署了流动资金借款合同，贷款期限为 12 个月，贷款用途为生产经营。制作贷款文件时，刘某将已经全部履行完毕的几个交易合同的金额列为应收账款，虚增了公司应收账款，从而将财务报表数据做得比实际好，涉及 3 份合同不到 100 多万元。在申请贷款的同时，刘某使用某橡胶工程公司对银行的一笔贷款提供担保。2015 年3 月银行放款，贷款发放到某工程公司后，刘某以购买原材料的名义将这笔款项打入某橡胶公司账户中，当日该笔款即从该橡胶公司打回刘某的某工程公司。该笔款项部分用于支付员工工资，大部分用于偿还某工程公司的民间借贷。2016 年 4 月，该公司与银行再次签订流动资金借款合同，借款为 1000 万元，借款期限为 12 个月，用于借新还旧。后借款合同到期，某工程公司未如期偿还本息。2018 年年初，某银行起诉借款人刘某实际控制的某工程公司和担保人某橡胶工程公司，在审理过程中，某银行并未报案。但是因担保人报案，公安机关决定立案由此进入刑事程序。后法院对民事程序终止，该银行上诉至某中级人民法院、申诉至某省高级法院，要求按照民事诉讼程序处理该案，但终未如愿。2018 年，某银行将该笔贷款作为不良资产以 800 多万元的价格转让给深圳某资产管理公司，后某橡胶公司偿还深圳某资产公司 600 多万元。

在审查起诉阶段，受当事人的委托，本人担任刘某的辩护人参与诉讼活动。

## 二、案件焦点

1. 刘某使用已经履行过的合同虚增公司应收账款的行为和改变资金用途的行为可否认定为骗贷行为？

2. 在刘某提供担保的情况下，银行将债权自行转让给资产管理公司，转让价格低于借款数额，这部分可否认定为刘某造成的损失？

3. 本案在民事程序进行中启动刑事程序处理是否得当？

## 三、办案思路与辩护意见

1. 刘某使用已经履行过的合同虚增公司应收账款的行为和改变资金用途的行为不应认定为骗取贷款罪中的骗取行为。

（1）使用几份已经履行完毕的合同虚增应收账款的行为，在银行的决策过程中起不到决定性作用，并且涉及金额占整个贷款总额比例较小，不应当将全部贷款金额都认定为骗贷数额。

骗取贷款罪的犯罪构成中应当有一个完整的逻辑链条：被告人实施欺骗行为—受害人因被告人的欺骗行为而陷入错误认识—受害人基于错误认识而做出放贷的处分行为—被告人因此而获得贷款。也就是说，被告人获取贷款，是基于受害人陷入错误认识、作出错误的放贷处分，即取得贷款应当基于欺骗而得到，从而符合“骗取”客观行为要件。但是在本案中，这一“骗取”逻辑链条是中断的：某工程公司获得贷款并非基于某银行陷入错误认识作出的放贷处分，而是基于银行的真实意思表示。刘某将之前已经履行过的合同，放在本次贷款的材料中，并基于此增加了公司的应收账款。这一行为在整个贷款环节中并不居于主导地位。刘某虚增的合同只有两三份，涉及金额不到100万元，而银行作出贷款主要的依据还是刘某公司的生产能力、不动产价值以及担保，这才是银行作出放款的核心因素。此外，刘某称借款时这样的操作在当地普遍存在，银行的工作人员也都知道，只要最后没有根本性风险，银行工作人员一般也不做干预。从这个意义上而言，银行的工作人员作为银行的代理人，在其自身知晓的情况下，应视为银行知晓，不应当认定为银行受骗。可能也正是基于这个原因，某银行才在民事诉讼中从一审、二审、再审一再主张：双方合同系双方真实意思表示，不存在欺诈、胁迫，不存在恶意串通损害第三人利益的情形，不存在以合法形式掩盖非法目的的情形，不应当视为无效合同。从贷款过程看，在贷款时该银行下属支行考察了贷款公司、考察了担保人的担保能力，贷款过程经过严格的银行内部审核程序审核，还在贷款初期进行了贷款用途的跟踪。甚至在 2015 年 2 月 1000 万元贷款因故无法偿还时，还在 2016 年 4 月 7 日某公司处于停产状态的情况下仍然同意再次放贷，且用途是“借新还旧”等。这一系列做法可以看出放贷确实系该银行的真实意愿。此外，在本案中该银行自始也没有以被害人的身份进行刑事控告并主张权利。

（2）某公司改变 2015 年 2 月 28 日的贷款用途，虽然与借款合同约定用途不符，属于改变贷款用途的行为，应属民事违约行为，这个行为不会导致贷款资金安全受到威胁，不应作刑法意义的评价。

某工程公司确实在 2015 年 2 月 28 日贷款下来后绝大部分用于偿还其他贷款或者其他用途。但有两点需要说明：

其一，某工程公司与某银行签署的合同是流动资金借款合同，约定的用途是“购买材料”。但实际上这笔资金一大部分用来偿还贷款，另一部分用来支付员工工资。从合同角度而言，这种改变资金用途的行为系违约行为，不能用刑法来进行评价。更何况某银行也进行过放款后的审核，也就是该银行在事后的审查中也没有对资金使用的实际用途提出异议。即使被告人用贷款偿还借款，也是用于企业的生产经营之中的，资金的融通本来就应该属于“生产经营”的题中之意，“经营”一词应当作广义的理解，而不是狭义判断。

其二，即使刘某将贷款用作其他用途，由于有前述的各种担保存在，并不是必然会使资金处于不安全的境地。换言之，在该案中，无论刘某是否将资金挪作其他用途，实际上并不是危及贷款安全的根本原因，不能将其挪用的行为认定为“骗取”的一部分。贷款时，某工程公司正在生产经营，并能够产生效益，这是至关重要的一点。只要刘某的公司在生产运营，只要担保人具备担保能力，那么银行贷款的安全性是可以保证的。

2. 在刘某提供担保公司的情况下，银行将债权自行转让给资产管理公司，转让价格低于借款数额，低于部分显然不能认定是刘某给银行造成的损失。

（1）银行主动转让债权，主动放弃 279 万余元利息，该利息不应视为损失。

本案中，某银行在 2018 年 12 月将该笔债权转让给深圳一家资产管理公司。在银行出具的说明中可以知道，银行在转让中将 279 万余元的利息主动放弃，从而协议转让债权。在当时的情况下，银行可以等额转让债权，也可以较少的优惠转让，但是其将 279 万余元利息全部放弃，显然是其自主之决定。这一决定与被告人刘某的行为已经不具有因果关系，不能将 279 万余元的利息损失视为刘某的行为所致。某银行这么做一个重要的原因是公安机关介入，导致民事诉讼程序无法继续。如果公安机关没有介入，某银行通过民事诉讼程序胜诉，完全可以申请强制执行，实现 1000 万元的债权，根本不需要将债权作为不良资产打折出售。

（2）某橡胶工程公司承担担保责任后的损失，属于某橡胶工程公司与某工程公司之间的问题，这一损失不属法律规定的“重大损失”，法律规定的重大损失应当是银行机构的重大损失，而不是非金融机构的损失。

银行打折出售债权系自身行为，如果担保人替刘某的公司偿还了该笔借款，而刘某没有偿还担保人代为还款支付的价款，担保人的损失是否可认定为《刑法》第 175 条之一中规定的“重大损失”？

笔者认为《刑法》第 175 条之一的“重大损失”的主体应当是金融机构而不是非金融机构的担保人，所以担保人的损失不应当认定为“重大损失”，也不应认定为“其他严重情节”的情形。骗取贷款罪保护的法益是“金融机构贷款安全性”，指向性应当是十分明确的，限于“金融机构”，非金融机构应由其他法律予以调整，刑法调整的骗取贷款只能限于金融机构的贷款安全，进而只有存在与此相关联的情节才可以认定为其他严重情节。此外，即使某橡胶工程公司承担担保责任后，还有可以追偿的其他手段，所以不宜将此认定为“其他严重情节”。尤其在本案中，被告人所属的公司正在和某橡胶工程公司沟通解决其承担的担保责任事宜，并且已经向对方转移了部分债权，以最大限度地减少担保人的损失。

3. 本案在民事程序进行中使用刑事程序处理不当：刑法应当具有谦抑性，本来可以用民事手段解决的纠纷，上升到刑事程序对各方均无益。

就刑事程序和民事程序的适用而言，本案适宜使用民事程序解决纠纷。虽然说刑事程序和民事程序各自具有独立的诉讼价值，但是总体而言，只有当行为人的行为严重到一定程度后才可以启动刑事诉讼程序，作为最终的处理手段。本案中，作为所谓受害人一方的当事人某银行自始是通过民事诉讼途径来解决债权债务纠纷，也始终没有在刑事诉讼程序中提出要求，而且当时各方都没有经济损失，适宜以民事程序予以解决。公安机关却在当事人双方正在以民事手段解决纠纷时强力介入，进行刑事立案，将本可以民事手段解决的纠纷上升为刑事案件，实为得不偿失。作为受害人角色的银行并没有去报案，也没有在刑事程序中主张任何权利，作为担保人的公司也和深圳资产公司达成了后续资产清偿的一致，本来已经得到修复的社会关系，因为公安机关的介入反而将事情的解决复杂化，甚至影响了企业的经营，是一个各方多输的局面。

## 四、案件启示

经审理，一审法院认为：被告人刘某以欺骗手段取得银行贷款，并给银行造成重大损失，其行为已经构成骗取贷款罪。案发后，被告人主动到公安机关投案，并如实供述自己的罪行，属自首，依法对其可予以从轻处罚，进而判处 3 年有期徒刑并缓刑 4 年。该案从定性上没有采纳辩护人的意见，但在量刑上还是考虑了辩护意见，这也是目前司法实务中一种特殊的现象。

通过办理该案，本律师深切感受到，律师办理经济犯罪案件，需要综合的知识储备，刑事案件和民事案件有不同的思维方式，而不同的思维方式是根植于深厚的知识储备之中的，所以办理刑事和民事交叉的事务应当具备民事和刑事两个领域的知识储备。在此基础上，应对涉案的经济关系从民事法律角度进行分析，探求交易关系发生、发展、纠纷根源，在此基础上审视在这个过程中双方发生的矛盾是否可以通过民事领域的方法予以解决、化解，如果说通过民事领域的方式就可以化解或者就可以弥补受害一方的损失，那么完全可以把案件锁定在民事纠纷的框架之内，而不是动用刑法的手段解决。

当然，如果通过民事方式分析案件之后，发现民事思维和方式不能解决问题，不能弥补当事人损失，或者中间有严重的利益受损，以至于可能符合刑法中关于刑事犯罪的要求，那么就应当遵守刑法实质性判断的思维，对整个事件进行重新梳理和判断。这是一个由轻到重、由民事思维到刑事思维的过程，不是一蹴而就的过程。

# 肖某非法吸收公众存款刑民交叉案

陈孟君　张　晗

## 一、基本案情

肖某因投资建设“贵州某酒店”缺乏资金，在未取得相关许可的情况下，自2013年起以经营酒店需要资金的名义通过民间借贷的形式向亲朋好友以及其他有关人员借款，支付2%至6%不等的利息，并以个人名义出具借条、签订借款合同。后因该地举办某大型纪念活动，肖某为响应地方政府借助该活动的宣传大力发展旅游业的号召，拟将宾馆提升品质至五星级，在银行贷款没有到位而发生资金运转困难的情况下，以提高利息的方式进一步向亲朋好友、合作伙伴及其介绍的朋友借款，所借资金一方面用于酒店装潢运营等，另一方面用于归还前期借款本金及高额利息。2016年10月肖某资金链彻底断裂，在债权人相约到酒店追偿本息、免费吃住等严重影响酒店正常运营的情况下，肖某主动向有关部门说明情况致使案发。同时，由于酒店大部分房屋系肖某名下的酒店管理公司向某国投公司租赁取得，国投公司以酒店拖欠租金等为由提起民事诉讼，请求酒店支付所欠款项、无偿收回租赁房屋及装修。

## 二、案件焦点

该案是一起刑事与民事交织在一起的案件。从案件事实和相关证据考量，如果孤立地只从刑事案件出发开展辩护，不仅难以取得理想结果，而且还将使当事人丧失重大经济利益。因此，在案发后如何妥善处置肖某财产退赔民间借贷债权人，如何在争取当事人利益最大化的同时妥善平衡各方利益，对于该案的处理既是焦点问题又有重要影响。

## 三、办案思路与辩护意见

在本案中，如何妥善处置肖某的酒店资产、对民间借贷债权人实现退赔既是重点所在，也是难点所在。首先，肖某几乎所有的财产都用于投资酒店，若想实现对民间借贷债权人的退赔，则必然需要对肖某的酒店资产进行处置。而酒店除部分房屋产权属肖某自有外，其余绝大部分房屋是由肖某从国投公司租赁来的，肖某的酒店资产并非以产权的形式体现，而是以装修的形式体现，酒店装修也已与国投公司的房屋融为一体，肖某自有产权房屋也与国投公司所有的房屋难以分割，强行分割完全不具有可能性。即便可行，其也将极大地降低资产价值，导致无法足额退赔。其次，在酒店资金链断裂、肖某因涉嫌非法吸收公众存款罪被立案后，国投公司又提起民事诉讼，以肖某名下的酒店管理公司拖欠租金等为由诉至法院要求将租赁房屋连同装修无偿收回。该诉讼如得到法院支持，肖某将几乎丧失全部资产、丧失退赔能力，不仅众多债权人无法收回借款，在社会引发不稳定因素，肖某本人也将面临可能长达数年甚至十数年的牢狱之灾。此外，地方政府又不断施压，要求尽快处理酒店财产、退赔借款来排除社会不安定因素，并尽可能地保全酒店，避免这一当地旅游业的名片遭到分割、肢解。因此，如何在法律允许的范围内妥善处理肖某财产、如何在争取当事人利益最大化的同时妥善平衡各方利益，达到法律效果、社会效果、政治效果的统一成了本案的焦点问题。

本案看似各方利益相互冲突、牵连众多，难以平衡，进行民事部分的财产处置、完成退赔必然困难重重。可换个角度来看，如若能够抓住主要问题与主要矛盾，从各方利益需求中寻求平衡，反而能够巧用各方力量，在司法程序外为刑事辩护寻求突破。在各方的利益需求中，民间借贷债权人要求收回借款，地方政府的维稳需要要求财产处置的结果必须能够保证诸多民间借贷债权人的利益。而本案的债权人均为肖某的亲朋好友、合作伙伴及亲朋好友、合作伙伴的朋友。肖某作为当地闻名的企业家，亦不愿民间借贷债权人蒙受经济损失，地方政府与肖某在保障民间借贷债权人权益的层面具有一致的利益追求，且无其他利益冲突，故辩护人积极与地方政府沟通，明确向地方政府传达愿意积极、无条件地配合政府工作。对国投公司而言，其利益需求在于向肖某索要所拖欠租金，更关键的是收回租赁的房屋及附属装修，进而能够全面接管、运营酒店。而肖某如要实现退赔并以此争取刑事层面的从轻处罚，也只能将酒店装修等予以变卖。在这一层面来看，国投公司是酒店最完美的买家。而利益冲突在于国投公司意图以酒店违约为由收回酒店房屋并无偿取得附属装修，如果国投公司目标实现，肖某在酒店所有的投资将几乎归零，民间借贷债权人将血本无归，这与肖某、地方政府及民间借贷债权人的利益需求严重冲突。辩护人在综合考虑全案情况、衡量各方利益的情况下，提出由国投公司向肖某收购酒店的装修、设备及肖某自有产权的房屋的方案。在本方案下，对于酒店本身而言，其作为优质资产能够得以继续存续、经营，获取大量经济效益，助力当地旅游业发展。对于利益各方而言，肖某可最大限度地收回酒店投资，并用所得款项退赔债权人，实现全额退赔、争取宽松量刑；债权人能够收回借出款项；国投公司能够以市场价完整地取得酒店的装修及肖某自有产权的房屋，进而全面接管酒店，且能够避免后续可能产生的产权纠纷；地方政府既排除了社会不安定因素，也保护了酒店免遭分割、肢解，助力了当地旅游业发展。为此，辩护人代表委托人在与国投公司的民事案件中积极应诉、从民事法律的角度据理力争的同时，不断与处非办、市委、市政府、国投公司积极沟通协商、阐明利弊，使各方均深切理解了其中的利害关系。在地方政府的推动、司法机关的主持下，国投公司与肖某最终达成和解，约定由国投公司以市场价对肖某名下酒店财产进行整体收购。自此，肖某的财产得以完好处置，民间借贷债权人的权益得到了切实保障，国投公司完整取得了酒店产权，社会不安定因素得以排除，各方利益均得以实现。这也推动肖某所涉嫌的非法吸收公众存款犯罪辩护取得重大突破。

此外，对于非法吸收公众存款案件而言，如果在尚未刑事立案之时积极主动地全额偿还民间借贷债权人借款，案件可以直接通过民事途径解决而无须进入刑事阶段，从规避刑事风险的角度来看这似乎是最佳方案。可本案却恰恰相反，其是在可能通过民事途径予以解决的情况下主动自首，推动案件进入刑事程序。这看似极为反常，其实却是辩护人综合考量案件情况后制订的最佳方案。首先，如若本案未被刑事追诉，那么便无法适用最高人民法院、最高人民检察院、公安部《关于办理非法集资刑事案件适用法律若干问题的意见》第5条的规定，即追缴债权人利息、用所支付的利息折抵本金。而本案中，肖某于案发前已向债权人支付了巨额利息，如不能通过刑事手段将利息认定为非法所得并予以追缴，肖某从酒店中收回的财产则不足以覆盖未支付本金，将面临为退赔本金而倾家荡产的局面，且如果最后没有足额退还，后续还将面临更严厉的刑事处罚。相反，如肖某主动自首，推动刑事程序启动，那么肖某前期已支付的巨额利息折抵本金后，须退赔的本金数额将大幅减少，从酒店收回的资金不仅能够将其全面覆盖，甚至还有不少的盈余，这能为肖某争取最大的经济利益、保留东山再起的希望。其次，从量刑来看，肖某主动投案可以被认定为自首，能够从轻、减轻处罚，且可在公诉阶段认罪认罚争取从宽处理，完成退赔后也可争取从轻处罚，完全具备适用缓刑的条件。简单来说，这一方案等同于以几年的缓刑为代价为肖某保全了巨额财产，且无其他风险，因此得到了肖某的认可和采纳。

在肖某的同意和配合下，本律师按照上述思路开展了工作，引导肖某自首，并成功为其申请取保候审，协助其完成酒店的整体出售，退赔民间借贷当事人，推动案件得以取得良好的结果。

## 四、案件启示

经审理，法院判决被告人肖某犯非法吸收公众存款罪，判处有期徒刑3年，并处罚金20万元；另犯骗取贷款罪，判处有期徒刑1年，并处罚金人民币15万元。两罪合并执行有期徒刑3年，缓刑5年，并处罚金35万元。追缴被告人肖某非法吸收公众存款违法所得财物合计人民币9343.8751万元，追缴到位后退赔各被害人。

本案对于非法吸收公众存款案件中如何妥善完成财物处置，如何正确处理刑民交叉案件中刑事和民事案件的关系有良好的借鉴意义，具体办案心得包含以下两点。

1. 化冲突为共赢，巧妙利用外部力量为刑事辩护寻求突破。

本案看似各方利益相互冲突、牵连众多，难以平衡，进行民事部分的财产处置、完成退赔必然困难重重。可换个角度来看，如若能够抓住主要问题与主要矛盾，从各方利益需求中寻求平衡点，反而能够巧用各方力量，在司法程序外为刑事辩护寻求突破。辩护人通过分析各方利益诉求，从保证民间借贷债权人得到足额退赔、维护社会稳定这一最基本的要求出发，与地方政府、民间借贷债权人积极沟通、形成统一战线。对于与肖某有直接利益冲突的国投公司，辩护人在对立之中寻求利益共同点，提出最有利于大局的方案，并积极向其阐明利弊，再辅以地方政府的推动、司法机关的主持，最终国投公司愿意退后一步，以市场价收购肖某的酒店资产，成功化冲突为共赢，实现各方利益的统一。这不仅使肖某涉非法吸收公众存款案的辩护取得重大突破，也最大限度地保全了肖某的财产。

需要特别注意的是，本案中辩护人之所以积极与各方沟通交流、寻求外部力量帮助，是因为本案的焦点和突破点本就在于如何平衡各方的利益诉求，达到法律效果、社会效果、政治效果的统一。这一方法并不适用于大部分案件，是否采用本方法、如何实施均需结合具体的案件情况具体分析，尤其需要注意应在合法的范围内寻求外部有利因素帮助，避免在实施过程中产生舆论、政治等因素干预司法独立的恶果，更不能采用违法犯罪手段、引发执业风险。

2. 打破思维定式，以委托人利益诉求为导向确定辩护方案。

在刑事风险爆发之前通过民事手段将其消弭往往是律师工作取得巨大成效的证明，可本案却恰恰是在存在这一可能性的情况下弃之不用，反而采用主动自首的方式推进刑事程序启动，以委托人可以接受的最轻的刑罚作为代价来实现委托人经济利益最大化。达成如此效果需要律师积极与委托人沟通交流，明确委托人的诉求并将其作为导向，以综合、全面的目光审视全案，并运用创造性的思维予以考量，最终选定最符合委托人利益的方案。切忌办案时陷入思维定式、只以委托人是否被刑事追诉以及刑期的长短作为衡量辩护效果的唯一标准。

当然，有得必有失，放弃无罪辩护、追求经济利益的最大化必然导致刑罚的产生，但本案中肖某具备初犯、自首、退赔、认罪认罚等从轻、减轻情节，完全具备适用缓刑的条件，这也是辩护人决定采用这一方案并获取委托人支持的重要原因。这也提醒律师同人在运用类似辩护策略时一定要注意结合具体案情，确保能够以最小的刑罚让步换取最大的利益，避免“偷鸡不成反蚀把米”。

# 涉疫非法经营免刑案

柴冠宏　张　峰　裴　垠

## 一、基本案情

王某从事劳务中介业务（在北京注册有公司）。2020年10月至12月，王某联系浙江某公司并以该公司的名义开具虚假聘用证明，从福建等地组织60余名出国务工人员到浙江某县医院接种新冠疫苗，每人收取2000元左右的费用，获利10余万元。据此，公安机关立案侦查并对王某及有关涉案人员采取强制措施。

本案侦查阶段，北京市东卫律师事务所柴冠宏、张峰、裴垠律师接受王某兄弟二人的委托，组成律师团队为其提供法律服务。

## 二、案件焦点

接办此案后，我们感到该案本身并不复杂，但发生于特殊的疫情期间，律师可否提出无罪辩护意见，进而又如何正确理解"非法经营罪"中的"非法经营"则是律师们面对的两个焦点问题。

## 三、办案思路与辩护意见

全民抗疫时期，涉疫案件比较敏感。嫌疑人王某带多人异地"打疫苗"并获利10万余元，如果最终定罪处罚，按照非法经营罪的定罪处罚标准，该指控数额可以认定为"情节特别严重"，且量刑起点为5年，可以说后果严重。

接受委托后，律师积极联系办案警官了解案情并且及时会见了嫌疑人，随后递交取保候审申请书，提出了应当变更强制措施的理由。审查起诉阶段，辩护律师阅卷后主动与办案检察官就案件事实、证据、法律适用等方面进行了坦诚和充分的交流。经综合分析和慎重考虑，律师向检察机关提交了“王某不构成非法经营罪”的初步辩护意见。检察机关对本案审查后提起公诉，指控被告人王某等人违反国家规定，未经许可经营接种新冠疫苗服务，扰乱市场秩序，违法所得均较大，属于情节严重，其行为触犯了《刑法》第225条之规定，犯罪事实清楚，证据确实充分，应当以非法经营罪追究责任。鉴于王某认罪认罚，建议判处2年有期徒刑并适用缓刑。针对以上指控，本律师团队提出以下辩护意见。

1. 王某等人“组织他人打疫苗”的行为不构成“经营新冠疫苗服务”。

（1）“组织他人打疫苗”系提供中介服务。王某多年从事劳务中介活动，2020年10月，浙江省率先对特定人群优先接种新冠疫苗，王某从该政策中看到了商机，便联系、组织外地出国务工人员来浙江打疫苗。显而易见，王某的行为并非“倒卖疫苗”，仅仅是利用与浙江当地同行企业的合作关系，利用浙江疫苗接种政策，通过提供信息、获取优先接种条件等方式，帮助一部分出国务工人员以正常接种价格接种疫苗，严格地说，属于有偿中介服务行为。

（2）“组织他人打疫苗”行为并非“经营疫苗接种服务”。根据《疫苗管理法》的规定，接种疫苗需要在国家指定的接种单位才能进行。因此，“经营疫苗接种服务”是纯粹的医疗行政管理行为，只有经过卫生健康主管部门指定的“接种单位”才能提供“疫苗接种服务”，显然王某等自然人并非医疗机构且并不能直接提供“接种服务”。王某组织人员异地打疫苗与浙江属地公司人员接种疫苗的方式流程一样，必须前往当地“接种单位”提供相应属地证明文件才给予接种。因此，将王某仅是提供虚假属地证明文件情形下的“组织人员打疫苗”等同于或认定为“经营接种新冠疫苗服务”显然与法律规定不符。当然王某等人的“组织”行为的违法性在于帮助接种疫苗人员“冒用”或“借用”浙江当地公司的名义，属于违反《公司法》的行政违法行为。

2. 王某等人“组织他人打疫苗”的行为不构成“哄抬物价”的非法经营行为。

2003 年 5 月 14 日最高人民法院、最高人民检察院发布的《关于办理妨害预防、控制突发传染病疫情等灾害的刑事案件具体应用法律若干问题的解释》第 6 条，2020 年 2 月 6 日最高人民法院、最高人民检察院、公安部、司法部联合制定的《关于依法惩治妨害新型冠状病毒感染肺炎疫情防控违法犯罪的意见》第 2 条第 4 项均规定：在疫情防控期间，违反国家有关市场经营、价格管理等规定，哄抬物价的行为，牟取暴利，违法所得数额较大或有其他严重情节，严重扰乱市场秩序，构成非法经营罪。据此，指控王某等人犯“非法经营罪”即等同于认定王某等人“组织他人打疫苗”的行为系违反价格规定的“哄抬物价”行为。辩护律师认为这一结论不能成立。

（1）王某等人没有违反“非法经营罪”中的“国家规定”。

最高人民法院《关于准确理解和适用刑法中“国家规定”的有关问题的通知》第 3 条规定：各级人民法院审理非法经营犯罪案件，要依法严格把握《刑法》第 225 条第 4 项的适用范围。对被告人的行为是否属于“其他严重扰乱市场秩序的非法经营行为”，有关司法解释未做明确规定的，应当作为法律适用问题，逐级向最高人民法院请示。因此，严格依照罪刑法定的原则不能直接认定王某等人的行为属于扰乱市场秩序的非法经营行为。

（2）王某等人“组织他人打疫苗”不构成违反价格管理规定“哄抬物价”的行为。

“哄抬物价”是销售商品和提供有偿服务时的价格违法行为，在“接种疫苗”行为本身符合《疫苗管理法》规定的前提下，“组织他人打疫苗”中的“组织”行为与“哄抬物价”行为的应用场景、行为内涵、对象完全不同，将二者等同的行为不符合一般民众的认知标准。本案中，在所谓的“经营新冠疫苗服务”中王某收取的中介费用中包含代为收取的接种疫苗费用，在接种时该费用要交给“接种单位”，因此，在王某所谓的“经营新冠疫苗服务”中没有改变“接种费用”的价格。

3. 王某等人实施的违法行为的危害性未达到构成犯罪的社会危害程度。

在疫情防控的大背景下，怎么强调疫情秩序都不为过，如若非要给予王某等人的行为刑事处罚的话，亦应将王某等人“组织打疫苗”的行为扩展升格定性为“妨碍疫情防控秩序”的行为，而不是办案机关指控的“哄抬物价”的价格违法行为。时下，接种疫苗是国民的权利，同时劳务输出人员又是接种的重点人群，王某等人支付给接种单位的费用系政府定价，其提供中介服务获取利益的行为并未对浙江当地的疫苗管理、疫情防控秩序造成实际妨害。鉴于当时我国疫苗生产和供应还不能满足需求，所以存在“属地优先”政策，一旦将来疫苗产量满足社会需求，解除各项管控措施，那么王某等人的行为便没有社会危害性可言。

在审查起诉阶段，恰逢最高人民检察院发布6个“涉疫刑事案例”，对王某等人的行为追究刑事责任便有了判例支持。尽管辩护律师的意见得到了办案单位的重视，但是提起公诉已是不可避免。于是，辩护律师与王某兄弟沟通后开始与办案单位协商促成犯罪嫌疑人认罪认罚，最终达成一致意见，检察机关在提起公诉的同时，提出了“判2缓3”的量刑建议。

开庭审理期间，辩护律师实事求是地进行了罪轻辩护，讲明了疫情防控政策与被告人行为社会危害的关系，建议法庭全面考量被告人王某兄弟犯罪的性质、情节等因素，调整量刑建议，对被告人减轻、免除刑罚。2021年6月，某县法院作出一审判决，认定被告人的行为构成非法经营罪，综合被告人具有自首情节并认罪认罚，根据犯罪事实、性质、情节、对社会的危害程度和认罪悔罪表现，判处被告人王某兄弟免予刑事处罚。王某兄弟表示服判。

## 四、案件启示

案件判决后，王某兄弟和家属给辩护律师赠送一面锦旗，表达他们对律师专业、尽责的敬意。同时，我们承办此案的几位辩护律师也有许多感想。

1. 在详尽而全面的法律调研基础上准确选择辩护方向和基本点。

非法经营罪是法定犯，其构成必须以“违反国家规定”，即违反国家法律、行政法规中有关各种市场经营法律制度为前提，但《价格法》中并没有明确规定哄抬物价行为人的刑事责任。所以，严格法律适用，是选择辩护方向和角度的基本点。

2. 深刻全面地研究法律适用，从而论证“哄抬物价”能不能被认定为疫情防控期间的“非法经营罪”。

非法经营罪的本质特征在于违反特殊行业的市场准入规定和认可制度，即未经许可擅自经营，其重点在于“不许经营而擅自经营”，而不在于“囤积居奇、哄抬物价”；同时，从语义解释角度看，将“哄抬物价”纳入该罪，也超出了非法经营罪语义可能的射程范围，不符合一般民众的认知标准，可能得出违背常识、常情、常理的解释结论。再有，将“哄抬物价”行为归结于非法经营罪中的第4项的兜底条款，认定为“其他严重扰乱市场秩序的行为”同样违反了同类解释的规则。在《价格法》未对“哄抬物价”作出规定前，《关于办理妨害预防、控制突发传染病疫情等灾害的刑事案件具体应用法律若干问题的解释》及《关于依法惩治妨害新型冠状病毒感染肺炎疫情防控违法犯罪的意见》直接通过司法解释对刑法条文中“其他严重扰乱市场秩序”作出认定，并将疫情期间哄抬物价行为直接纳入非法经营罪的范围，属于司法解释“造法”，系越权性司法解释，程序上存在瑕疵，实体上也有违罪刑法定原则。

3. 对疫情期间各种违法犯罪行为的辩护，律师要顾大局识大体，实事求是，情理并重。

一方面要认真履职，维护当事人的权利，防止事实不清、证据不足或者适用法律错误而冤枉被告人；另一方面也要正确理解国家政策与法律的关系，站在国家利益和社会利益的高度进行有理有节的辩护，让当事人满意，让司法机关认可，最终实现社会效果与法律效果的统一。

# 侵财犯罪中“非法占有”与“非法占有目的”的司法认定

## ——对张某某等人职务侵占案的思考

戴　福

## 一、基本案情

淄博远大房地产有限公司（以下简称远大公司）是股份合作制企业，被告人田某某、张某某、董某某、王某某案发前均系该公司股东，其中被告人田某某、张某某任该公司副经理，董某某、王某某是财务人员。远大公司股东（职工）因长期不分红、工资福利待遇等问题与远大公司原法定代表人、董事长谢某某产生矛盾，并多次信访、举报谢某某。2018 年 4 月 10 日，谢某某因涉嫌犯罪被公安机关采取刑事强制措施，被告人田某某、张某某实际上掌握了远大公司的经营管理权。

2018 年 5 月底，被告人田某某、张某某组织召开股东大会集体决议后，安排被告人董某某为包括 4 名被告人在内的 15 名反对谢某某的股东（职工）办理补缴住房公积金手续，并决定以职工借款的形式使用远大公司的资金为该 15 名股东（职工）缴纳住房公积金。被告人董某某为该 15 名股东（职工）按照超过淄博市职工公积金缴纳的最高标准计算了住房公积金数额后，被告人田某某、张某某安排被告人王某某使用远大公司资金缴纳了该 15 名股东（职工）的住房公积金共计 7,052,313.60 元。该缴纳数额超过淄博市住房公积金最高标准 2,360,309.72 元，上述数额中超标准缴纳的数额和个人应承担的公积金数额共计4,706,311.66元。

2018年7月20日，被告人田某某、张某某安排被告人王某某用远大公司资金为该15名股东（职工）发放每人100万元“奖金”，被告人王某某陆续转入部分股东（职工）账户100万元后，被告人田某某、张某某认为发放该数额不妥，遂要求已收到该款项的股东（职工）转回已发放的100万元。2018年7月23—26日，已收到该100万元的股东（职工）将收到的奖金全部转回公司。

2018年7月30日至8月22日，被告人田某某、张某某又安排被告人王某某用远大公司资金以“退房款、退集资款”的名义为包括被告人在内的15名股东（职工）发放了每人50万元“奖金”，并要求该15名股东（职工）将个人应承担的公积金数额存成存单后交至远大公司，公司出纳张某收到该存单后以“收个人应缴公积金”名义平账。2018年9月7日至11月3日，被告人田某某、张某某经过咨询专业人士，认为这样发放奖金不妥，又要求15名股东（职工）将50万元中尚未存成存单的资金转回了远大公司，同时，出纳张某将已经存入存单中的资金也转回了远大公司账户。

## 二、办案思路与辩护意见

### （一）办案思路

1. 准确把握公诉机关的指控事实及定罪逻辑

东卫律师事务所戴福律师接受张某某委托后，认真研究了起诉书，提炼出以下指控要点：

（1）起诉书指控被告人职务侵占的远大公司的财物包括三部分：一是远大公司为股东（职工）缴纳的住房公积金中，个人应该缴纳的部分，使用了远大公司的资金；二是远大公司为股东（职工）缴纳的住房公积金中，单位应该缴纳部分中超出法定最高标准的部分；三是远大公司发放给部分股东（职工）的奖金、福利。以上三部分合计1200多万元。

（2）起诉书指控被告人侵占远大公司的财物，利用了对远大公司的经营管理权。根据公诉机关的指控，远大公司原法定代表人谢某某被采取刑事强制措施之后，被告人张某某等人实际掌控了远大公司的经营管理权。谢某某因涉嫌其他犯罪被羁押后，包括被告人在内的大部分股东（职工）商议后，决定补缴公积金、发放奖金。

公诉机关指控被告人张某某等人的行为构成职务侵占罪的逻辑是，被告人张某某等人利用实际掌握的远大公司的管理经营权，为包括自己在内的股东（职工）办理补缴住房公积金。在补缴公积金过程中，超过了法定最高标准，并且使用单位资金补缴了个人应缴部分，后又以发奖金、福利的方式将单位的资金“非法占为己有”。

2. 以证据为基础构建案件事实并寻找有利辩点

公诉机关指控犯罪，要对查明的案件事实进行选择、概括，而不是将全部案件事实进行呈现。作为辩护律师，在研究起诉书指控的事实之后，通过阅卷、会见等辩护手段，分析、判断指控事实能否成立，并且寻找对被告人有利的事实、证据，然后根据这些事实、证据，依法提出辩护观点。笔者认为，仅就案件事实而言，辩护律师在开庭前必须弄清如下三个问题：

（1）公诉机关起诉书指控的事实是否有证据支持，这些证据是否合法、有效。

（2）公诉机关在起诉书中对于案件事实的描述是否清晰，特别是将自然事实概括为法律事实时是否准确。

（3）公诉机关起诉书中遗漏或者回避了哪些事实，这些事实与起诉书指控的事实是什么关系，是否影响定罪量刑。

就本案而言，起诉书指控的事实与客观事实既存在不符的地方，也存在定性的错误，而且还遗漏了一些重要事实。首先，起诉书指控远大公司原法定代表人谢某某被采取强制措施后，被告人张某某等人掌握了远大公司的经营管理权。事实上，谢某某被羁押后，远大公司对于重大事项的决策，采用的是集体协商、集体决策，而不是张某某等人利用经营管理权进行决策。其次，张某某等人原本就是远大公司的副经理，在远大公司股东（职工）集体协商过程中，安排被告人董某某办理补缴公积金手续，安排王某某使用单位资金缴纳公积金，不是张某某等人利用职权安排的。再次，远大公司股东

（职工）开会讨论补缴住房公积金时，确定的缴纳标准是按照法定最高标准缴纳，起诉书指控实际缴纳数额超过了法定最高标准，但张某某等人都不知道超过法定最高标准。特别是董某某在确定缴纳数额前，向当地住房公积金管理部门进行了咨询，被告知最高标准就是以当地平均工资 3 倍为基数计算的数额。复次，远大公司补缴住房公积金中个人应该缴纳部分，使用了公司的资金支付，是股东（职工）集体讨论决定的，公司只是帮助股东（职工）个人垫付而已，并不是将该笔资金“送给”了股东（职工）。最后，关于第三笔资金，是股东（职工）集体讨论后决定发放的，发放后经过咨询专业人士，他们认为发放高额奖金不符合规定，遂要求收到奖金的股东（职工）全部退还给公司，实际上没有给公司造成任何损失。

公诉机关根据职务侵占罪的法定构成条件，将客观上发生的事实进行了错误概括、定性以充实定罪条件，同时又有意无意地忽略、回避一些对被告人有利的关键事实。辩护律师在进行辩护时，应该在深入理解职务侵占罪法定构成要件的基础上，对起诉书指控事实进一步厘清、分析、研判，做出符合常识、常理，而又不同于控方的全新的解读。而对起诉书没有涉及的事实、遗漏的事实，辩护律师必须充分发掘、运用在案证据，按照有利于被告人的原则进行补充、说明。如有必要，还要进行进一步的调查、取证。

3. 运用刑法理论解释犯罪构成要件以破解指控

按照《刑法》第 271 条的规定，公司、企业或者而其他单位的工作人员，利用职务上的便利，将本单位财物非法占为已有，数额较大的，构成职务侵占罪。根据理论及司法实践，成立职务侵占罪，不但要求行为人客观上实施了非法占有本单位财物的行为，主观上具有非法占有的故意，而且还要利用了职务上的便利。辩护律师在办理该案时，结合法律规定及理论通说，主要从三个方面进行分析、论证，逐一破解公诉机关的指控。

（1）就单位垫付个人应缴公积金部分，起诉书指控被告人构成职务侵占罪的事实认定是错误的。

根据各被告人供述、证人证言，远大公司原法定代表人谢某某被羁押之前，股东（职工）就向谢某某提出补缴公积金、提高股东（职工）待遇的要求，谢某某也在职工会上做出了相应的承诺。谢某某被羁押之后，远大公司股东（职工）集体开会讨论，决定按照最高标准补缴住房公积金。因为补缴的期限是从1998年起算，补缴期限长、数额大，所以最后决定先由单位垫付。在案证据证实，远大公司补缴住房公积金之后，股东（职工）与公司补签了借款手续，股东（职工）承诺在3年内还清，先从工资中扣除，并以个人房产作担保。显而易见，远大公司支付出去的该笔资金，是借给股东（职工）的，不是“送给”股东（职工）的，故不可能由被告人非法占有。

按照理论通说，职务侵占罪中的“非法占为己有”，“不限于行为人所有，还包括第三者所有”①。只要是行为人的行为导致本单位财物被非法占有，无论是行为人本人占有，还是为第三人占有，均符合“非法占为己有”的构成要件。所以，在本案中，究竟是被告人等自己占有，还是由包括被告人在内的大部分股东（职工）占有，并不影响对“非法占为己有”的认定。问题的关键是，职务侵占罪中的“非法占有”，是行为人以排除权利人支配的意思，将他人之物作为自己所有的意思对物进行的支配、控制。本案中远大公司垫付股东（职工）个人应缴公积金部分，在单位与个人之间形成了债权债务关系。无论是被告人还是其他股东（职工），均没有以所有人的意思控制、占有单位资金，所以并不存在非法占有单位财物的事实。

（2）就远大公司发放股东（职工）的奖金、福利，行为人对“占有”公司财物的“非法性”缺乏认识，故不成立“非法占有”。

公诉机关指控认为，被告人张某某等人掌握公司经营管理权后，以发放奖金、福利为借口，将公司的财物交由包括被告人在内的部分股东（职工）非法占有。从客观事实看，涉案资金确实从远大公司转移到了部分股东（职工）的账户。而且，远大公司在转移该笔资金时，确实也是将其作为奖金、

① 张明楷：《刑法学》（下）（第5版），法律出版社2016年版，第1021页。

福利发给股东（职工）的，具有转移资金所有权的意思。就《刑法》规定的“非法占有本单位财物”这一构成要件的理解，既包括客观上的非法占有的行为与事实，也包括行为人主观上具有的“非法占有目的”。所以，对于《刑法》规定的“非法占有”的司法认定，应该从主、客观两个方面展开。行为人客观上实施的对本单位财物的占有行为，是在其主观上的“非法占有目的”支配下实施时，才能满足刑法规定的构成要件。

可是，认定行为人主观上具有“非法占有目的”，除了要求行为人具有“占有”的目的之外，还要求行为人对“非法”有所认识。换言之，如果行为人对占有的“非法性”没有认识，误以为自己是有权占有，则因其不具有犯罪故意而不成立犯罪。对于诈骗、盗窃等案件，认定行为人主观上对“非法性”的认识是容易的；但是，在一些经济犯罪案件中，认定行为人主观上是否对“非法性”有认识，有时候是比较困难的，需要对行为人的事前、事中、事后的行为，以及整个案件事实进行综合分析、判断。如果仅从“占有”事实本身，或者仅仅截取部分案件事实，就很容易出现错误。

本案中，远大公司原法定代表人谢某某被羁押以前，就曾承诺过增加股东（职工）福利。谢某某被羁押以后，公司股东（职工）集体研究决定发放奖金，既是对长期以来待遇较低的补偿，也是兑现谢某某被羁押前做出的承诺，而且也属于公司正常经营管理活动。奖金发放过程中存在的问题有两个：一个是程序存在瑕疵，即在作为大股东的谢某某被羁押的情况下，同时具有股东身份的全体股东（职工）开会决定发放奖金，并不完全符合公司法规定；另一个是先后决议发放100万元、50万元巨额奖金也有不妥。但是，正是因为存在上述问题，远大公司为股东（职工）发放50万元奖金之后，包括被告人在内的股东（职工）咨询了专业法律人士，获知如此发放奖金没有法律依据后，及时要求收到“奖金”的股东（职工）退还了公司，恰恰证实了包括被告人在内的股东（职工）主观上对发放奖金的“非法性”没有认识，缺乏成立职务侵占罪的主观故意，因而不成立犯罪。

（3）对于单位缴纳股东（职工）住房公积金超过法定标准的部分，被告人张某某等人不存在主观“明知”，因而不能认定其具有非法占有目的。

按照淄博市关于住房公积金缴存基数和缴存比例的相关规定，住房公积金的缴存基数是以职工本人上一年度月平均工资总额确定，原则上不超过本市统计部门公布的上一年度职工月平均工资的 3 倍。本案中，远大公司补缴住房公积金的具体经办人、被告人董某某专门咨询过住房公积金管理中心，被告知只要不超过淄博市统计部门公布的上一年度职工月平均公司 3 倍的基数标准就行。董某某就此向远大公司全体股东（职工）进行了汇报、说明，包括被告人张某某在内的所有股东（职工），均相信了董某某汇报的情况，对超标缴纳一无所知。

2018 年 5 月 25 日，远大公司全体股东（职工）经过开会决定，按照董某某汇报的最高标准为股东（职工）补缴住房公积金。无论是被告人，还是参与讨论的其他股东（职工），都认为是按照法定最高标准缴纳，并不知道实际缴纳的数额超过了法定最高标准。所以，被告人对于超过法定标准缴纳的部分，不存在非法占有的主观故意，不构成职务侵占罪。

正是基于以上分析，辩护人在庭审中，针对控方的指控提出了系统的辩护意见。2020 年 8 月 14 日，该案经山东省桓台县人民法院审理，判决被告人张某某犯职务侵占罪，判处张某某有期徒刑 5 年。一审宣判后，多名被告人提起上诉。2020 年 12 月 22 日，山东省淄博市中级人民法院经审理认为原审判决认定事实不清，证据不足，裁定发回重审。

2021 年 9 月 15 日，山东省桓台县人民法院重审后作出判决，认定全案不构成职务侵占罪，但符合挪用资金罪的犯罪构成，遂以挪用资金罪改判被告人张某某 3 年有期徒刑。2021 年 11 月 15 日，山东省淄博市中级人民法院终审裁定，维持了一审判决。

（二）辩护意见

针对起诉书指控的多笔事实，辩护人以在案证据为依据，根据《刑法》

关于职务侵占罪的规定，围绕“非法占有事实不成立”“非法占有目的不存在”“被告人没有违法性认识”这三个观点展开论述，提出被告人张某某不构成犯罪的辩护意见。最后，法院改变了职务侵占罪的指控，以挪用资金罪对被告人作出判决。简要辩护意见包括如下几点。

1. 起诉书指控的远大公司为股东（职工）补缴住房公积金中，远大公司支付的股东（职工）个人应缴部分，是股东（职工）个人向远大公司的借款，不是股东（职工）非法占有的远大公司的财产。

通过法庭调查及在案证据，可以认定远大公司支付的股东（职工）个人应缴部分的公积金，系经过股东（职工）集体讨论、研究决定的，是股东（职工）个人向公司的借款。该行为连挪用资金都不能成立，更谈不上职务侵占。

（1）客观证据《职工决议》《借款协议》证实了借款事实。

案卷中，《职工决议》记载的时间是2018年5月25日，《借款协议》记载的时间是2018年6月20日。该两份书证证实了三个重要的事实：一是为股东（职工）补缴住房公积金是股东（职工）集体研究决定的；二是公司为员工补缴住房公积金必须符合《职工决议》第2条约定条件；三是单位支付个人应缴部分是个人向单位的借款，该借款3年内还清且以个人住房抵押担保。

（2）各被告人的供述证实了单位补缴的个人应缴部分系借款。

田某某供称“事后，职工们又分别和公司签订了借款协议”；张某某供述称，在提到公积金的问题时，有些人提出一时半会儿拿不出钱来，提议公司先垫付个人应承担的部分……决定先由公司垫付这部分钱，之后从职工工资中扣除。最后，我们又征求了15名职工的意见，并形成了会议决议，分别签订了借款协议；董某某供述称，特别是刘某、孙某等人极力要求先用公司资金垫上，田某某、张某某在会议结束前才决定先由公司垫支，再让个人补办借款手续；王某某供述称，因为需要补缴的公积金个人承担部分年数很长，钱数也不少，职工个人很难承担，所以就以借款的形式，职工与公司签订借款协议，随后以扣除部分工资的形式还给公司。

（3）多名证人的证言证实单位补缴个人应缴部分系公司的借款。

证人边某证实，个人应缴的公积金部分，公司先给其垫付了；证人杨某证实，公司安排应由个人承担的那部分公积金由单位先行支付，之后再办理相关的借款手续。此外，证人段某、证人王某等人也作出了类似证言。

2. 远大公司股东（职工）开会作出决定，按照法定最高标准补缴公积金，被告人张某某对于缴纳住房公积金超过最高标准并不知情，对该笔资金不具有非法占有的目的。

（1）远大公司集体决议按法定最高标准补缴而不是超标缴纳。

根据在案4名被告人的供述，远大公司安排董某某咨询淄博市住房公积金管理中心桓台管理部后，董某某向职工大会汇报称，按照公积金管理部门的意见，以最高标准为股东（职工）补缴住房公积金。作为具体经办人，董某某自始至终都认为他所计算出来的缴纳金额是法律规定范围之内的最高标准，而不是超过最高标准。所以，他在向股东（职工）大会汇报时，也是坚持其是按照法定最高标准缴纳。股东（职工）大会根据董某某汇报的情况，同意董某某按照最高标准具体办理补缴事宜，并没有安排董某某按照超过最高标准去办理。

（2）被告人张某某对超标补缴住房公积金不存在主观明知。

淄博市住房公积金管理中心桓台管理部作为住房公积金的法定的征缴、管理部门，对于住房公积金政策解释具有权威性，远大公司董某某在补缴公积金之前专程咨询了该部门，依据答复意见确定了缴纳的数额。董某某在咨询相关补缴政策、程序之后向远大公司股东（职工）会做了通报，其在向股东（职工）会通报时，按照他对补缴政策的理解，说明按照法律规定的最高标准补缴，并未说过按照超过最高标准去补缴。所以，无论最后补缴的数额是否超过法定最高标准，参与讨论决策的股东（职工）都认为是按照最高标准补缴的，张某某也不知道是实际缴纳超过了法定最高标准。所以，被告人张某某对于超标缴纳的公积金部分，不存在非法占有的故意和目的。

3. 远大公司股东（职工）经过集体讨论，决定为股东（职工）发放奖金。奖金发放之后，被告人等通过咨询得知不符合法律规定，要求股东（职工）及时退还给了公司，证实被告人不具有非法占有公司财物的故意。

（1）远大公司股东（职工）共同决定发放奖金时，对发放程序、标准等法律政策规定并不清楚，主观上不存在对行为违法性的认识。

单位发放奖金数额的确定，属于企业经营自主权的范围，企业可以根据诸如营业利润、资金积累以及员工情况等综合确定。在本案中，远大公司之所以决定为股东（职工）发放高额奖金，一是基于员工需要补缴多年来欠下的住房公积金，具有特定的现实困难和需要；二是多年以来公司对于员工“剥削”得厉害，股东（职工）工资待遇常年普遍偏低，远远低于同行业标准；三是远大公司当时的经营效益不错。在这种特定的情况下，股东（职工）开会讨论决定发放奖金，是企业正常的经营管理活动，本身没有违法之处，也在情理之中。

公诉机关认为的远大公司向股东（职工）发放奖金数额巨大，因而具有非法占有目的。如前所述，企业为股东（职工）发放奖金是企业经营活动，被告人张某某等集体决定发放奖金时，并不清楚相关法律法规对发放数额的具体限制，他们始终认为企业有权根据自身情况决定发放的数额，主观上不具有对违法性的认识。公诉机关认为，单位资金转入股东（职工）个人账户时，犯罪已既遂。这种观点的错误之处在于，将公司经营、管理中的财物转移混同于盗窃、抢劫这类自然犯。在盗窃、抢劫类犯罪中，财物转移事实足以证实行为人的非法占有故意。但在经济活动过程中，行为人转移财物时如果因为错误理解了法律法规政策而误认为合法时，主观上并不具备非法占有的目的，因而不成立犯罪。

（2）远大公司为股东（职工）发放奖金之后，被告人通过咨询了解到发放奖金不妥后，及时退还给公司，主观上不具有非法占有的故意。

通过法庭调查已经查明，远大公司在为股东（职工）发放奖金之后，因为对发放奖金是否符合政策要求没有把握，遂咨询相关专业人士。经过咨询之后，远大公司及时要求已经收到奖金的股东（职工）退还给公司。这一事实证明了两个与定罪量刑相关的重要事实：一是远大公司股东（职工）在决定发放奖金时，对于发放奖金的具体政策，包括数额标准与发放程序的规定并不了解；二是所有参与者主观上不具有非法占有公司财物的目的。

需要特别强调的是，远大公司要求股东（职工）退还所发奖金，并不是因为受到了举报或者调查，而是主动咨询后作出的决定，完全不同于因为被举报或者受到调查而退还，证实了远大公司作出发放奖金的决定时，对于该行为是否违法没有认识，主观上不存在非法占有的故意。张某某作为参与讨论、决策的员工，主观上也不具备非法占有的故意。

（3）远大公司为股东（职工）公开发放奖金之后，并没有以虚假方式做平账目，印证了他们不具有非法占有目的。

根据公诉机关提交法庭的证据，远大公司将 800 万元发放给股东、股东（职工）后，远大公司并没有将该笔资金做平账处理，印证了包括本案被告人在内的远大公司股东（职工），主观上没有非法占有单位财物的故意。

## 三、案件启示

尽管律师提出了上述辩护观点，但原一审判决并没有采纳，而是以职务侵占罪判处被告人张某某有期徒刑 5 年。按照起诉书指控以及一审判决的认定，被告人张某某职务侵占的数额是 1200 多万元，公诉机关对其提出的量刑建议是 8—10 年。一审判决认定罪名成立，且在被告人张某某没有其他任何从轻、减轻情节的情况下，判处张某某 5 年有期徒刑，表明一审法院对于该案被告人构成犯罪未必有充分确信，否则不至于判处这么低的刑罚。原一审判决后，被告人张某某听从辩护律师的意见提起上诉，二审法院听取辩护人意见后，裁定撤销了原判、发回重审。重审之后，法庭采信了辩护律师的意见，认为被告人张某某等人不构成职务侵占罪，最后以挪用资金罪改判张某某 3 年有期徒刑。

通过办理该职务侵占案，可以得到如下启示：

（1）侵财类犯罪案件的辩护，首先要考虑的是行为人的行为是不是非法占有行为，是否占有了涉案财物。对于盗窃、诈骗等自然犯的情况，是比较容易认定的，但是对于经济活动中发生的侵财案件，不同于普通的自然犯。对行为人行为性质的判定，需要对事前、事中、事后行为综合判断、解读。而且，经济活动中还会涉及大量的财务资料，辩护人提出被告人“没有非法占有财物”的观点时，需要运用财务知识进行说理。

（2）对于所有侵财类犯罪的辩护，几乎都涉及被告人“非法占有目的”的认定问题。行为人实施盗窃、抢劫等行为获取财物，从盗窃、抢劫行为本身很容易认定其具有“非法占有目的”。但是，对于经济活动中发生的侵财犯罪，行为人对于财物的转移和占有事实本身，并不能证明其具有非法占有的主观故意。甚至在有些时候，行为人具有占有的目的和故意，却对“非法”存在错误认识，即错误地认为自己对涉案财物拥有权利。在这种情况下，也无法认定行为人构成犯罪。当然，行为人是否对“非法占有”中的“非法”存在错误认识，需要结合具体案情进行把握。

（3）办理职务类犯罪案件，应当准确理解“利用职务便利”的法律含义，并且结合案件情况进行分析。所谓职务类犯罪案件，不仅包括受贿罪、贪污罪、职务侵占罪、挪用资金罪等与经济有关的犯罪，也包括特定职务下的渎职类犯罪、事故类犯罪。上述犯罪的共同点是犯罪行为与行为人的职务有关。对于该类犯罪的辩护，除了分析研究指控的所谓“犯罪行为”是否利用了职务便利之外，更要从行为的主体以及行为责任的归属上发掘辩点。比如本案中，作出按最高标准为股东（职工）补缴住房公积金决议的是股东职工会，而不是被起诉的4名被告人。所以，能否将此认定为被告人实施的犯罪行为，不无疑问。如果仅仅追究被告人的刑事责任，是不公平的。这类观点的提出，未必能够为法官直接采纳，但是能够起到引导法官作出对被告人有利判决的作用。

# 其 他

# “徐某系列案”之×上市公司高管操纵证券市场案

张世国

## 一、基本案情

2015年11月1日，“私募一哥”徐某涉嫌操纵证券市场、内幕交易罪在浙江宁波被公安机关抓捕，成为当时证券市场、私募市场最为轰动一时的新闻事件。随着案件的调查深入，有13家国内上市公司和徐某案有关。2017年1月23日，青岛市中级人民法院对徐某等被告人操纵证券市场案一审宣判，判决徐某犯操纵证券市场罪，判处有期徒刑5年6个月、罚金110亿元。徐某案是一件中国证券市场上里程碑式的案件。

2016年11月，青岛市人民检察院指控：2014年11月至2015年3月，被告人王某扬拟减持所持的×上市公司股票套现，上市公司董秘龙某主动联系徐某，并陪同王某扬与徐某见面合谋达成一致。徐某负责二级市场股价，王某扬控制上市公司发布“高送转”、释放公司业绩等利好消息，在拉升股价后，王某扬减持上市公司股票，徐某接盘。双方约定，减持价格每股38元，超出部分五五分成。

2014年12月1日至2015年5月11日，徐某利用与被告人王某扬、龙某合谋形成的信息优势，使用泽熙6期、泽煦等泽熙产品及其控制的边某敏等30个证券账户，在竞价交易系统上连续买卖×股票，累计买入18,950,320股，后全部卖出。王某扬控制上市公司，于2015年1月23日发布《关于与芜湖市建设投资有限公司签署PPP模式项目合作协议的公告》；于2015年3月3日发布《关于与昆吾九鼎投资管理有限公司签署共同发起设立万邦九鼎并购基金之战略合作协议的公告》；于2015年3月3日发布《2015年第一季度业绩预告》，披露第一季度归属于上市公司股东的预计净利润为9600万—10,200万元，较上年同期增加372.98%—402.54%；于2015年3月6日发布《关于2014年度利润分配预案的公告》，披露向全体股东每10股派发现金0.6元（含税），同时以资本公积金向全体股东每10股转增20股，2015年3月30日发布《2014年度权益分派公告》，披露实施上述利润分配方案；于2015年3月25日发布《关于重大项目中标的公告》，披露×上市公司收到乌兰察布市公共资源交易中心发出的中标通知书，确定公司为乌兰察布市人民政府PPP合作建设项目的中标单位；于2015年4月20日发布《关于与乌兰察布市人民政府签署PPP项目合作框架协议的公告》。龙某按照王某扬的要求，发布了上述信息。被告人李某富按照王某扬、龙某做高业绩的要求，在2015年第一季度利润中虚增26,087,723.12元，用于发布利好信息。通过在二级市场连续买卖×股票以及控制×公司发布信息，双方共同操纵上市公司股票交易价格和交易量。其间，王某扬通过大宗交易减持其一致行动人所持股票累计161,647,200股，其他股东减持累计3,626,600股，徐某使用泽熙产品及其控制的瞿某寅等证券账户接盘上述减持股票，在二级市场全部抛售。

2014年12月1日至2015年5月11日，×股票价格累计涨幅186.17%，同期创业板综合指数累计涨幅88.31%，偏离97.86个百分点；建筑指数累计涨幅67.25%，偏离118.92个百分点。该股换手率546.74%，此前同时段换手率为155.59%，增加391.15个百分点。

经鉴定，被告人王某扬减持×股票套现57.9722581128亿元（清算金额），按照约定分给徐某17.6亿元，付给被告人李某富好处费600万元。徐某在二级市场连续买卖获利3.5803704429亿元；大宗交易接盘后抛售获利6.6741010864亿元。被告人龙某收取徐某支付的好处费1.74亿元。

公诉机关认为，被告人王某扬、龙某、李某富与他人合谋，利用信息优势连续买卖，操纵证券交易价格和交易量，情节严重，其行为均触犯了《刑法》第182条第1款第1项之规定，应当以操纵证券、期货市场罪追究刑事责任。在操纵证券市场共同犯罪中，王某扬起主要作用，系主犯，龙某、李某富起次要作用，系从犯。检察机关向青岛市中级人民法院提起公诉。

案发后，王某扬主动退缴14.9亿元非法所得，龙某主动退缴7400万元，李某富主动退缴600万元。

东卫律师事务所接受王某扬、李某富的委托，指派张世国律师、刘洋律师分别为王某扬、李某富进行一审的辩护。

## 二、案件焦点

接受委托后，辩护人通过阅卷和会见被告人，围绕庭前会议的内容，总结出以下几个焦点问题：

1. 上市公司股东减持股份本身不违法，但如通过和私募基金联合、上市公司连续发布利好消息、私募基金接盘等操纵证券市场的做法进行减持，在徐某等人的共同犯罪中，如何认定主、从犯？

2. 被告人减持股份的目的是解决公司经营中的资金短缺问题，在股份减持后，绝大部分资金实际也用于了公司经营和发展，该主观方面是否影响操纵证券市场的认定？

3. 中国证监会出具的《关于对“×公司”股票操纵案有关问题进行行政认定的函》作为本案的重要法律文件，应当如何认识？是否属于刑事诉讼法规定的证据并作为定案依据？

4. 起诉书指控被告人王某扬伙同徐某等人操纵证券市场的案发时段为2014年12月1日至2015年5月11日，该时期股市正处于上升趋势，创业板综指从2014年12月1日的1752.81点，上涨至2015年5月11日的3299.46点，上涨达88.31%。检察机关将王某扬减持金额扣减成本和税费后，未考虑市场上涨因素，将差额全部认定为非法所得，是否合理？

5. 依据《刑法》第182条的规定，本案应当对被告人处以罚金刑，本案涉及的犯罪数额巨大，处以罚金刑时应当如何掌握?

## 三、办案思路与辩护意见

围绕上述案件焦点，辩护人确立了如下办案思路并按照该办案思路开展辩护工作。

1. 通过阅卷找出徐某和被告人王某扬两方最初是如何确定以案涉的方法减持股份和操纵证券市场的?谁是犯意的发起者、决策者、指挥者?是徐某一方是主犯，王某扬一方是从犯还是双方均是主犯?

辩护人经过阅卷发现，是徐某首先向被告人提出了股权减持的具体方式，由徐某进行分工安排，并确定收益分配比例，可见，徐某才是犯意的发起者和操纵过程的指挥者，而非被告人。被告人只是按徐某的要求配合发布利好消息，具体拉升股价和股权减持操作完全由徐某一方负责实施和主导控制。可见，被告人是在徐某的指示下配合行事，在共同犯罪中处于次要和辅助的地位，故提出了被告人高管属于从犯的辩护意见。

2. 对减持的资金绝大部分用于公司经营，调取相关公司合同、银行流水等相关证据，用以说明王某扬在减持前和减持后的主观方面系公司的经营和发展。

根据×公司提交的合同、银行流水、纳税记录，减持后的资金除了交付徐某17.6亿元外，缴纳各项交易的税费（含个人所得税）近4亿元，剩余的资金几乎全部用于公司经营和发展。

3. 征询相关法学专家的意见，对中国证监会出具的《关于对“×公司”股票操纵案有关问题进行行政认定的函》进行论证。

专家们认为，根据《刑事诉讼法》第48条的规定，我国刑事诉讼中的证据形式法定，包括物证，书证，证人证言，被害人陈述，犯罪嫌疑人、被告人供述和辩解，鉴定意见，勘验、检查、辨认、侦查实验等笔录和视听资料、电子证据。

首先，该认定函不属于书证。因为书证是在案件发生前或者发生过程中所形成的客观证据，而中国证监会的认定函则是在案件发生后，依据案件证据所作出的对行为性质的认定，不属于客观证据。

其次，该认定函不属于鉴定意见。所谓鉴定意见，是指鉴定人运用科学技术或者专门知识，对诉讼中所涉及的专门性问题通过分析、判断而形成的一种鉴别意见。因此，鉴定意见需由有鉴定资质的鉴定机构中有专门知识的鉴定人作出，而中国证监会的认定函显然不属于鉴定意见。

再次，该认定函不属于行政证据。根据《刑事诉讼法》第 52 条第 2 款的规定，行政机关在行政执法和查办案件过程中收集的物证、书证、视听资料、电子数据等证据材料，在刑事诉讼中可以作为证据使用。但是，中国证监会的认定函并非中国证监会在行政执法过程中所收集的证据材料。

最后，该认定函并非中国证监会依据法定程序作出的行政处罚决定。

综上，建议司法机关对认定函可作为办案参考而不是作为证据使用。

4. 对×公司所在的创业板市场参考指数进行专门调研，并围绕市场在案涉时间节点做量化分析，并依据市场的正常涨幅，提出在认定其盈利所得或者违法所得时，应当考虑×股票在市场上的正常涨幅，对于正常涨幅情况下的股价随大盘上涨部分应当从违法所得中予以扣除。

经过向专业证券公司的调研，创业板市场参考指数主要有三个，分别是创业板综合指数、创业板指数及创业板新兴指数。根据公开信息，案发时段的三种指数涨幅分别为88.31%、100.48%、101.35%。辩护人将×股票按照三种指数的涨幅分别进行统计并将统计结果提交法庭参考。

5. 依据《刑法》第 182 条的规定，操纵证券市场除了对被告人处自由刑外，还要处罚金刑，但是该法条并未像其他法条一样，对处罚金刑的具体数额范围、倍数等加以规定，只是笼统规定并处罚金。由于案涉犯罪数额巨大，对本案被告人处以罚金刑时应当如何掌握，无论是理论还是实践，都有非常现实的意义。另外，在本案之前，操作证券市场的案例非常少，如何量罚金刑确实值得深入探讨。辩护人调研了大量国外的操纵证券市场的案例介绍和理论文章，提出在大部分非法所得（14.9 亿元）主动退缴的情况下，罚金刑可予以大幅减少以稳定上市公司的辩护意见。

6. 王某扬、李某富接到公安机关电话后主动到案并如实供述，积极主动配合办案和退缴赃款，应当认定为自首，依法予以减轻处罚。

## 四、案件启示

青岛市中级人民法院一审判决：（1）被告人王某扬犯操纵证券、期货市场罪，判处有期徒刑2年，缓刑2年，并处罚金人民币9亿元。被告人龙某犯操纵证券市场、期货罪，判处有期徒刑1年，缓刑1年，并处罚金人民币4000万元。被告人李某富犯操纵证券、期货市场罪，判处罚金人民币100万元。（2）随案移送的被告人王某扬违法所得1,495,262,800元、被告人龙某违法所得7400万元、被告人李某富违法所得600万元依法上缴国库。（3）继续追缴被告人王某扬违法所得119,807,479.36元、被告人龙某违法所得1亿元依法上缴国库。

徐某案中体现的PE（泽熙系列私募基金）联合上市公司、利用信息优势操纵证券市场的做法，因涉13家上市公司、资金规模大、操作手法老辣，确实在证券市场引发了很大震动，也对证券市场的监管提出了更高的要求。因为涉及13家上市公司的高管，均是上市公司的大股东、实际控制人，如何在打击犯罪和稳定市场中找到平衡，是司法机关面对的一个难题，考虑到徐某是主要的推动者，考虑到非法所得大部分主动退缴，上市公司的高管均自动到案，如实供述，配合调查，认罪认罚，最终这13家的上市公司的高管均判处缓刑，予以宽大处理，妥善解决了这个难题，使案件对证券市场的影响降到最低。徐某被判有期徒刑5年6个月，罚金110亿元。

另外，本案在罚金刑的处理上也可圈可点，徐某被判处110亿元罚金，开创了中国司法史上巨额罚金的先河，但徐某的刑期为5年6个月，显示出本案在刑期与罚金之间，巨额罚金更凸显重要。考虑到上市公司系公众公司，股东来自社会的各行各业，且人员众多，上市公司的经营和发展离不开实际控制人和高管的持续投入，故对13家上市公司高管的罚金也基本在非法所得

0.5 倍以下予以处罚，则显示出了卓越的司法智慧。

徐某操纵证券市场案直接催生了 2019 年 6 月 27 日最高人民法院、最高人民检察院《关于办理操纵证券、期货市场刑事案件适用法律若干问题的解释》（法释〔2019〕9 号）的出台，该司法解释细化了操纵证券市场的具体情形以及何种情形属于情节严重和情节特别严重，细化了“违法所得”的认定标准等实践中亟须解决的问题，该司法解释的主要成果被 2020 年《刑法修正案（十一）》所吸收。

本案还给资本证券市场相关者带来深刻的思考，作为资本市场的主体，无论是机构投资者，还是上市公司的实际控制人、大股东，还是上市公司的董监高，均应当树立正确的价值观、投资观，尊重证券市场的规则，维护资本市场秩序，使资本市场健康发展，才能行稳致远。

# 黄某诈骗案

梁延昊

## 一、基本案情

2019 年 7 月，因被告人黄某实际控制的 A 公司及其他相关公司在某银行获得贷款，需完成该银行 2 亿元的银行结构性存款业务。经与 B 公司联系，商定由 A 公司支付 B 公司一定比例的费用，由 B 公司出资给 A 公司购买某银行结构性存款，后即由某银行开出相应金额的存单，经 A 公司对存单质押从某银行再开具相应金额的承兑汇票还给 B 公司。2019 年 7 月 24 日，双方按约定流程顺利完成了一笔 4000 万元人民币额度的结构性存款业务，之后双方定于 2019 年 8 月 1 日再合作完成剩余 1.5 亿元人民币额度的结构性存款业务。

其间，黄某因 A 公司负债较多，考虑将 B 公司该笔 1.5 亿元款项用于偿还公司欠款。2019 年 7 月 25 日在黄某的指使下，A 公司宋某与公司财务人员梳理了黄某公司的债务情况，按照紧急程度确定了偿还债务的清单，明确了相应的还款路径，并对路径进行测试。

2019 年 8 月 1 日上午，黄某让宋某作为 A 公司代表到某银行附近与 B 公司代表一同完成当日合作业务，并让宋某将 1.5 亿元转到 A 公司的民生银行账户。宋某在现场一边向 B 公司代表出示 A 公司转款某银行账户的制单，一边在 A 公司农业银行账户收到 B 公司安排账户转入的 1.5 亿元后偷偷另行制单并核准，将钱款转至 A 公司民生银行账户。完成转款后，宋某借口离开现场。黄某在公司办公室通过网银操作，将 A 公司民生银行收到的 1.5 亿元在 20 分钟内按预先准备的偿债清单以及还款路径全部转出。

B公司业务员发现1.5亿元没有打入约定银行账户便电话质问黄某，黄某让到其公司商谈解决，表示钱款暂时周转借用，保证很快归还。B公司不同意，在所在地报案称被诈骗。所在地公安机关当日立案并启动电信网络诈骗止付程序，当日将1.5亿元全部冻结，刑警当晚赶赴北京将黄某、宋某抓获，次日押解回B公司所在地。

东卫律师事务所从案发当日便接受黄某家属委托，指派梁延昊担任黄某辩护人，全程为黄某诈骗案侦查、审查起诉及一审、二审，进行无罪辩护。

## 二、案件焦点

本案是一起典型的企业经营过程中因资金拆借引发的公司实际控制人涉嫌诈骗犯罪的刑民交叉类案件。涉案金额大，社会关注度高，涉及被害人及接受黄某还款的诸多债权人之间的重大财产利益，对辩护律师具有较大挑战。

案件的争议焦点在于，黄某及A公司是否具有非法占有涉案1.5亿元的主观故意？案件性质应当是民事纠纷还是刑事诈骗？而这一判断又与通过对全案证据的考察，能否认定黄某及其公司已经严重资不抵债，以致对1.5亿元不具备实际偿付能力密切相关。

## 三、办案思路与辩护意见

8月1日案件发生当日下午，黄某家属便到本律师事务所，委托我担任黄某的辩护人。当时黄某尚被B公司所在地公安人员临时控制在北京某派出所进行调查讯问。根据黄某家属对案件情况的大致叙述，我初步判断本案存在刑民交叉界限问题，并直接到派出所与B公司当地公安办案民警就此问题进行沟通交涉，要求B公司及公安机关至少给黄某留下必要时间，让黄某在此期间内履行还款承诺，并以此检验黄某是否有非法占有1.5亿元的诈骗故意。如果届时黄某仍然无法还款，再进行抓人不迟。但B公司及当地公安人员拒绝我的意见，坚持认为案件已经刑事立案，须将黄某及宋某当夜押解回当地进行拘留。

黄某被押回当地后，次日我就飞往当地与其会见。会见过程中，黄某坚持自己只是想短期临时周转一下，没有想要非法占有该 1.5 亿元的想法，要求进行无罪辩护，并提出自己的相关无罪辩解。于是案件拉开持续的无罪辩护之路。

1. 对当地公安机关不当插手经济纠纷、违法立案侦查的行为提出申诉控告，对案件管辖提出异议。

案发当天，B 公司所在地公安机关仅凭 B 公司员工报案的一面之词，没有进行任何调查核实就直接立案，明显缺乏事实依据。同时，当地公安在本案完全不可能构成电信网络诈骗的情况下，当日对涉案 1.5 亿元利用网络电信诈骗程序进行追索冻结，存在重大违法办案嫌疑。

管辖方面程序的辩护是此类诈骗案件的常见情形。根据刑事诉讼法的相关规定，犯罪地包括犯罪行为地和犯罪结果地。本案的犯罪行为地在北京市；而诈骗犯罪的犯罪结果地是指犯罪嫌疑人实际的取得财产地。就此，1999 年第 1 期《刑事审判参考》第六号案例刊载的题为《蓝某诈骗案——以传真方式进行经济合同诈骗案件如何确定审判管辖》的案例（1999 年《法律适用》第 5 期、2014 年再版《最高人民法院司法观点集成》同文刊载）明确指出，诈骗案件的犯罪结果地应当为行为人取得财产的地方，不包括被害人转出财产的地方。

辩护人从案件侦查阶段开始，一直就以上程序问题向公安机关、检察机关及两审法院提出抗辩意见。但一直没有得到应有的回应。

2. 调查收集大量证据，以证明黄某及其公司一直在开展实际经营，案发时具有自有资产、融资能力以及维持公司持续经营、归还涉案钱款的意志、规划和能力。

此类诈骗案件中，行为人是否能够实际偿还借款以及是否具有相关偿还能力，对认定行为人是否具有非法占有目的具有重要作用。为此，我们从案件侦查开始，就始终以此为辩护主线，全面收集相关证据，包括黄某名下的相关矿权、房屋产权证据，公司征信情况、完税证明、银行流水，事发前与银行 1 亿元敞口贷款事项证明，与某公司达成商业合作意向及获得 2 亿元汇票使用权证明等。一审开庭过程中，相关证人出庭为上述情况作证。

3. 就诈骗类案件“非法占有目的”的相关法律规定及实务观点进行检索。

关于如何认定诈骗类犯罪非法占有目的，我们检索了如下法律规定及司法文件。

（1）1996 年发布的最高人民法院《关于审理诈骗案件具体应用法律的若干问题的解释》，对合同诈骗案件中如何认定非法占有目的规定为：①明知没有履行合同的能力或者有效的担保，采取下列欺骗手段与他人签订合同，骗取财物数额较大并造成较大损失的：第一，虚构主体；第二，冒用他人名义；第三，使用伪造、变造或者无效的单据、介绍信、印章或者其他证明文件的；第四，隐瞒真相，使用明知不能兑现的票据或者其他结算凭证作为合同履行担保的；第五，隐瞒真相，使用明知不符合担保条件的抵押物、债权文书等作为合同履行担保的；第六，使用其他欺骗手段使对方交付款、物的。②合同签订后携带对方当事人交付的货物、货款、预付款或者定金、保证金等担保合同履行的财产逃跑的。③挥霍对方当事人交付的货物、货款、预付款或者定金、保证金等担保合同履行的财产，致使上述款物无法返还的。④使用对方当事人交付的货物、货款、预付款或者定金、保证金等担保合同履行的财产进行违法犯罪活动，致使上述款物无法返还的。⑤隐匿合同货物、货款、预付款或者定金、保证金等担保合同履行的财产，拒不返还的。⑥合同签订后，以支付部分货款，开始履行合同为诱饵，骗取全部货物后，在合同规定的期限内或者双方另行约定的付款期限内，无正当理由拒不支付其余货款的。

（2）2001 年最高人民法院《全国法院审理金融犯罪案件工作座谈会纪要》，对金融诈骗案件中如何认定非法占有目的作了归纳总结：①明知没有归还能力而大量骗取资金的；②非法获取资金后逃跑的；③肆意挥霍骗取资金的；④使用骗取的资金进行违法犯罪活动的；⑤抽逃、转移资金、隐匿财产，以逃避返还资金的；⑥隐匿、销毁账目，或者搞假破产、假倒闭，以逃避返还资金的；⑦其他非法占有资金、拒不返还的行为。但是，在处理具体案件的时候，对于有证据证明行为人不具有非法占有目的的，不能单纯以财产不能归还就按金融诈骗罪处罚。

（3）2010年发布的最高人民法院《关于审理非法集资刑事案件具体应用法律若干问题的解释》，对集资诈骗案件中如何认定非法占有目的做了规定：①集资后不用于生产经营活动或者用于生产经营活动与筹集资金规模明显不成比例，致使集资款不能返还的；②肆意挥霍集资款，致使集资款不能返还的；③携带集资款逃匿的；④将集资款用于违法犯罪活动的；⑤抽逃、转移资金、隐匿财产，逃避返还资金的；⑥隐匿、销毁账目，或者搞假破产、假倒闭，逃避返还资金的；⑦拒不交代资金去向，逃避返还资金的；⑧其他可以认定非法占有目的的情形。

（4）2018年最高人民法院、最高人民检察院《关于办理妨害信用卡管理刑事案件具体应用法律若干问题的解释》，对信用卡诈骗中的非法占有目的认定做了规定："对于是否以非法占有为目的，应当综合持卡人信用记录、还款能力和意愿、申领和透支信用卡的状况、透支资金的用途、透支后的表现、未按规定还款的原因等情节作出判断。不得单纯依据持卡人未按规定还款的事实认定非法占有目的。"

"具有以下情形之一的，应当认定为刑法第一百九十六条第二款规定的'以非法占有为目的'，但有证据证明持卡人确实不具有非法占有目的的除外：（一）明知没有还款能力而大量透支，无法归还的；（二）使用虚假资信证明申领信用卡后透支，无法归还的；（三）透支后通过逃匿、改变联系方式等手段，逃避银行催收的；（四）抽逃、转移资金，隐匿财产，逃避还款的；（五）使用透支的资金进行犯罪活动的；（六）其他非法占有资金，拒不归还的情形。"

（5）《刑事审判参考》（总第114集）刊发的《如何认定诈骗罪的非法占有目的》，有如下与本案情形相关的两方面观点。

一是明知经营亏损而借入资金能否认定为具有非法占有目的。在经营亏损的情况下借入资金继续经营的，不宜认定为具有非法占有目的。如果经营者在经营亏损的情况下借入资金并携款逃匿，或将款项隐匿、挥霍，则可以认定为诈骗。

二是借后债还前债能否认定为具有非法占有目的。在企业生产经营过程中出现资金周转困难，经营者采用借后债还前债的方式维持生产经营，则说明经营者仍在为偿还债务而努力，不能认定为具有非法占有目的。企业的生产经营状况已严重恶化，经营难以维持，明显无力清偿债务，经营者采用虚构投资项目等欺骗手段大量借入资金，用于归还以前所欠的债务，则属于“明知没有归还能力而大量骗取资金”的情形，可以认定为具有非法占有目的。

4. 对黄某不具有非法占有目的进行详细论述。

（1）黄某不存在虚构事实、隐瞒真相的欺诈行为。

本案涉及的1.5亿元银行结构性存款业务是真实的业务，双方转款流程是按照一贯的流程，B公司汇款是完全自愿的，而且B公司此前与黄某公司合作都是如此，本次同样是如此。在此过程中，黄某一方根本不需要以任何虚构事实、隐瞒真相的手段去欺骗B公司。

从诈骗罪“行为人虚构事实、隐瞒真相—被害人陷入错误认识—被害人基于错误认识交付财物—行为人非法占有财物”的行为要素分析，黄某一方显然不能满足这些要件。从全案过程来看，黄某只是利用了与B公司长期合作中形成的既定转款流程中存在的可以对款项进行短暂控制的机会，将钱款转移挪用。即使黄某在2019年8月1日正式办理这笔业务之前已经产生可能要将这笔款挪用周转的想法和准备，也不能否定这笔业务的真实性，不能认定黄某实施了诈骗罪要求的虚构事实、隐瞒真相的主体欺诈行为。

（2）黄某不具有非法占有的主观目的。

从上述相关法律及司法文件、观点的情形看，认定诈骗案件被告人具有非法占有目的，不仅要求证明被告人有非法占有他人财物的行为，还要证明被告人有逃避返还骗取的财物的行为，即被告人为被害人追回被骗财物设置障碍，使得被害人无法通过民事救济途径追回被骗的财物。如携款逃匿、挥霍骗取的资金等，都是逃避返还骗取的财物的行为表现。因此，非法占有并逃避返还骗取的财物，是认定诈骗案件非法占有目的的总标准。

本案中，黄某及其公司首先明显不存在逃跑；肆意挥霍；使用骗取的资金进行违法犯罪活动；不用于生产经营活动；抽逃、转移资金、隐匿财产，以逃避返还资金；隐匿、销毁账目，或者搞假破产、假倒闭，以逃避返还资金；拒不交代资金去向，以逃避返还资金等可以认定为非法占有目的的情形。

唯一需要详细确认的是，黄某及其公司是否属于“明知没有归还能力而大量骗取资金”。根据在案证据，黄某及其公司在案发时虽然资金流转存在压力，但公司仍处于正常经营状态，且对于公司继续经营是存在规划和实际业务事项的，包括日常有色金属贸易、蒙古国铜矿合作事项等，黄某及其公司同时存在已经进行实际商谈、即将到账的大额业务及融资，足以流转起来支持公司经营，偿还涉案钱款。参照《刑事审判参考》一文中的观点，本案明显不属于生产经营状况已严重恶化，经营难以维持，明显无力清偿债务的情形。黄某并不想也不可能为了这 1.5 亿元就放弃自己多年在北京、上海、广州、深圳、香港等地苦心布局经营的多家公司，其内心仍然抱有继续干事业的理想和决心，否则也没有必要偿还案件中涉及的相关贷款等债务。因此，本案不能认定黄某具有非法占有目的。

（3）根据双方签订的《借款合同》及具体案件情况，本案在本质上属于民事借款纠纷，不属于刑事案件。

本案中，A 公司与 B 公司在办理结构性存款之前签订了空白的《借款合同》，由 B 公司持有。合同中出借人、借款金额等关键要素空缺，没有填写，但有黄某的签字和 A 公司印章。《借款合同》第 4 条、第 5 条、第 6 条分别约定了担保责任、不得挪用的承诺以及挪用之后的违约责任。其中：该《借款合同》第 6.2 条约定借款展期的，利息上调 50%；第 6.3 条明确如果挪用借款，利息上调 200%。参考湖北襄阳宏远酒店有限公司、孙某君民间借贷纠纷再审案［（2020）最高法民申 1111 号］债务人签订债权人主体信息及借款金额空缺的空白合同，只对债务人自己产生不利后果，但并不影响合同成立。本案双方基于《借款合同》明显形成民事借款法律关系，黄某及 A 公司违反合同约定将款项挪用，构成违约，应当承担民事违约责任，而非刑事责任。

## 四、案件启示

本案诉讼进程较快，公安及检察机关几乎没有给予辩护任何回应，即将案件起诉到法院。一审庭审对抗较为激烈。庭审全程网络直播，关注量非常高。不久，一审法院作出判决：认定黄某犯诈骗罪，判处有期徒刑 15 年，同时将在案冻结的钱款发还 B 公司。但对核心辩护观点没有正面回应。案件上诉后，省高级人民法院采用书面审理，维持一审判决。

应当说，在整个辩护过程中，对法院最终作出有罪判决，我们是有充分心理准备的。一则源于当前司法情形下无罪判决的整体难度；二则源于黄某在被抓后，其公司经营马上陷入绝境，此前正在进行的融资贷款及合作项目无法继续进行，1.5 亿元欠款没有能力退还；三则源于司法权地方化作用下，当地司法机关存在通过刑事手段帮助 B 公司讨回欠款的冲动，直接将法律上应当归属于善意第三人的 1.5 亿元强行判决发还 B 公司。尽管如此，黄某及家属对于辩护人全程认真负责的辩护工作表示认可。

通过本案的辩护，我们也进一步切身体会到中央三令五申严禁以刑事手段不当插手经济纠纷的重要性和必要性。对于企业经营者而言，本案也是一个典型的反面案例。它告诫经营者在市场经济活动中一定要遵守诚实信用原则，尤其是资金拆借融通过程中，要时刻关注刑事风险，尽量不打擦边球。即使在法律上不构成刑事犯罪，也不代表实际没有刑事风险。否则，很容易踏空坠入刑事领域，悔之晚矣。一旦无力还钱，即使有力的辩护亦很难将其挽救出来。

# 马某非法经营案

梁延昊

## 一、基本案情

被告单位A公司为一家网络公关公司。2017年年初，经时任A公司总裁被告人马某、常务副总裁被告人余某与B公司相关人员洽谈后，A公司与B公司签订了《品牌传播类框架协议》，双方约定由A公司为B公司提供社媒传播类服务，服务内容包括但不限于策略建议、稿件撰写、传播、媒体关系维护等。协议签订后，A公司根据B公司提供的材料，撰写并委托他人通过互联网发布了大量关于B公司竞争对手F公司的负面稿件，相关负面稿件主要对B公司和F公司两家公司进行倾向性对比，并针对F公司小黄车的产品和服务质量、营销方式、管理能力、资产状况、市场表现、商业信用、社会责任等方面进行负面报道。其间，被告人马某负责与B公司对接及稿件审核工作，被告人余某负责相关稿件组织撰写，联系“帖贩子”将稿件在相关网站上发布，确定发帖费用的金额及相应的结算工作。

经统计，2017年2月至6月，A公司共为B公司发布各类稿件共计1576篇，通过“帖贩子”在多家网站进行发布，根据稿件所发布网站的大小和影响力，每条帖文向B公司收取数十元至数千元不等的费用，A公司共计接受B公司支付的发帖费用人民币688万余元。其中恶意炒作F公司小黄车的负面稿件合计831篇，相应费用合计368万余元。

案件一审认定A公司及马某、余某构成非法经营罪，判处马某有期徒刑5年3个月，并处罚金25万元。一审判决后，马某家属通过朋友介绍，委托东卫律师事务所进行辩护，东卫律师事务所指派梁延昊律师担任马某二审辩护人。

## 二、案件焦点

网络公关公司收取商家费用为商家撰稿发帖贬低竞争对手的情形，在当前网络环境下的商业竞争领域并不鲜见。网信部门为此联合相关机构不断加大网络空间治理力度，对网络谣言及网络黑公关、网络水军、不良网站等网络黑灰产业链进行严厉打击。本案正是在这样的背景下发生的。

2013 年最高人民法院、最高人民检察院《关于办理利用信息网络实施诽谤等刑事案件适用法律若干问题的解释》（以下简称《网络诽谤解释》）第 7 条规定：违反国家规定，以营利为目的，通过信息网络有偿提供删除信息服务，或者明知是虚假信息，通过信息网络有偿提供发布信息等服务，扰乱市场秩序，情节严重的，以非法经营罪定罪处罚。此条司法解释明确了两种构成非法经营罪的行为类型：一是网上有偿删帖；二是明知是虚假信息而在网上有偿发布。其中，有偿、明知、虚假信息三个要素，缺一不可。

可以说《网络诽谤解释》中对非法经营罪的规定，已成为目前治理网络虚假信息非常常见的一个罪名。本案一审判决即以 A 公司马某、余某明知是虚假信息，通过信息网络有偿提供发布信息等服务为由，认定马某构成非法经营罪。

本案的争议焦点及典型意义在于：（1）何为网络虚假信息，A 公司根据 B 公司提供的材料，撰写并委托他人通过互联网发布关于 B 公司竞争对手 F 公司的负面稿件，是否属于虚假信息；（2）如何确定相关网络信息为虚假信息，竞争对手单方面出具的说明是否具备证据资格与证明效力；（3）商业竞争领域，要正确区分虚假信息与误导性信息两个不同概念，应当将有偿发布误导性信息的行为排除在非法经营罪定罪范畴之外。

## 三、办案思路与辩护意见

本案从案发到一审审理，均不是一起常规案件。案件当事人除了 A 公司及马某、余某外，还有“帖贩子”和网站负责人等7名被告人，该7人因发布涉案帖文及其他帖文、删除帖文等行为，一并以非法经营罪定罪处罚。案件发生于江苏省某地，最初是当地网信及公安部门按照有关要求对某举报帖文进行调查，根据该帖文查获相关网站和“帖贩子”，而后沿着“帖贩子”顺藤摸瓜，牵连出A公司涉案事件。F公司此前没有就帖文时间进行过举报或采取其他维权措施，仅在案发后根据公安机关的要求，出具了相关帖文属于虚假信息的“说明”。我接受委托后，主要开展了以下工作。

1. 初步研判一审判决，发现一审判决存在的问题。

接触案件后形成正式委托关系之前，我首先对一审判决进行了初步研判，发现本案存在如下问题。

（1）审判过程明显不符合常规。

一审判决书显示，本案于2018年7月进入一审程序，2021年12月底作出一审判决，时间长达3年5个月。其间，最高人民法院批准延长审限三次，因疫情原因终止审理一次。马某在一审前被逮捕，一审过程中又先后被取保候审、监视居住一年多时间，一审判决前又被逮捕。结合案件发生的特殊背景，存在较为明显的证据采信、事实认定及法律适用问题，可以想象案件一审期间法院内部对案件处理和判决的复杂、艰难过程。

（2）一审判决证据采集明显存在问题。

在全案仅有F公司案发后根据公安机关要求出具的相关帖文属于虚假信息的“说明”的情况下，对“说明”的证据资格和证明内容居然予以确认。

（3）一审判决转移、回避了争议焦点，偷换概念，作出不当判决。

一审期间，多名被告人及辩护人均进行无罪辩护，包括A公司及马某、余某。案件中，证明涉案帖文属于虚假信息的唯一证据是F公司在案发后根据公安机关的要求出具的相关帖文属于虚假信息的“说明”。马某的辩护人等在一审过程中重点对该“说明”不具有证据效力，不能据此认定涉案帖文属于虚假信息进行了充分论证。马某的辩护人同时向法庭提交大量公证证据以证明涉案帖文均有客观来源，A公司根据相关有客观来源的信息撰写的帖文不属于虚假信息。应当说，以上辩护理由和辩护工作是非常有利的，已经足以对一审指控形成有效抗辩。但一审判决没有对相关辩护理由和辩方证据进行有效回应，而是回避问题，偷换概念，越过相关帖文内容是否与事实不符这一虚假信息的本质特征，以实际上的误导性信息概念替代虚假信息，认定涉案帖文属于虚假信息，本案构成非法经营罪。

2. 积极与二审法院沟通，争取有利结果。

本案被告人较多，且一审判决时被告人均已实际羁押 3 年左右时间，加之案件特殊背景等因素，我在正式接受委托之前，对案件二审改判的难度已经形成一定预判。在形成委托关系过程中，我和马某家属就案件走向进行了充分的分析和沟通。马某家属在充分认知案件二审改判难度，对二审法院不开庭审理，直接维持一审判决形成必要心理准备的情况下，坚定委托我们担任二审辩护人，希望我们能够在专业方面澄清本案在法律上到底应当如何认定。在对二审可能面临的不利后果进行充分告知，同时对一审判决存在的法律问题进行初步指明的情况下，我才与马某家属达成二审辩护委托关系。

虽然与委托人就二审结果有所预判，但在具体二审辩护过程中我们并没有放弃任何努力。在重点研究案件一审问题，充分就案件法律适用形成书面辩护意见的同时，积极向二审法庭提交开庭申请，积极联系查阅一审审判卷宗，并通过电话和法官、书记员就案件实体与程序问题进行沟通。在案件因为疫情因素再次中止审理的情况下，及时向法庭提交书面辩护意见。

3. 针对一审判决中存在的问题，检索收集大量材料，有针对性地展开二审辩护。

这部分是我们二审辩护的主体工作。

首先，我们团队围绕一审判决对虚假信息的错误认定，进行了系统的材料检索和研究，形成 1 万余字的《关于马某等非法经营案法律规定、理论实务观点及案例检索报告》，以支持我们的二审无罪辩护观点。

其次，针对一审判决存在的问题和相关研究，形成 1 万余字的二审辩护意见，结合检索报告就相关问题进行了充分论述。主要包括以下四个层面。

(1）准确界定“虚假信息”概念。

这是本案在实体上正确判定的基础，也是一审判决没有进行明确，二审辩护中我们重点阐明的内容。就此，我们根据检索查询的相关法律规范、大量参考文章及判例，得出如下结论意见。

①在形成原因上，虚假信息可以是自然形成，如传播过程中自然失实；也可以是人为有意编造而成。

②从构成上看，虚假信息与事实是互斥性概念，通常是由“事实 + 意见”两种要素组成，同时包括事实性信息与意见性信息两个部分。虚假信息注重事实要素，通常只有事实部分虚假才确认为虚假信息。意见部分即使带有夸张、偏见、贬损，甚至歪曲了客观事实，也不宜认定为虚假信息。其原因在于，评论意见本身属于主观认知范畴，不涉及客观真假，而每个发表评论意见的主体在反映同一事物时，都有一个基于主观感知的图像，容易形成不同认识。因此，如单方面评价，无论是正面评价还是负面评价，是否有意炒作，只要事实要素基本属实，就不能评定为虚假信息；分析性、预测性评论，因为是对一种尚未（无法）确认或尚未发生之事的可能性、或然性、未来性进行分析、预判，同样不构成虚假信息。

③从程度上讲，虚假信息须整体评价为虚假，仅包括客观上主要、重要或者核心内容皆为虚假的事实发表，或者对关键事实信息进行篡改。如果基本事实存在，只是某些细节、局部与事实不符或者使用了某些夸张性表述，不能认定为虚假信息。

④确认方式上，需要有事实和证据证明信息是虚假的，与事实不符；或者虽没有证据，但以普通社会公众标准判断，明显是虚假的。不能主观推断。

⑤虚假信息与误导性信息是法律上的一组并列概念。如《反不正当竞争法》第 11 条规定，经营者不得编造、传播虚假信息或者误导性信息，损害竞争对手的商业信誉、商品声誉。《证券法》第 56 条第 4 款规定，编造、传播虚假信息或者误导性信息，扰乱证券市场，给投资者造成损失的，应当依法承担赔偿责任。仅从立法表述形式上讲，误导性信息就不同于虚假信息。

⑥与事实相符，但意见不公正、不全面，容易引发错误联想的，可能构成误导性信息，但不属于虚假信息。

（2）在界定虚假信息概念基础上，对认定涉案帖文属于虚假信息的事实不清，证据不足进行论证。

①F公司单方出具的情况说明不具备证据资格和证明力。一是F公司与本案有利害关系，其出具证明本身可信度低。二是情况说明是在余某、马某已经被刑事拘留之后，F公司应公安机关要求在2017年11月27日同一天出具，且完全采取格式化、填充式方式出具。这种明显按照公安机关意图一天内被动形成179份的格式化说明，客观性无法不让人怀疑。三是情况说明称涉案帖文“存在不实之处”，仅为F公司单方面陈述，没有原始客观证据支持。四是F公司单方面出具的情况说明只有公司盖章，没有任何人员签名，显然不具有形式合法性。

②在确认可以排除F公司单方出具的情况说明的情况下，全案找不到任何证据可以证实涉案帖文属于与事实不符的虚假信息。依据普通社会公众的标准判断，亦无法得出相关帖文属于与事实不符的虚假信息。

③一审辩护人提交的大量无罪证据及辩护意见，能够证实涉案帖文存在可信的事实或数据来源，不属于虚假信息。一审判决书对此完全忽略，不予评论，加剧了本案错案程度。

④一审判决认定涉案公司831条帖文涉及非法经营额368万余元，没有依据。

⑤按照刑事诉讼的证明标准，必须对831条帖文逐个具体质证，才能根据每条帖文的证据情况具体评价该条信息是否属于虚假信息，而不能“估堆”式主观凭空判定。

（3）论述在没有证据证实涉案帖文与事实不符的情况下，一审判决的错误最终体现为：抛开、脱离案件事实及证据，混淆、偷换虚假信息与误导性信息的概念，错将误导性信息论述为“误导型”虚假信息，错将误导性信息、评论意见认定为对真实信息的篡改。

（4）论述本案实际上属于商业领域内的不正当竞争行为，B公司一方及A公司可能构成虚假宣传和对F公司的商业诋毁。就此，通过行政与民事手段足以制裁和救济，不应通过刑罚手段处理，更不构成非法经营罪，请求二审法院依法改判马某无罪。

## 四、案件启示

案件二审过程中再次因疫情中止审理，我们在法庭通知下提交了书面辩护意见，并坚持要求开庭审理。结果二审法院在没有通知我们恢复审理，没有答复我们决定二审不再开庭，只进行书面审理，没有要求我们进行正式书面辩护的情况下，直接向我们邮寄了二审裁定，维持一审判决。并且在二审裁定中，对我们提出的二审辩护理由，没有进行任何回应。

对于二审法庭的“突袭式”维持裁定，应该说我们心里是有预期的，但仍然有些许不满与气愤。这种“突袭式”裁判首先在程序上剥夺了辩护人在二审中的辩护权利。就此最高人民检察院通报的案例已有明确。但我们也清楚，此类二审法院决定不开庭后直接判决，不再听取律师辩护意见的程序违法行为，在法律上并没有制裁后果。这是我国刑事诉讼领域一类常见问题，即程序违法无后果。作为辩护人，我们对此很无力。马某的家属在经历漫长诉讼后，对二审法院如此表现似乎没有表现出任何意外之感。

就案件实体法律适用问题，虽然二审维持了一审有罪判决，但我们坚持认为本案适用法律是存在问题的，相关帖文不应当认定为虚假信息，充其量属于误导性信息。A公司及马某等人不应当构成非法经营罪。经过沟通，马某的家属没有表态是否坚持进行申诉。

从个案辩护效果而言，我们本案的二审辩护无疑是失败的。但从辩护过程而言，我们实现了家属的委托目的，从法律上为本案，也为此类案件在法律上到底应当如何定性作出了充分、翔实的论述。我们相信，有一些问题经过时间的检验，终会得到应有的结论。

跳出本案具体法律适用，我们认为本案同样具有很大的启示意义。网络虚假信息是伴随社交媒体的兴起和后真相时代来临而广受关注的热点概念。网络空间管理过程中，如何以开放的视野正确认识和对待网络虚假信息，合理界定虚假信息的范围，深度关乎国家、社会、经济组织、社会个体的稳定、安全、发展，关乎言论自由的基本人权和人类探索宇宙未知、生命真相的内心延展。过度管控必然使各方主体的自由、活力与创造性受到萎缩。就此而言，本案作为一个刑事个案，其所要面对和解决的便绝不是一个小问题，本案便绝不是一个简单小案。本案对虚假信息的尺度把握，对我国今后司法领域如何正确应对类似案件必将产生一定影响。

《上海市反不正当竞争工作联席会议 2021 年工作要点》明确指出，要加强商业诋毁行为执法。针对互联网企业恶性竞争加剧，加大监管执法，构建良好商业生态。严厉打击同行业竞争者通过雇用专业“水军”“黑公关”等编造、传播虚假或者误导性信息，损害竞争对手商业信誉、商品声誉行为。辩护人认为，这个方向和思路才是正确的，与本案的情形正好贴合，商业领域的不正当竞争引发的商业诋毁行为最好还是通过不正当竞争的相关法律进行治理。执法、司法层面，应严格区分和判定虚假信息和误导性信息，不同情形不同对待，避免不当入罪。即使存在界限不清，也要优先考虑运用民事和行政执法手段进行处理，不能擅用刑罚。

# 某运销公司非法占用农用地案

梁延昊

## 一、基本案情

本案为某重大涉黑案件中的一部分。公诉机关指控某运销公司（以下简称运销公司）未经依法审批，在修建铁路专用线、煤炭集运站过程中，分批、多次占用农用地，经勘测合计600余亩，且基本重度损毁，构成非法占用农用地罪。本律师事务所在案件进入一审阶段后，接受运销公司委托，指派我担任运销公司一审辩护人。

## 二、案件焦点

根据2004年《土地管理法》第78条，在政府违法批准用地的情况下，非法批准、使用的土地应当收回，有关当事人拒不归还的，才以非法占用土地论处。在政府违法批准用地的情况下，认定实际用地人构成犯罪须以用地人拒不退还土地为行政前置条件。这种情形与逃税罪刑事追责的情况有很大相似之处，即只要逃税人补缴了税款和滞纳金，就不构成逃税罪。本案中，运销公司并没有被要求退回占用的土地，也没有拒绝退还土地的行为，是否构成本罪值得研究。

本案的争议焦点及典型意义在于：在政府部门实质上违法批准用地的情况下，未经要求用地人退还土地而用地人拒不退还的行政前置程序，能否认定用地人构成违法占用土地罪。其实质是用地人对政府行为的信赖利益问题，进而是能不能让用地人对政府的违法批准用地行为承担罪责。

## 三、办案思路与辩护意见

本案进入审判阶段才接受运销公司委托，办案时间较为紧迫。在大概2个月的时间内，我们全力投入辩护准备，主要进行了如下工作，形成相关辩护方案。

### （一）初步了解事实，查阅司法判例

根据我本人辩护工作中的阅卷习惯，一般是“三遍论”，第一遍是像阅读小说一样，快速概要浏览，主要看懂卷宗中的“故事”，对全案证据及事实形成全貌认识；第二遍是在初步研究案情后，围绕拟订的辩护思路再次全面阅卷，筛选出重点卷宗、重点证据，并对相关证据主要内容进行摘录；第三遍是在前述工作基础上，进一步明确辩护思路和方案的情况下，查缺补漏，确保不遗留任何卷宗证据疑点，不遗漏对辩护有利的任何证据。当然，对于一些疑难复杂案件，可能三遍是不够的，对于有些重点证据内容，随着辩护准备的变化和深入，需要反复审阅更多遍数。

接手案件后，我首先初步审阅了近20本侦查卷宗，了解大致案件事实；随后检索查阅了以往司法实践中对此罪名的司法处置情况。经过检索发现，本罪涉及单位犯罪的情形较多，但被告单位及相关责任人员通常对案件事实及罪名争议不大，判决结果一般以土地管理部门的认定为依据对案件作出有罪判决，对单位判处金额不会很高的罚金，对相关责任人员判处缓刑。已有判例对本案辩护的参考价值不大。

### （二）实地走访调查，全面收集证据，研判发现争点

在初步了解案件证据、事实和相关法律规定、以往判例情况的基础上，我第一时间联系运销公司相关人员，到涉案被占用土地现场进行了走访查看。通过实地查看，发现运销公司还在运转经营，在当地承担了较大的煤炭转运功能，是地方重点企业。通过与运销公司相关人员进行谈话，了解到运销公司在占用土地之前已经按照法律规定履行了相关土地的审批手续，但由于政策限制，用地审批迟迟没有得到批准。当时省、市、县地方政府及相关领导

对运销公司项目上马的要求很紧迫，不断出台相关文件，将项目工程列为省重点工程，要求项目限期开工、限期完成、工期倒排，有关领导还亲自到现场进行过视察、督导。因此，运销公司是在各级领导和文件要求下进行的土地征用、占地开工，用地手续在案件审判时还在进行申领。

根据实地走访调查了解到的情况，我到当地土地管理等部门调取了很多运销公司当时申请及占用土地的一手材料，以证实公司人员向我介绍的上述情况。

走访调查并取得相关一手证据材料后，我又对侦查卷宗有针对性地进行深入细致的审阅，对《土地管理法》进行了详细、逐条的研读，并在相关土地管理网站上搜索出一些与运销公司集运站项目相关的政策文件、国土管理部门关于土地供应的政策文件以及对相关违法用地、违法批地行为的行政处罚通报案例。在全面深入了解事实情况，查找收集相关证据及政策、依据之后，通过将所有案件材料所呈现出来的事实与相关法律进行反复比照，审慎思考，我根据案件实际情况，依据2004年《土地管理法》第78条，抽炼出案件争点，拟对案件进行无罪辩护。

通过与运销公司相关人员沟通，他们完全认可和同意我的辩护观点和辩护依据，并表示会在辩护过程中全力支持、配合我进行无罪辩护。

### （三）系统梳理、提交证据，构建辩护思路与体系

重大疑难案件的辩护准备过程往往不是一蹴而就的，而是要在一段时间内不断在证据、事实与相关法律规定、司法判例之间循环往复，不断发现、确认、质疑、论证、排除、再发现、再确认相关辩护观点、思路、体系，通过对案件证据的有效梳理，综合考虑各种因素，最终确定具体辩护方案。

就本案辩护准备而言，我在经过反复全面研究及慎重考量后，结合委托人意见，最终确定进行无罪辩护。

1. 根据侦查证据及辩护人收集调取的材料，对案件事实形成确认。

本案中与运销公司非法占用农用地罪有关的案卷共计19卷。通过对19本卷宗中的证据材料及辩护人收集的证据材料进行反复研究，可以确认如

下基本事实：

（1）涉案铁路专用线、集运站建设属于某省重点工程。

（2）案发时运销公司是由第一被告单位参股、某省某国有公司控股的集运站建设项目单位，具体工作要按照国有公司指令要求进行，项目后期国有公司撤股。

（3）省、市、县各级政府及相关领导通过下发工作通知、文件、会议纪要、讲话要求等形式对集运站项目征地补偿、开工建设及建设进度、竣工时限等全程进行指令、督导，明确要求限时开工、限时完工。

（4）涉及占用的土地系在县、镇政府具体组织、指导下进行的，不是运销公司的个体行为，且按照政府规定标准进行了征地补偿，部分赔偿费用系经政府财政转付。

（5）在用地审批手续方面，集运站用地符合市土地利用总体规划，运销公司作为项目公司已经充分、严格依法履行包括用地手续在内的全部项目报批手续，并取得除正式用地手续外的几乎全部审批手续，包括用地预审。未能取得正式用地手续的原因是项目压覆矿产问题未能解决，该情形各级政府及职能部门、控股国有公司等均知情并一直在积极进行协调。

如上事实，在案大量书证、证人证言是足以证实的。实际上，通过开庭审理，法庭质证，这些事实已经清楚呈现。二审判决最终在说理部分也确认了“现有证据可以证实运销公司非法占地确实存在政府行为参与其中”。

2. 进一步进行罪名分析和法律检索。

《刑法》第 342 条规定：“违反土地管理法规，非法占用耕地、林地等农用地，改变被占用土地用途，数量较大，造成耕地、林地等农用地大量毁坏的，处五年以下有期徒刑或者拘役，并处或者单处罚金。”

本罪是典型的行政犯，处于我国《刑法》妨害社会管理秩序罪一章中破坏环境资源保护罪一节。保护的实质法益是社会管理秩序，处罚的具体行为是用地当事人不按照政府指令要求实施的占地行为。从法律条文的分类上讲，属于准用性规范，即某一具体行为是否构成非法占用农用地罪，根据《刑法》本身无法得出结论，需要参照《土地管理法》相关法律进行具体判定。

2004 年《土地管理法》第七章关于法律责任的相关规定第 76 条规定："未经批准或者采取欺骗手段骗取批准，非法占用土地的，由县级以上人民政府土地行政主管部门责令退还非法占用的土地，对违反土地利用总体规划擅自将农用地改为建设用地的，限期拆除在非法占用的土地上新建的建筑物和其他设施，恢复土地原状，对符合土地利用总体规划的，没收在非法占用的土地上新建的建筑物和其他设施，可以并处罚款；对非法占用土地单位的直接负责的主管人员和其他直接责任人员，依法给予行政处分；构成犯罪的，依法追究刑事责任。超过批准的数量占用土地，多占的土地以非法占用土地论处。"

2004 年《土地管理法》第 78 条规定：无权批准征收、使用土地的单位或者个人非法批准占用土地的，超越批准权限非法批准占用土地的，不按照土地利用总体规划确定的用途批准用地的，或者违反法律规定的程序批准占用、征收土地的，其批准文件无效，对非法批准征收、使用土地的直接负责的主管人员和其他直接责任人员，依法给予行政处分；构成犯罪的，依法追究刑事责任。非法批准、使用的土地应当收回，有关当事人拒不归还的，以非法占用土地论处。非法批准征收、使用土地，对当事人造成损失的，依法应当承担赔偿责任。

3. 明确辩护思路。

就本案而言，运销公司在没有用地手续的情况下占地开工建设，是不争的事实。公诉机关正是以此简单事实与逻辑认定只要没有取得用地手续，就构成本罪。但法律的逻辑并非如此简单。

笔者在反复研判案卷案情，不断检索、比照相关法律规定后，逐步形成和确定本案的"案眼"应该是"政府违法批地情形下用地当事人是否构成非法占用农用地罪"这一最终焦点，决定以《土地管理法》第 78 条为立足点，对案件展开无罪辩护。具体思路可一分为二：

（1）如果通过辩护，法庭能够确认本案系政府违法批地，则引起《土地管理法》第 78 条的适用。那么，根据《土地管理法》第 78 条规定，政府违法批地的情况下，首先应当追究政府相关责任人员的法律责任；其次，在具备“非法批准、使用的土地应当收回，有关当事人拒不归还的”前置环节的情况下，才有可能能追究用地当事人的刑事责任。本案中明显不存在这些前置环节，因此不能直接追究用地当事人运销公司非法占用农用地的刑事责任。实际上，此条文中蕴含一个法理基础，即用地当事人对政府行为的信赖利益应受法律保护。对于政府批准、允许下当事人实施的行为，不应当径直受到法律的否定评价与责任追究。否则就是政府违法，当事人受罚，违背公平常理。

（2）如果法庭在刑事案件审理中不能确认本案系政府违法批地，通过辩护也应足以产生本案是政府违法批地的合理怀疑，进而阻却《土地管理法》第 76 条的适用，不能根据其第 76 条判定运销公司构成非法占用农用地罪。

4. 系统组织辩护依据的材料，装订成册提交法庭。

以《土地管理法》第 78 条为立足点，论证运销公司不构成非法占用农用地罪，重在论证本案属于实质上的政府违法批地，不是运销公司非法占地。这是本案辩护的关键和难点。就此，我们团队做了如下庭审准备。

（1）组织、构建基础事实证据，全面筛查、组织、整理侦查卷宗中能够证明政府实质违法批地的证据；进一步调查搜集能够证实各级政府对集运站项目征地补偿、开工建设及建设进度、竣工时限等全程进行指令、督导，明确要求限时开工、限时完工的政府文件；结合线索，在庭前会议向法庭提交相关调取证据申请。

（2）查找定性依据，收集自然资源部在全国范围内关于认定政府违法批地的相关通报。经查，从 2009 年 11 月 30 日第一次挂牌督办违法案件，自然资源部共计公开挂牌督办和通报百余起国土资源违法违规案件及查处结果，有 422 名政府工作人员因涉及违法受到了党纪和政纪处分。其中大量案件与本案情形相似，被自然资源部认定为政府违法批地。

（3）查找政策及背景依据，包括《保增长保红线行动工作方案》，国土资源部办公厅《关于严格管理防止违法违规征地的紧急通知》，《国土资源部关于当前进一步从严土地管理的紧急通知》，国务院关于加强土地调控有关问题的通知，《建设用地审查报批管理办法》，某市人民政府办公厅关于印发《某市开展土地执法百日行动实施方案》的通知，违反土地管理规定行为处分办法，十部委《关于进一步加强和改进国家和省级重点项目建设用地服务和监管的通知》等政策及文件，凸显案发前后，国家、自然资源部及属地政府不断出台政策文件遏制地方政府急于上马工程，变相违法批地的形势背景。

（4）查找相关媒体报道及专业文章，结论为：在本案发生前后，全国各地地方政府为了完成地方经济和基础建设发展，在土地供需关系紧张、用地手续办理较慢的情况下，不断出现政府违法批地的情形。

为了有效支持我们的辩护意见，在庭审前我们就将以上材料制作详细目录，装订成册，统一提交给法庭，在开庭的时候逐一宣读出示，在法庭上进行质证。集中统一出示证据，与辩护意见相互呼应，取得了非常好的庭审效果。

## 四、案件启示

虽然辩护人在法庭上进行了据理力争的辩护，但一审判决还是作出有罪判决，认定运销公司构成非法占用农用地罪，判处罚金 1000 万元。判决后，运销公司继续委托笔者作为辩护人。但二审没有开庭，以维持一审判决告终。

跳出本案的特殊背景，单从运销公司非法占用农用地一案的审理来说，一审、二审判决对辩护人所举的证据只用很小篇幅高度概括回应。一审判决说理部分仅简单重复“未通过建设用地审批，未取得土地使用权的情况下即非法占用农用地……”完全没有对辩护观点进行任何实质表述及回应，简单沿用公诉逻辑，即认为只要涉案项目没有取得用地手续，运销公司就必然构成非法占地罪，彻底回避本案争议焦点。

二审裁定表述：“现有证据可以证实运销公司非法占地确实存在政府行为参与其中，但是对该政府行为的评价不在刑事审理范围之内，此也不是运销公司免除刑事责任的绝对理由。考虑到本案中的一些其他因素，原审在对运销公司判处罚金时与第一被告单位所犯该罪判处罚金数额相比较，已体现出从轻处理原则。”似乎表示对辩护人辩护意见的合理性予以了考虑，但实质上仍然回避了案件实质争议焦点，没有对我们的实质辩护意见给予正面回应。

从辩护效果上讲，虽然我们的无罪辩护意见最终没有得到一审、二审法院的采纳，但我们根据案件特点，紧紧围绕本案实质上是政府违法批地，而不是运销公司违法占地展开无罪辩护，辩护思路和方案，以及在辩护过程中付出的努力，扎实有力的辩护准备，良好的庭审表现，获得了委托人运销公司和同案其他律师同人的普遍认可。

虽然案件从司法程序上结束了，但此类型案件中类似本案情形的应该并不鲜见。从这个角度讲，本案作出的辩护仍具有很大的启示价值和积极意义。在当前国家土地供给审批严格、土地供应无法满足地方发展需求，地方政府迫于经济发展压力，急于开展城市建设、发展地方经济，不断招商引资、要求建设项目尽快上马的情况下，变相违法批准用地的现象直到目前仍有存在。如何妥善处理事后追责，依法合理判定用地人责任，不把板子全打在用地人身上，是土地违法行为治理与问责领域的一项重大课题，亦关系社会公众对政府的信赖利益。

# 徐某没收违法所得案

梁延昊

## 一、基本案情

检察机关《没收违法所得申请书》指控，2006 年徐某利用担任某市某区长的职务便利，伙同某公司老板吕某共同贪污近 2 亿元，并将钱款用于支付相应土地出让金，以实现甲公司对相关土地的非法占有。因徐某从 2011 年逃至美国，国际刑警已经对其发布红色通报，但至今不能归案。现相关土地权利归乙公司所有。《没收违法所得申请书》以徐某为犯罪嫌疑人，申请对相应土地予以没收，乙公司为涉案财产利害关系人。

乙公司对没收违法所得申请书提出异议，在审判阶段委托东卫律师事务所进行代理，东卫律师事务所指派张世国律师和梁延昊律师担任乙公司诉讼代理人参加诉讼。

## 二、案件焦点

本案的特点是，检察机关认定徐某与吕某构成贪污罪共犯，徐某长期滞留美国不回，检察院因此启动违法所得没收程序。但问题是，本案中作为徐某共犯的吕某已经在案。通过对本案的深入研究，我们认为，本案同时存在实体与程序两方面问题。实体方面，有证据证明乙公司是支付对价获得涉案土地的，应当适用善意取得制度，所获土地不应被没收；程序方面，本案需要探讨的问题是，共犯在案的情况下能否对不到案的“红通”人员单独适用没收程序。

## 三、办案思路与辩护意见

在委托律师代理案件之前，乙公司已经就案件进行了较为充分的诉讼准备。前期投入工作的另一律师事务所的代理律师已经就案件实体法律适用问题，即涉案土地善意取得问题进行了较为完备的证据准备和法律论述。乙公司委托我们在审判阶段加入诉讼，主要目的是希望通过我们在刑事业务方面的专业力量，增加案件抗辩力度，保护企业土地使用权不被剥夺。

### （一）由实体到程序，全面发掘案件存在的问题

接手本案后，我们按照正常的程序进行阅卷，研究案件事实和法律适用，并主要从实体方面对之前的庭审准备进行增强。应当说，从案件证据分析，当时我们是比较有信心根据善意取得制度帮助乙公司保住涉案土地的。

案件正式开庭前，法庭组织双方召开了庭前会议。庭前会议中，我们根据案卷材料中显示的事实及证据，向检察官进行求证，得以确认检察机关指控的徐某的共犯吕某已经在案。根据这个诉讼事实，我们在坚持进行善意取得实体抗辩的同时，认为本案在程序上存在明显的问题，即在共犯在案的情况下能否对不到案的“红通”人员单独适用没收程序。据此，对本案程序问题进行了深入研究。

### （二）对本案程序方面问题的法律探讨

司法实务中，违法所得没收程序并不常见，因此该程序可能涉及的相关问题也很少被实务界、理论界所了解和探讨。就本案特点而言，经过我们检索，没有发现相关案例以及学术方面的探讨。我们根据现有法律，结合诉讼原理及相关规定，形成以下意见。

2012 年《刑事诉讼法》第五编“特别程序”第三章（现第四章）增设了“犯罪嫌疑人、被告人逃匿、死亡案件违法所得的没收程序”，简称“违法所得没收程序”。依据规定，对于贪污贿赂犯罪、恐怖活动犯罪等重大犯罪案件，犯罪嫌疑人、被告人潜逃，在通缉一年后不能到案，或者犯罪嫌疑人、被告人死亡，依照刑法规定应当追缴其违法所得及其他涉案财产的，人

民检察院可以向人民法院提出没收违法所得的申请。人民法院依据特别诉讼程序对该违法所得的追缴进行审理，并依法作出裁定。

2017 年 1 月 4 日，最高人民法院、最高人民检察院颁布《关于适用犯罪嫌疑人、被告人逃匿、死亡案件违法所得没收程序若干问题的规定》，对相关内容进行细化。

2018 年《监察法》颁布实施。《监察法》第 48 条规定，监察机关在调查贪污贿赂、失职渎职等职务犯罪案件过程中，被调查人逃匿或者死亡，有必要继续调查的，经省级以上监察机关批准，应当继续调查并作出结论。被调查人逃匿，在通缉一年后不能到案，或者死亡的，由监察机关提请人民检察院依照法定程序，向人民法院提出没收违法所得的申请。

以上是我国目前法律对违法所得没收程序的相关规定，实践中主要适用于贪污贿赂案件，针对的主体主要为长期滞留境外的“红通”人员。应当说，这一规定对解决“红通”人员长期不能到案情况下涉案违法所得财产处置问题提供了制度保障。

本案中，检察机关作出的《没收违法所得申请书》认定“红通”人员徐某与吕某共同贪污，并将钱款用于支付土地出让金，以此实现对相关土地的非法占有。相关土地权利现归乙公司所有。因徐某长期滞留国外不能归案，《没收违法所得申请书》以徐某为犯罪嫌疑人，申请对相应土地予以没收。根据《没收违法所得申请书》及庭前会议中检察机关的意见可以确认：检察机关认定吕某系徐某贪污的共犯；吕某早已经被监察机关控制到案；《没收违法所得申请书》仅将徐某一人列为犯罪嫌疑人，申请对涉案土地进行没收，却将吕某表述为“同案犯”“另案处理”，不让吕某参与没收程序的审理。

我们经研究认为，抛开案件实体问题不论，本案在程序上首先存在的问题是，不应当适用没收程序，应当由检察机关撤回申请，或者由法院终止没收程序的审理。理由有如下几点：

1. 刑事诉讼的基本任务是保证准确、及时地查明犯罪事实，正确应用法律，惩罚犯罪分子。因此，涉嫌犯罪的行为人到庭接受法庭审判，是刑事诉讼的基本要求。如果行为人不到庭接受审判，则一般来讲，查明事实、适用法律、惩罚犯罪的审判任务无法实现，审判不具备基础和意义，不应进行。

2. 共同犯罪的案件一般应当同案审理。司法实务中，共同犯罪案件部分犯罪嫌疑人在逃是一种常见现象。按照正常的刑事诉讼程序，为防止对已到案犯罪嫌疑人审理上的过分迟延，通常可以对先到案的犯罪嫌疑人进行侦查、起诉和审判，并对共同犯罪的事实、定性，包括涉案财物处置问题一并进行判决；对不到案的共犯另案处理。就此，最高人民检察院、公安部《关于规范刑事案件“另案处理”适用的指导意见》及最高人民法院刑事指导案例第545号《刑事审判参考》2009年第2集（总第67集）有明确规定和判例。如果本案以不到案的人员为审理对象，反而对到案的人员“另案处理”，显然不利于查明案件事实，与法律规定及司法实务相悖，没有法律及法理依据。

3. 没收程序作为2012年《刑事诉讼法》新增的刑事特别程序，与2018年《刑事诉讼法》新增的缺席审判程序一样，适用的前提应当是非常严格的。根据《刑事诉讼法》第298条“犯罪嫌疑人、被告人逃匿，在通缉一年后不能到案，或者犯罪嫌疑人、被告人死亡，依照刑法规定应当追缴其违法所得及其他涉案财产的”的规定，适用没收程序的首要条件就是犯罪嫌疑人、被告人在客观上没有到案，法庭没有办法对其进行审判。在共同贪污情形下，行为人要对共同贪污的财产共同负责，只有相应财产对应的所有共犯均不能到案的情况下，才能启动针对相应财产的没收程序；在部分共犯不能到案，但部分共犯已经到案的情况下，则应以到案共犯为被告人适用普通刑事诉讼程序进行审理，一并对共犯涉及的相应财产进行处置，不应抛开到案共犯不审，针对不能到案的共犯单独启动没收程序。只有这样，才能有利于查明事实，适用法律，惩罚犯罪，挽回损失。

4. 根据《刑事诉讼法》第301条的规定，在审理过程中，在逃的犯罪嫌疑人、被告人自动投案或者被抓获的，人民法院应当终止没收程序的审理。此种情形针对的是案件受理后发生行为人到案情势变更下的程序处理。与此对应，如果在法庭审理之前就存在部分共犯到案的情况，法庭在查明后，应当建议检察机关撤回没收财产申请；如果检察机关不撤回的，则法院应当终止没收程序审理。

综上，我们认为没收违法所得程序的适用应当非常严格和慎重。抛开实体法律适用不论，本案首先存在程序上的违法，应予纠正。法院应当终止没收程序的审理。

## 四、案件启示

案件召开庭前会议后一段时间，乙公司与我们联系，称基于某些原因的考虑，他们已经撤回针对该没收违法所得案提出的异议，该案代理终止。

尽管如此，作为司法实践中并不常见的没收违法所得程序，我们认为案件中存在的程序性问题还是非常典型，很具有探讨价值。在此提出，希望能够引起更多人对此问题的关注和探讨，并希望以后能够有机会通过审判实际对我们的观点进行检验，推动违法所得没收程序适用的规范化、合理化。

# A 公司非法占用农用地案

陈孟君　张　晗

## 一、基本案情

A 公司是为建设海南某房地产项目而成立的项目公司。在与当地政府签订招商引资协议后，该项目很快便被选为“海南省重点项目”。然而，在种种原因的作用下，A 公司项目使用的土地农转用审批手续迟迟没有办结。在此情况下，某地政府相关领导为了政绩不断催促、要求甚至威胁 A 公司尽快开工建设并加大投资，同时承诺尽快为 A 公司完成土地变性并办理相关手续。A 公司基于对地方政府的信任，于 2015—2017 年进行了大规模的建设活动，致使农用地被大量破坏。其间，该地有关部门因非法占地的行为先后向 A 公司开具多份行政处罚，A 公司也一度因此暂停施工，却又在地方政府的承诺和催促下恢复施工，最终形成了“边建设、边报批、边处罚”的模式，建成高层楼房 11 栋、别墅 201 栋、酒店 1 栋及其他建筑若干，经鉴定破坏农用地面积共计 594, 514. 42 平方米（折合约 891 亩）。案发后，该地有关部门对部分违法建筑进行了强制拆除。

由于本案违法建设规模巨大、涉及业主众多，在经由央视及地方媒体报道后在全国范围内引起了广泛关注，被称为“海南版秦岭违建案”。

## 二、案件焦点

1. 认定案涉被占用土地是农用地还是非农用地究竟应当以土地利用现状成果为准还是以土地利用规划成果为准？

2. 本案的鉴定意见是否应当依法予以排除?

3. A 公司是否有非法占用农用地的故意? 如何评价地方政府在 A 公司非法占用农用地过程中所起的作用?

## 三、办案思路与辩护意见

本案从收购目标土地，到立项、开工建设，最终案发，前后经历 20 余年；土地性质又因种种原因无法确定，部分土地完成农转用变性、土地规划成果和土地利用现状成果不断变化、政策因素变化等诸多变化又在非法占地的过程中不断出现，致使案情十分复杂，似乎很难理清头绪。在此情况下，我们受委托担任辩护人后，以综合的眼光审视全局，先结合案件总体情况确定辩护基本思路、搭建框架，再结合具体细节在基本框架内予以填充。具体过程如下。

1. 确定本案辩护基本框架思路。

对于任何犯罪，只有主观和客观上均满足某一具体犯罪的构成要件，才能够构成犯罪。具体到本案而言，只有主观上有非法占用农用地的故意，客观上实施了非法占用农用地的行为，才能构成非法占用农用地罪。

从客观方面来讲，认定 A 公司是否实施了非法占用农用地的行为，首先需要有能够证明所占用土地性质的权威性法律文件依据，其次需要确定 A 公司在建设过程中占用土地的情况，并将两者进行套合比较，才能确定客观上是否实施了非法占用农用地的行为。如实施了上述行为，且在主观方面确定 A 公司具有非法占用农用地的故意，才构成犯罪。因此，本案的辩护将从三个维度展开，即确定证明被占用土地性质的依据为何，确定建设过程中占用土地的情况并与农用地范围套合得出确定非法占用农用地的情况，以及 A 公司是否有非法占用农用地的主观故意。

2. 论证认定涉案土地是否属于农用地究竟以土地利用现状成果为准还是以土地利用规划成果为准。

在进行第一个维度的辩护时，便出现了本案第一个争议焦点，即在本案中认定所占土地的性质究竟应当以土地利用现状成果为准还是以土地利用规划成果为准。对于这一问题，法律对此并没有明确的规定，两者均属于土地管理法规的范畴，又都有相关案例予以支持，难以定夺。本案中确定究竟以哪个标准为准恰又有十分重大的意义，因为本案占地范围内现状地类和规划类恰恰存在巨大的差异，如果按照现状地类则存在一定面积的农用地；如果依照规划类，则涉案地块已全部被规划为旅游建设用地，不存在农用地。

从两者形成的程序、法律地位及作用来看，土地利用规划成果需要经过论证、批准、公示等程序才能形成，十分严谨，公信力非常强。相比之下，土地利用现状成果的形成略显随意，仅有1984年全国农业区划委员会颁布的《土地利用现状调查技术规程》一份文件对土地利用现状调查作出了规定，该规程对于土地利用现状调查的程序规定十分粗糙，对于土地利用现状成果的通过、公布、发生法律效力、救济程序等均未进行详细规定，通过正常渠道也完全查不清楚土地利用现状调查的具体情况。显然，就法律地位、作用而言，土地利用规划成果远远高于土地利用现状成果，以土地利用规划成果为依据显然更为严谨、客观、公正。若以规划成果为准，A公司完全不构成犯罪，公诉机关也正是以现状成果为依据提起的指控。

由于相关法律规范对于土地利用现状成果的规定过于粗略，自然而然地导致了公诉机关在进行土地利用现状方面的举证时出现了诸多问题。在庭审过程中，公诉机关一共出示了6份土地利用现状图，包括公安机关向有关部门调取的4份土地利用现状图和鉴定机构提供的2份示意图，但这几份证据完全不具备真实性、合法性。首先，上至《关于适用〈中华人民共和国刑事诉讼法〉的解释》《关于办理刑事案件收集提取和审查判断电子数据若干问题的规定》等司法解释，下至《电子证据数据现场获取通用方法》《电子数据存储介质复制工具要求及检测方法》等公安部公布的技术标准，都对电子证据的获取、存储介质的复制检测等方面作出了技术性规定，而公安机关却完全未按照调取电子证据的规范要求搜集和固定证据，也没有提供土地利用现状数据，只是机械地出示了调取的几份现状图。其次，公诉机关举出的几份土地利用现状图也并非原始的现状图，而是已经由人为加工、将原始现状成果与非法占地情况套合后的结果，那么究竟原始的现状图为何、套合过程为何、如何保证套合前后两份文件反映的情况一致，这些问题公诉机关都没有举证说明。最后，土地利用现状数据是作出土地利用现状图的基础，在没有提供土地利用现状数据的情况下，土地利用现状图的真实性完全无法予以核实，而在庭审中，公诉机关明确表示只提供6份土地利用现状图作为证据，土地利用现状数据并不作为证据出示，这就导致土地利用现状图的真实性存疑。此外，在本案违法建设规模如此巨大的情况下，若想达到套合效果，需要在计算机系统内利用专业的软件进行操作，才能确定非法占地的情况，单凭肉眼完全无法作出判断，在未提供土地利用现状数据的情况下，也就无法确认这几份文件的真实性、合法性和完整性。

此外，在本案中，土地利用现状成果还与其他客观证据存在一定的冲突。首先，涉案地块的土地证、国有土地使用权出让合同及地籍档案等土地资料在土地性质一栏中均注明土地性质为“农业综合开发用地”“观光农业”，可是《土地利用现状分类》中并没有其对应的分类，无法确定究竟属于农用地还是建设用地，在这些证明文件作为最本源性、基础性的凭证都无法证明涉案地块性质的情况下，土地利用现状图中将涉案地块认定为农用地也失去了基础。其次，地籍档案显示涉案地块存在大量的未利用地，本律师通过调查，确实发现A公司在取得地块时，大部分地块是未开发利用的荒地，这一事实也被其他生效裁定书予以确定，这些土地并不属于农用地的范畴。此外，项目中景观大道占用的184亩土地、别墅、酒店占用的148亩土地分别在2015年、2017年已完成了农转用审批，可在2018年的土地利用现状成果中依旧为农用地。可见，所谓的土地利用现状调查并没有进行真正的调查，完全是闭门造车的产物，以此作为定罪量刑的依据显然十分不严肃。

尽管本律师在庭审中已经提出了上述抗辩，但以为力度仍然不够。因为上述程序问题可以由公诉机关再次向有关部门调取，就可以弥补这些缺陷，土地利用现状图中一些与实际情况不符的情况也可以用调查存在滞后性、土地利用现状不断变化为由予以解释，很难从根本上推翻公诉机关的指控。然而转机出现在庭审中倒数第二天，当天，A 公司另一行政案件的律师在开庭期间取得了有关部门提供的涉案土地证，其中记录的土地范围和形状与本案卷内土地证范围和形状大不相同。这为本律师之前的一个猜测和质疑提供了依据，那就是本案中有关部门提供的土地利用现状图是否是为了定罪量刑的需要刻意修改、变更的？如前文所述，由于土地利用现状调查成果不像规划成果一样经过严格的论证、批准以及公开程序，而是并不对外公开、完全掌握在有关部门的手中，这意味着有关部门可以随时毫无障碍地对土地利用现状图进行修改。而在本案中，有关部门与 A 公司存在直接的利益冲突（A 公司因在接受巡视组视察时将违规建设的责任全部归因于政府部门的要求而与地方政府产生矛盾），有关部门能否提供真实、客观的土地利用现状调查成果确实值得质疑。更何况从公诉机关提供的土地利用现状图与真实状况存在严重不一致的情况来看，这样的猜测和质疑并非子虚乌有。在取得 A 公司行政案件律师提供的证据后，这样的猜测和质疑便极有可能是实际情况了。同一地块，刑事案件和行政案件中土地证的土地范围和形状却大不相同，显然有关部门至少对其中一份土地证进行了伪造（甚至不排除两份均系伪造，因为有关部门自称地籍档案资料曾丢失，这明显不合常理），对于土地证如此严肃正式的法律文件，有关部门都可以根据其涉案的刑事诉讼和行政诉讼的不同需要任意变造，那么对于土地利用现状图这种没有任何程序进行规范的内部文件就太有变造的积极性和可能性了。因此，有关部门本身就是本案的利害关系人，在其已经信用破产的情况下，使用其制造、提供的“证据”作为定罪量刑的关键证据确实风险极大。

本律师通过上述层层递进式的辩护，最终得出结论：若以土地利用规划成果为准，则 A 公司完全没有占用农用地；若以土地利用现状成果为准，本案中土地利用现状成果因上述种种原因不能作为定罪量刑的依据，认定非法占用农用地也完全丧失了基础，因此不构成犯罪。

3. 阐述认定非法占地的范围并与农用地范围进行套合的过程中存在的问题，这也是鉴定意见存在的问题。

除认定农用地的依据存在诸多问题外，认定非法占地的范围、并与农用地范围进行套合的过程也存在诸多问题，具体表现为非法占地情况的鉴定结论漏洞百出，应当认定不能作为定案依据。

本案中，A 公司的占地情况十分复杂，占地面积巨大，且是分期分批进行的，时间跨度长达四五年之，违建种类多种多样，是否破坏土地、破坏程度也都各不相同，已开发的地方还有很多地块保持原有面貌，原合法建筑和新建非法建筑、A 公司建设成果与其他单位的建设成果均相互混杂。这些都表明对于非法占地范围的确定，不可能通过肉眼或其他方式进行直观的判断，更何况确定之后还要将占地范围与农用地范围进行套合对比，这更需要专业机构通过技术手段进行司法鉴定。也正是基于此，公安机关委托了某鉴定机构进行鉴定。但是该鉴定机构出具的鉴定结论可谓漏洞百出，鉴定结论是否应当作为定案依据成为本案的第二个争议焦点。

对于本案而言，鉴定机构进行专业判断需要具备两个前提条件，一是正确指界，确定非法占地的具体范围；二是提供确定农用地范围的权威法律文件依据。鉴定机构应当在此基础上进行三项专业操作，一是对非法占地范围进行勘测定界，确定实际占地的精确地理坐标；二是将非法占地范围与农用地范围进行对比套合，确定并测算非法占用农用地的范围和面积；三是对非法占用农用地的破坏程度进行判断。可是纵观鉴定过程，既没有委托单位对非法占地范围进行正确指界（否则已完成农转用“变性”部分的土地以及原 A 公司子公司自有的合法建筑也不会被列入非法占地的范围），也没有对非法占地范围进行勘测定界，更没有委托单位将土地利用现状图等权威法律文件作为检材提供给鉴定机构进行对比套合。据公诉人庭审中的陈述，鉴定意见所附土地利用现状图并非委托单位提供的，而是鉴定机构自行向土地管理部门调取的；而且，公诉人确认侦查机关委托鉴定时并没有提供任何检材作为委托鉴定的附件材料，这充分说明鉴定结论没有事实根据。同时，以什么文件作为认定农用地的法律文件依据其实是一个法律问题，让鉴定机构自行调取土地利用现状图作为认定农用地的文件依据，等于由鉴定机构代替人民法院对案件关键问题进行法律判断。何况鉴定意见所附土地利用现状图也并非原始图件，而是鉴定机构套合后提交给侦查机关确认的图件，再由鉴定机构以侦查机关确认的图件为依据作出鉴定意见，显然这是倒因为果，先有结论再进行鉴定，违背司法鉴定的正常逻辑顺序。况且这还是在默认有关部门确实提供了真实、客观的土地利用现状图的情况下，若考虑到土地利用现状图真实性的问题，则这份鉴定结论就更是完全丧失了鉴定的基础，对本案认定非法占地的情况没有任何意义。

除此之外，该鉴定意见还存在诸多的其他问题，例如，鉴定机构存在先鉴定、后接受委托的情形，公安机关采用单一来源采购违法，鉴定机构将核心工作转委托程序违法，鉴定依据存在问题，未对已完成农转用的土地以及原自有合法建筑占地面积进行核减，等等。这些问题本律师在庭审中也一一予以阐明。

通过对于鉴定意见的质证，本律师得出结论：即便在忽略土地利用现状成果的前提下，在本案鉴定意见漏洞百出、应当依法予以排除的情况下，没有任何其他证据能够证明A公司非法占地的范围以及所占用土地为农用地。

4. 在主观方面论证A公司没有非法占地的故意。

将A公司没有非法占地的故意列为一个单独的辩护维度着重强调，看起来似乎有点出人意料，因为在其他类似的房地产项目非法占地案件中，其起因往往是企业急功近利，急于建成项目、获得经济利益，而在明知证件不全的情况下不顾地方政府的劝诫、警告甚至处罚，一步步落入犯罪的深渊。而本案却恰恰相反。

A公司在五证不全的情况下竟然能投资建设到如此规模，这称得上是一个奇迹。这显然远远超出了A公司自身的能力范围。千里之行始于足下，这自然是两足交替前行的结果，单单依靠A公司这一足不可能走得这么远，一定离不开另一足，即政府（广义的政府，包括政府及下属相关部门）的默契配合和积极支持。政府为何如此大力支持？根本原因在于该项目不是A公司单方面的项目，实际是双方合作共同开发的项目，而且还是由政府起主导作用的项目。双方在招商引资时签订的《投资合作协议书》确定“政府主导、企业参与”的合作模式，已经明确了双方合作关系中以政府为主导，实际开发过程中双方也确实是通过这种模式进行合作的。这听起来有点奇怪，但其实很普遍，这其实是土地项目一级开发和二级开发联动，一级开发是政府职责（包括征收拆迁补偿、“五通一平”、农转用审批手续等），二级开发是企业负责。正常情况下是政府先完成一级开发后，企业通过招拍挂拿地再进行二级开发。而这个项目并不是这样，而是政府和企业双方一起完成一级和二级开发，一级开发中以政府为主，企业协助，征地、补偿、办证都是政府的职责，A公司从中予以配合，完成一级开发后再开始进行二级开发。而这中间由于存在政策激励，政府为了出政绩，在一级开发没有完成的情况下，要求A公司提前动工，甚至要求A公司签订承诺书，必须完成预定的投资额，否则将企业列入黑名单。A公司和柳某某明确向政府表示证件不全、不能开工，但在政府的反复催促乃至威胁之下，才不得不开始进行大规模施工。政府及主要领导当时也明知项目证件不全，之所以要求企业开工也是因为政府有合理预期，相信手续很快能办理完成，企业也对政府充满信任，因此最终才开工建设。可土地部门和其他相关部门最终却没能及时办理相关手续，最后惊动了省里相关的巡视督察组，县政府为了撇清关系和摆脱责任，摇身一变从合作者变成了执法者，从运动员变成了裁判员。由此可见，A公司确实是在政府的默许、配合、支持和要求下开始进行大规模动工建设的，应该说并没有非法占地的主观故意。

5. 从行政犯的法理基础来看，也不应当对A公司定罪量刑。

非法占用农用地罪是典型的行政犯，定罪量刑的目的是督促社会公众严格遵守土地管理法规，保护的法益是农用地管理和保护秩序不受挑战和侵犯。显然定罪的基本前提是政府要求企业遵守保护农用地的法律规范。本案中政府在明知A公司没有合法手续的情况下默许、纵容、支持甚至胁迫企业开工建设，等于自动放弃了对企业遵守土地管理秩序的要求，事发后将责任完全推卸给企业，反过来要对企业定罪处罚，已经完全丧失了道义基础和法律前提。因此，从这个角度来看，也不应对A公司进行定罪量刑。

## 四、案件启示

2021年12月，一审法院作出判决：A公司被认定犯有非法占用农用地罪，判处罚金人民币750万元；法定代表人柳某某被判有期徒刑3年6个月，并处罚金50万元；总经理赵某被判处有期徒刑2年4个月，并处罚金人民币10万元；行政总监周某免予刑事处罚。对此判决，被告人提出上诉，公诉机关起初提出抗诉后又撤回抗诉。当事人委托本律师在二审程序中继续担任辩护人。目前二审程序还在继续。

对于本案一审判决结果，尽管本律师及相关专家均认为本案不构成非法占用农用地罪，但若是在定罪的前提下，考虑到本案非法占地规模如此巨大，类比同类案例，本案中对涉案人员的刑罚事实上明显较轻。从判决书内容来看，对于鉴定意见中不应当认定为非法占地部分的面积（包括已完成农转用"变性"的部分土地和原自有建筑占用的土地）均进行了核减，对于政府在本案中对非法占地发挥的作用也进行了正确的评价，并在量刑之时予以考虑。故尽管最终未达到无罪辩护之目的，但也算是退而求其次，在罪轻辩护中取得了重大突破。

本案中A公司与政府由亲密无间的合作关系，到反目成仇、刀兵相向，这样的过程和结果值得深思。如前文所述，A公司与政府在这个项目中前期完全是合作关系，且这个合作关系十分紧密、相互之间十分信任。合作之初，双方约定由政府负责办理征地、农转用手续等报建工作，A公司主要提供资金、技术、人才。A公司可以说确实是合格甚至优秀的投资者，基本完全满足政府的要求。在资金方面，先后投入几十亿元，可以说押上了柳某某的全部身家；在技术方面，柳某某充分发挥了其工程出身的专业优势，不计成本，追求质量，体现出一种精益求精的工匠精神，本律师在现场实际调查时也被其项目建设之精良所惊叹；在人才方面，A公司的建设施工和经营管理团队十分完善，工作能力十分强。况且A项目并非单纯的房地产开发项目，而是规模巨大、设施齐全、建设精良的特色旅游项目，建成后必将对当地经济产生巨大的拉动作用。在合作前期，政府也对A公司给予了巨大的支持，在招商引资之时政府就给了A公司巨大的政策优惠，并很快将A公司项目列为海南省重点项目，随后政府更是专门成立了项目领导小组，地方政府一把手、二把手、主要职能部门及其领导均位列其中，专门一对一为A公司解决问题、提供支持帮助，A公司也专门成立了一个对接领导小组，派专人专门对接具体领导，可见这时双方是对等合作的伙伴关系，合作进行得如火如荼、十分亲密。

随后在合作中期，尽管双方对于是先办证再建设还是边建设边办证产生了分歧，但A公司仍然对政府有巨大信任，相信政府能够按时办证，政府也有这个合理的期待，因此A公司在政府的要求、催促下愿意冒着巨大的风险开工建设。然而，由于政策原因，证件迟迟办不下来，甚至引来了省里的督查组，A公司又在此过程中犯了一些错误，有些错误甚至触犯了政治底线和忌讳，最终导致双方的合作破裂，甚至刀兵相向。对此，A公司固然应该深刻反思、吸取教训，最终也为其违法犯罪行为付出了代价。但双方的合作最终发展到这一步，对于政府而言，不也是违背初衷、非常遗憾吗？为了撇清责任，政府摇身一变变成了执法者甚至裁判者，从运动员变成了裁判员。十分讽刺的是，在双方合作破裂之后，政府又专门成立了一个项目整顿小组，成员还是之前领导小组的那些职能部门和领导，功能却是由支持、协调A公司项目变成了查处、打击A公司项目。在执法过程中，政府动用国土、住建、税务、刑侦、监察、综合执法等多个职能部门打出一套堪称天衣无缝的组合拳（本案还涉嫌税务、职务等其他犯罪，因与本文主体部分关联不大，故不做赘述），对A公司及其关联企业进行歼灭围剿式执法。有关职能部门为了达到特定目的，甚至可以根据需要自行编造土地证等重要证据。这种将一切责任推到A公司身上的行为实在是十分不负责任，也导致A公司承担了许多不应当由其承担的责任。这不应当是人民政府对待踏踏实实干实业的民营企业应有的态度，不应当是有责任、有担当的政府该有的行为，更与党中央关于善待民营企业的号召背道而驰。

值得欣慰的是，本案的合议庭在庭审中给予了各位被告人和辩护律师足够的时间和极大的空间，让每位辩护律师均能畅所欲言、尽情发挥，在审判过程中也守住了法律的底线，坚持从客观事实和法律规定出发，恪守罪刑法定原则，综合考量了辩护人提出的每个观点，并最终给予了较为公正、客观的裁判结果。